토지정의,
대한민국을
살린다

한국 사회의 핵심 모순, 토지 문제의 해법

토지정의,
대한민국을
살린다

김윤상 · 조성찬 · 남기업 외 지음

토지+자유 연구소 기획

평사리
Common Life Books

토지정의, 대한민국을 살린다

초판 1쇄 인쇄 2012년 1월 20일
초판 1쇄 발행 2012년 1월 31일

지은이 김윤상·조성찬·남기업 외
펴낸이 홍석근

주간 김관호
편집장 김동관
관리팀 이성희
디자인 MIZI
표지일러스트 네오넷코리아 제공

펴낸곳 평사리(Common Life Books)
주소 (121-848) 서울시 마포구 성산1동 277-1 3층
전화 02-706-1970
팩스 02-706-1971
e-mail commonlifebooks@gmail.com
Homepage www.commonlifebooks.com

ISBN 978-89-92241-34-2 (93330)

우리는 정치를 정치인에게만 맡겨 놓을 수 없고,
정치경제학을 대학교수들에게만 맡겨 놓을 수 없다.
인민 모두가 스스로 생각해야 한다.
행동할 수 있는 자는 인민밖에 없기 때문이다.
......
사회개혁은 소란과 고함으로, 불평과 비난으로,
정당을 결성하거나 혁명을 추진하는 것으로 이루어지는 것이 아니라
인민의 각성과 사상의 진보로 이루어진다.
올바른 생각이 없으면 올바른 행동이 나올 수 없고,
올바른 생각이 있으면 반드시 올바른 행동이 나온다.
힘은 언제나 대중의 손에 있다.

– 헨리 조지 –

차례

지금, 토지정의를 말하는 이유

문제는 토지다!

대학을 졸업한 청년들이 일자리가 없어서 절절매고 있다. 대통령이 기업의 대표들을 불러 사람을 많이 뽑으라고 간혹 겁박도 하지만 실업 문제는 해결될 기미가 보이지 않는다. 집값은 또 왜 이렇게 높은가? 지금 한국 사회에서는 집이 없는 사람은 말할 것도 없고 빚을 내어 집을 산 사람 역시 불안하다. 사회경제적 양극화는 점점 심화되어 계층 간 이동이 더욱 봉쇄되고 있고, 부와 권력의 대물림은 가속화되고 있다. 아버지가 누구냐에 따라 개인의 행불행이 결정되는 대단히 나쁜 사회가 되어 가고 있는 것이다. 그뿐 아니라 21세기에 들어와서도 대한민국은 '4대강 살리기'와 같은 혈세가 낭비되는 토목사업을 강행하고 있다.

원인 없는 결과란 없다. 이 모든 문제의 원인은 무엇일까? 우리는 토지에 주목한다. 토지 문제가 일자리, 집, 양극화, 혈세 낭비의 주된 원인이라고 생각한다. 다시 말해서 한국 사회의 핵심 모순 한가운데에 토지가 있다고 본다. 그런데 이런 현상을 이해하는 데 무슨 대단한 학식이 필요한 것은 아니다. 간단한 상식만 있으면 누구나 확인할 수 있다. 토지 없이는 인간이 생산 활동도, 휴식도, 그야말로 아무 것도 할 수 없다는 단순한 사실만 인정하기만 하면 금방 이해할 수 있는 현상이다. 생각해 보라. 주거 불안, 빈부격차, 용산 참사와 같은 갈등, 막대한 돈을 토건에 쏟아붓는 재정낭비, 부정부패, 고위공직자 인사 청문회 등 어느 것 하나 토지와 무관한 게 있던가? 상식 있는 일반인들은 '토지가 가진 힘(power in the land)'이 얼마나 큰지를 논리가 아니라 몸으로 알고 있다.

경제학에서 토지는 찬밥

우리는 이 책을 어떤 이유로 쓰고 있는가? 재화와 용역의 생산과 분배와 소비를 다루는 경제학이 번성해 있고 부동산에 관한 서적만 해도 넘치고 넘치는 판에 '토지'를 주제로 하는 책이 왜 필요한가? 그것은 토지가 가장 중요한 생산수단이고 경제를 포함한 사회 전체에 가장 큰 영향을 미치는 특별한 것인데도, 오늘날의 사회과학이 이를 무시하기 때문이다. 한마디로 말해서 토지는 찬밥 취급을 받고 있기 때문이다. 오늘날 한국 사회에서 점점 각광받고 있는 복지국가 논쟁에서 토지가 어떻게 다뤄지는지만 보아도 그것을 잘 알 수 있다.

　그렇다면 학문은, 아니 학자들은 왜 토지를 무시할까? 그것은 오늘날의 경제학이 토지의 독특성을 간과하고 토지의 중요성을 무시하는 학자들에게 강하게 영향을 받았기 때문이다. 헨리 조지의 대장 따르기 이야기를 통해서 이것을 설명해 보면 다음과 같다.

　헨리 조지는 그의 명저 『진보와 빈곤(*Progress and Poverty*)』의 어디선가 용어 정의의 중요성을 강조하다가 '대장 따르기'라는 우스꽝스러운 이야기를 꺼낸다. 이야기의 핵심은 어린이들이 '대장 따르기'

놀이를 할 때 대장이 울타리를 뛰어넘으면 같이 뛰어넘고 땅이 꺼져서 대장이 넘어지면 따라서 넘어진다는 것이다. 우리가 보기에는 오늘날의 주류경제학이 토지의 독특성을 간과하고 독자성을 무시하는 것도 이것과 똑같다고 생각한다. 오늘날 주류경제사상인 신고전주의에 가장 큰 영향을 준 학자가 클라크(John Bates Clark, 1847~1938)다. 미국 경제학계에서는 아직도 클라크 메달이 노벨 경제학상에 버금가는 것으로 인정될 정도로 그의 영향력은 대단하다. 그런데 신고전주의는 클라크를 따라 토지를 자본의 하나로 간주한다. 클라크라는 신고전주의 경제학의 대장이 토지의 독자성을 무시하자 후대의 경제학자들도 따라서 무시했고, 토지로 인해 생긴 수많은 경제 현상을 설명하지 못하고 엉뚱한 원인진단을 하자 후대의 경제학자들도 모두 같은 이야기를 반복하게 된다. 이런 이유로 주류경제학 교과서에 '토지'는 거의 등장하지 않는다. 믿기지 않으면 지금 가까이에 있는 경제학 교과서를 찾아보라. 토지가 어떻게 다뤄지는지를. 토지는 책 앞의 목차에는 없고 맨 뒤 색인표(index)에서나 겨우 찾을 수 있을 뿐이다.

이렇게 경제학의 기본 교과서들인 미시경제학, 거시경제학, 재정학, 금융경제학 등에서 토지가 등장하지 않게 되자, 그것을 통해서 경제 분석의 기본기를 다지는 학생들은 토지 때문에 일어난 일을 설명할 수 없게 된 것이다. 그리고 경제학을 전공하지 않은 사람들과 차별을 두기 위해서라도 그들은 토지를 의도적으로 무시한다.

토지를 무시한 경제학이 치루는 대가

경제학이 토지의 독자성을 무시한 대가는 너무 크다. 경제학의 설명력이 크게 떨어지고 그 결과 사람들로부터 외면당한다는 점이 대표적이다. 경제학의 설명력은 인과관계를 정확하게 파악하는 것이 관건이다. 그런데 토지의 독자성을 무시하면, 토지 문제가 초래한 다양한 부작용에 대한 제대로 된 원인 진단이 어려워지고, 그렇게 되면 적확한 처방전도 내놓기 힘들게 된다.

토지 투기는 빈부격차를 크게 벌려 놓는다. 그 뿐만 아니라 토지 투기는 실업과 사회갈등의 주된 원인 중 하나이고, 주거 불안정의 핵심 원인이다. 그런데도 토지의 독자성을 무시하면 표피적이고 나열적인 진단을 할 수 밖에 없다. 실업은 투자가 부족해서 생기는 것이고, 주거 불안정은 주택 공급이 부족한 탓이고, 빈부격차는 하위 계층의 소득기회가 적어서 그렇다고 보는 식이다. 진단이 이러니 처방전도 제대로 나오기 어렵다. 입체적인 진단과 처방을 내놓으려면 토지라는 변수를 중요하게 취급해야만 한다. 그래야 경제학이 우리 사회가 처한 난관을 극복하는 데 꼭 필요한 학문이라는 것을 평범한 사람들이 인정할 수 있게 될 것이다.

경제학이 정의와 멀어진 이유

그리고 더 나아가서 우리는 경제학이 정의(justice)와 멀어지게 된 원인 중 하나도 바로 여기에 있다고 생각한다. 한국 사회에서 정의에 대한 논의가 활성화되고 있지만, 이상하게도 경제학에서는 잠잠하다. 경제정의를 주장하면 경제학자들은 "경제학은 신념으로 하는 것이 아니다, 경제학은 과학이다!"라고 말한다. 그런데 이것은 좀 이상하다. 생물학은 화학을 무시하지 않고 응용학문인 공학은 수학이라는 바탕 위에서 논리를 전개하는데, 이상하게도 인간사회를 다루는 경제학은 정의를 다루는 사회철학과 담을 쌓고 있는 것이다.

하지만 경제학이 토지를 중요하게 다루게 되면 정의를 고민하지 않을 수 없게 된다. 만약 정의(justice)를 "억울한 사람이 없는 것"으로 정의(definition)하면, 억울한 사람이 없도록 하기 위해 토지를 어떻게 배분하는 것이 정의로울까를 고민할 수 밖에 없다. 무엇보다 생활에 꼭 필요한 토지는 사람이 만들지 않았고, 한 사람이 더 소유하면 다른 사람의 소유는 그만큼 줄어들기 때문이다. 이에 대해서 어떤 이는 이미 토지가 사유화된 마당에 그런 논의는 필요 없다고 할 수도 있지만, 그런 생각은 학문 자체에 대한 모독이다. 모름지기 학문이란 근거(根據)를 묻는 것이다. 사람이 토지를 소유할 수 있는가? 소유한다면 어떤 방식이 올바른가? 요컨대 토지를 중요하게 생각한다면 경제학은 정의론과 연결되지 않을 수 없는데, 오늘날 경제학은 토지를 중요하게 다루지 않아 정의론과의 연결 지점을 잃어버리고 있는 것이다.

각 장에 대한 소개

이 책에서는, 여러 경제적·사회적 문제가 토지원리를 무시하기 때문에 발생한다는 사실, 그리고 토지원리를 존중하고 특히 토지 불로소득을 제대로 환수하면 우리가 당면한 많은 문제를 해결할 수 있다는 사실을 하나씩 다루고 있는데, 각 장을 소개하면 다음과 같다.

1장에서는 토지의 중요성과 독자성을 다룬다. 토지가 얼마나 중요한 생산요소인지, 왜 독자적으로 다뤄야만 하는지, 그리고 올바른 토지원리가 무엇인지를 검토한다. 여기에서는 토지의 독자성을 무시한 경제학의 시도가 실패했음을 밝힌다.

2장에서는 토지 문제가 주택 문제의 원인임을 밝힌다. 부동산 문제는 건물이 아니라 토지에 있다는 것이다. 토지에 건물이 부착된 것인데도 불구하고 사람들은 대개 그 반대로 이해하곤 한다. 그것은 마치 태양이 지구를 중심으로 회전하고 있다는 생각처럼 대단한 착각이다. 2장에서는 이러한 명제를 검토하기 위해 다양한 유형의 주택시장에서 토지 불로소득이 어떻게 변모하는지를 살펴본다. 그리고 지대를 공공이 환수하는 것이 주택 문제 해결 방안의 핵심 원칙임을 제시한다. 그리고 우리나라에서 성공했다고 보기 어려운 토지임대형 주택이 사실은 경제법칙에 가장 부합하는 것일 뿐만 아니라, 일정 조건들이 바뀌면 주택 문제 해결의 중요한 대안으로 되살릴 수 있는 것임을 살펴본다.

3장에서는 토지가 금융에 어떤 영향을 미치는지를 다룬다. 화폐의 본질이 채무에 기초한 신용화폐라는 사실이 가려져 있다는 걸 지적하고, 토지와 신용화폐가 결합되어 창조된 자본주의 지대신용화폐가 얼마나 문제가 많고 위험한지를 새로운 시각에서 접근한다. 이런 문제인식에 기초하여 신용화폐의 본질과 이로 인한 문제들을 살펴보고, 토지 담보대출로 인해 창조되는 지대신용화폐가 가장 악성의 신용화폐라는 명제를 제시한다. 또한 지대의 지가화가 지대신용화폐의 출발이라는 주장을 담은 지대자본유동화 이론에 이 명제를 수용하여 일본과 미국은 물론 현재 한국에서 진행되고 있는 부동산 거품경제를 설명한다. 아울러 현재 논의되고 있는 대안적 화폐 이론을 살펴보고, 지대 환수가 지대신용화폐 문제 해결에 어떤 의미가 있는지를 살펴본다.

4장에서는 최근 논쟁이 되고 있는 증세와 감세 모두 한계가 있음을 지적하고, 토지세는 올리고 법인세와 소득세는 감면하는 조세대체(tax shift)를 하나의 대안으로 제시한다. 그리고 조세대체가 실시되면 부동산 부자들과 토지를 엄청나게 소유하고 있는 재벌들, 이윤추구보다 토지 불로소득 추구에서 재미를 봤던 기업들의 부담이 커지는 한편 그들이 누렸던 토지 불로소득의 규모는 크게 줄어들 것임을 논증한다. 반면에 조세대체 실시로 인해 주택 가격이 하향 안정화되고 신규 기업의 진출 기회가 늘어나며, 그 결과 일자리가 증가하기 때문에 토지에 짓눌렸던 하위계층, 즉 1주택 소유자들, 무주택자들, 실업자들의 삶은 크게 향상될 것임을 논증한다.

5장에서는 토지가 분배 문제에 얼마나 큰 영향을 미치는지를 다룬다. 경제가 성장하는데도 분배는 더욱 악화되는 데에는 여러 가지이유가 있지만, 토지 소유의 불평등이 가장 큰 영향을 미친다는 것을다양한 통계자료를 통해서 살펴본다.

6장에서는 토지 문제가 각종 사회갈등의 중요한 원인임을 살펴본다. 토지 문제로 인한 사회갈등이 한때 천하를 호령하던 제국들의몰락과 혁명의 발생에 적지 않은 역할을 했다는 역사적 사실(그리스, 로마, 러시아의 사례)을 살펴본다. 그리고 토지 문제로 인한 사회갈등으로 말미암아 엄청난 사회적 비용을 지불하고 있는 한국 사회의 현실을 행정수도 이전 사태, 용산 참사, 4대강 살리기 사업, 노사 간의 첨예한 대립 등의 사례를 통해 관찰해 본다. 끝으로 사회갈등의 중요한 원인이 되고 있는 토지 문제의 해결을 위해 어떤 방법들이 있는지를 다룬다.

7장에서는 토지의 본성을 이해하기만 하면 재분배 없이도 복지주의가 원하는 수준의 사회보장이 가능하다는 점을 보인다. 자유주의자들은 '평등한 자유'를 존중하며 따라서 생산자 소유의 원칙을 내

세운다. 그렇다면 생산물이 아닌 자연의 가치, 즉 지대에 대해서는 모든 국민이 동일한 지분을 가지고 있다는 데 동의할 것이다. 이 지분을 모든 국민에게 나누어 주어 각자 기본생활을 해결하도록 하면 이는 재분배가 아니므로 자유주의자가 반대할 명분이 없다. 특이한 것은 이와 같은 주장을 자유주의의 대표 이론가인 프리드먼과 노직을 들어 논증한다는 점이다.

8장에서는 토지와 도시계획과의 관계를 다룬다. 도시계획이라는 공적 계획이 토지 불로소득을 사유화하는 토지의 사적 소유권과 상충되는 관계, 그리고 도시의 물리적 계획과 사회적 문제와의 상관관계 등을 고찰하고, 도시계획 주요 분야별로 이러한 현상으로 인해 생기는 사회적 문제를 분석한다. 그리고 이러한 문제를 해결하기 위한 방향 또는 방안을 제시하면서 아울러 도시계획에 토지 공개념을 확대하기 위한 공공토지임대시스템(Public Leasehold System: PLS)의 적용 가능성 및 적용 사례를 분석한다.

9장에서는 토지와 통일의 관계를 다룬다. 통일 후 북한에 어떤 토지제도를 정착시키느냐가 통일은 물론이고 북한경제 재건의 속도와 내용을 결정짓는다는 전제 하에, 북한에 적합한 토지제도인 공공토지임대제를 제시하고 그것의 실행 원리와 작동방법 등을 구체적으로 디자인한다. 그리고 그런 제도를 구현하면 남한과 중국에서와 같은 토지 투기가 어떻게 근절되고 어떤 효과를 내는지를 설명한다.

마지막 10장에서는 토지와 대안모델과의 관계를 다룬다. 먼저 기존에 제출된 대안모델에는 생산과 분배에 가장 큰 영향을 미치고 있는 토지가 거의 다뤄지지 않았음을 지적하고, 토지를 대안모델의 중심에 놓아야 역동적 시장과 안정된 사회, 그리고 환경 보존 간의 조화가 가능함을 보여준다.

이 책이 나오기까지 애써주신 분들이 많다. 먼저 토지정의의 중요성에 공감하며 너무나도 흔쾌히 출간을 수락해준 '평사리'의 홍석근 대표께 감사드린다. 거친 글을 꼼꼼하게 다듬어준 김동관 편집장, 우리들의 연구와 활동을 지지하며 많은 이들에게 읽힐 수 있도록 책을 정성스럽게 만들어주신 김관호 주간과 출판사 식구들에게 고마운 마음을 전하고 싶다. 그리고 이 책의 출간을 고대하며 기도하고 성원해준 '희년함께'의 수많은 회원분들에게 머리 숙여 감사드린다.

모쪼록 우리가 만든 이 책이 한국 사회가 토지의 중요성을 인식하고 토지 문제에 대한 근본적인 해법을 모색하는 데 귀한 밑거름이 되기를 바라는 마음 간절하다.

필자들을 대표하여
남기업 씀

1부

우리에게
토지는 무엇인가?

토지는 재생산이 불가능하고
가장 중요한 독자적 생산요소이다.
1부에서는 토지의 중요성과 독자성을 확인하고
이런 특성을 토지제도에 적용하기 위한
명확한 토지원리를 제시한다.

김윤상 · 남기업

제 1 장

토지는 왜 중요한가?

토지가 어떤 물자보다 중요하고 다른 물자와 매우 다르다는 사실은 누구에게나 상식적인 것이어서 새삼 언급할 필요가 없어 보인다. 그런데도 불구하고 경제학을 비롯한 현재의 학문이나 언론의 고정관념에는 상식을 무시하는 내용이 많다. 이런 맥락에서 제1장에서는 총론으로서 토지의 중요성과 독자성을 확인하고, 이런 특성에 맞는 토지제도에 적용할 토지원리를 제시하려고 한다.

　우선 이 책에서 사용하는 '토지'를 정의해 둔다. 가장 좁은 의미의 토지는 지구의 표면 중 모든 수면을 제외한 부분이다. 조금 범위를 넓히면 지표상의 토양과 지표수를 포함하는 지면이다. 즉, 지구의 표면 중 바다, 호수, 하천과 같은 넓은 면적의 수면만을 제외한 부분이다. 이것이 일반적인 의미의 토지이다. 좀 더 넓게는 토지가 수면을 포함한 지구의 모든 표면을 의미하기도 한다. 범위를 더 넓히면 지구의 자연 전체, 즉 지하자원, 공기, 태양광선, 동식물 등의 비인공물을 모두 포함한다. 가장 넓은 의미로 사용하면 지구만이 아니라 우주에 존재하는 만물 가운데 사람이 생산하지 않은 자연 또는 비인공물 전체를 의미하기도 한다.

이 책에서는 '토지'라는 용어를 일반적인 의미의 토지로 정의한다. 그러나 이 책에서 전개하는 논의의 상당 부분은 가장 넓은 의미의 토지에까지 연장될 수 있다. 우주의 모든 자연물은 인공의 결과가 아니라는 점에서는 일반적인 의미의 토지와 성질이 같기 때문이다.

토지가 가장 중요한 이유

근원적으로

중요하다 창조주의 눈으로 볼 때에는 우주만물이 모두 나름대로 당당한 존재 이유를 갖고 있겠지만, 인간의 눈으로 볼 때에는 물자별로 소중한 정도에 차이가 있기 마련이다. 어느 물자가 어느 정도 인간에게 소중한가는 그 물자의 필요성, 대체 가능성, 상대적 희소성이라는 세 가지 기준에 의해 판단할 수 있다.

첫째로, 필요성 기준이다. 물자는 필요성의 정도에 따라 필수재, 편리재, 사치재로 나눌 수 있다. 필수재는 생존을 위해 반드시 필요한 물자로서 토지·공기·물·햇빛 등의 자연과 기본적인 의식주에 필요한 품목, 의약품의 원료 등이 있다. 비록 없어도 생존에 위협을 받지는 않지만 그것이 있음으로써 대부분의 사람이 안락한 생활, 문화적인 생활을 할 수 있는 물자가 편리재이다. 사치재는 그것이 없어도 대부분 사람의 생활에 별다른 불편함을 주지 않는 물자를 말한다. 이세 가지 물자 중에서 당연히 필수재가 가장 중요하다.

둘째로, 대체 가능성 기준이다. 물자의 필요성 정도가 같다고 하더라도 다른 물자에 의해 대체될 수 있는지에 따라 대체 가능한 물자와 대체 불가능한 물자로 나눌 수 있다. 둘 가운데 물론 대체 불가능한 물자의 중요성이 높다.

셋째로, 상대적 희소성 기준이다. 상대적 희소성은 필요량에 대한 사용 가능한 양의 비율로 나타낼 수 있는데, 그 비율이 낮을수록 상대적 희소성이 높다.

물자의 중요성을 판단하는 위와 같은 세 가지 기준에 비추어 볼 때 토지는 최상급의 중요성을 갖고 있는 것이 분명하다.

우선 필요성 기준에 비추어 보면 토지는 모든 인간의 생존 그 자체를 가능하게 해주는 필수적인 물자이다. 또, 토지는 대체가 절대로 불가능한 물자이다. 여기에서 대체 불가능하다는 것은 토지와 다른 물자 사이에 대체성이 없다는 의미이며, 토지 간에 대체성이 없다는 의미는 아니다. 예를 들어 여러 층으로 된 건물의 경우에 각 층의 바닥은 토지와 비슷하게 인간에게 활동 공간을 제공하지만 토지가 아예 없으면 건물도 존재할 수 없다. 그러므로 건물은 토지와 대체성이 있다기보다는 토지를 보완한다고 보는 편이 합당할 것이다.

끝으로 토지는 총량의 면에서나 위치별·용도별 토지량의 면에서 상대적 희소성이 높다. 토지의 총량 면에서 보더라도 토지의 존재량은 거의 변동이 없는 반면에 인구와 활동량이 늘어남에 따라 필요량은 계속 증가하는 추세이다. 그래서 토지의 상대적 희소성이 높아지고 있다.

토지 총량보다 더 중요한 것은 위치별·용도별 토지량이다. 토지는 위치 이동이 불가능하기 때문에, 위치에 의해 크게 영향을 받는 용도의 토지는 상대적 희소성이 더욱 높다. 예를 들어 도시에 인구가 집중되고 경제활동이 계속 증가하는 현대의 추세에서는 도시의 주거용과 상업용 토지에 대한 수요가 증가한다. 이러한 토지는 위치가 매우 중요한 요소가 되는 경우이므로 상대적 희소성이 특히 높다. 토지와 더불어 생존에 필수적이고 대체가 불가능한 물자인 식량도 토지만큼 상대적 희소성이 높지는 않다. 식량은 증산을 할 수 있고 이동 또는 비축을 통해 수급을 조절할 수도 있기 때문이다.

사회경제적으로

중요하다 위에서는 일반적 기준에 따라 토지의 중요성이 어떤 물자보다 높다는 점을 지적하였다. 이런 이론적인 판단을 차치하고서, 우리 국민은 생활 속에서 토지의 중요성을 생생하게 느끼면서 살고 있다. 국민의 사회경제적 지위가 토지를 포함한 부동산 소유액과 비례한다고 해도 과언이 아닐 정도이다. 그리고 우리나라의 각종 사회 문제는 그 뿌리에 토지 문제가 자리 잡고 있다. 이 책은 바로 이 점을 다루고 있다. 여기에서는 중요한 통계 몇 가지만 소개하려고 한다.

〈표 1-1〉에서 보듯이 국가자산 중 토지 자산이 차지하는 비중이 45% 정도로서, 국내총생산의 3배 이상이 된다. 국가자산이란 비

표1-1 **국가자산과 토지 자산**

(단위: 조 원)

연도	국가자산(가)	토지 자산(나)	국내총생산(다)	(나)/(가)	(나)/(다)
1999	3,223	1,390	549	0.431	2.5
2005	5,588	2,753	865	0.493	3.2
2006	6,064	3,053	909	0.503	3.4
2007	6,677	3,324	975	0.498	3.4
2008	6,993	3,265	1,026	0.467	3.2
2009	7,385	3,465	1,065	0.469	3.3

자료: 자산 통계는 통계청, 『2009년 국가자산 통계』, 2011, 17쪽.

금융 자산과 내구소비재의 가치 총액이다. 그중에서 거의 반 정도를 토지 자산이 차지한다는 뜻이다. 여기서 토지는 앞서 정의한 일반적인 의미의 토지, 즉 지표상의 토양과 지표수 중 소유권이 행사되고 있는 지면을 말한다.

이처럼 토지 자산의 비중이 클 뿐 아니라 분배가 매우 불공평하여 사회경제적으로 큰 문제를 일으킬 수 있다. 분포의 불공평도를 나타내는 지표로 지니계수를 흔히 사용한다. 지니계수는 완전한 평등일 때는 0, 완전한 불평등일 때는 1이 된다. 우리나라 시장소득의 지니계수는 0.3을 약간 상회하는 반면 토지를 포함하는 자산의 지니계수는 0.6~0.8 사이로서, 소득보다 자산 분배의 불평등이 훨씬 심각함을 알 수 있다. 전강수의 연구[1]에 의하면 토지 소유 분포의 지니계수는 0.75를 넘는다. 정부 통계에 따르면 2006년 토지 소유 면적을 기준으로 토지 소유자 상위 10%가 전체 토지의 76% 이상을 소유하고 있다. 지역별로도 부동산이 양극화되어 수도권 지역에 있는 사람들의 토지 소유가 많다.

우리 생활과 밀접한 주택을 보면 불평등 정도를 더 생생하게 느낄 수 있다. 우리나라 주택보급률은 100%가 넘는데도 국민 절반은 집이 없다. 전체 가구의 15% 정도가 집을 두 채 이상 소유하는 다주택 소유자이다. 이들이 전체 주택의 60% 정도를 소유하고 있다. 세채 이상 소유자가 약 7%이다. 이들이 소유한 주택이 전체의 3분의 1을 넘는다. 다주택 소유자 중 극히 일부를 제외하고는 실수요 목적이 아닐 것인데 왜 집을 여러 채 가지고 있을까?

주택-부동산-토지 소유의 집중은 이것들이 우리 생활에서 그만큼 중요하다는 생생한 증거가 아닐 수 없다. 중요하지 않으면 가진 자가 더 가지려고 하지 않을 것이기 때문이다.

토지는 독특하기 때문에
독자적으로 다뤄야 한다

토지를 다른 생산수단과 분리하여 독자적으로 다뤄야 하는 이유는 토지의 독특성 때문이다. 아래에서는 "생산된 생산수단"으로 정의되는 자본과 비교하여 토지가 자본의 하나가 아닐 뿐만 아니라 자본과 함께 다루면 왜 안 되는지를 살펴본다.

토지는 주어져 있고

재생산이 불가능하다 이 사실을 모르는 사람은 없다. 인간의 노력으로 토지의 양을 한 뼘도 늘릴 수 없다는 것을 그 누가 모르겠는가. 그러나 주류경제학은 이런 본질적인 차이를 무시하고 있고, 이 독특성으로 인해 발생하는 문제에 대해서 둔감하다. 재생산이 불가능하다는 것은 어떤 사회경제적 결과를 낳는가? 그것은 한 사람의 토지 소유가 필연적으로 타인의 소유를 줄일 수밖에 없음을 의미한다. 토지의 양은 고정되어 있다. 누군가가 더 많이 가질수록 그만큼 다른 사람이 소유할 토지는 줄어든다. 그러나 자본은 다르다. 자본은 토지처럼 다른 사람의 소유를 줄이지 않는다. 자본은 절약과 저축의 결과다. 저축과 절약을 통한 자본의 축적은 타인을 괴롭히거나 가난하게 만들지 않는다. 그러나 토지는 절약의 결과가 아니다. 절약한다고 토지가 만들어지지 않는다. 요컨대, 토지 소유는 전형적인 제로섬게임이다. 토지 소유는 타인의 피해를 수반할 수밖에 없다.

이렇게 '재생산 불가능'이라는 토지의 독특성은 경제성장을 위한 자본축적을 다른 시각에서 바라볼 수 있게 해준다. 기업이 이윤 중의 일부를 더 많은 생산을 위해서 투자하는 자본축적과 토지를 구입하는 토지축적은 엄격하게 구분해야 한다는 것이다. 자본축적은 더 많은 생산, 즉 성장에 큰 도움을 주고 일자리를 만들어 내는 등 경제 전체에 이로움을 준다. 그러나 토지축적은 경제에 문제를 초래하고 타인의 손해를 수반한다.

우리는 바로 이 지점에서, 산업화 과정에서 자본축적이 왜 그렇게 수많은 문제를 양산하는지에 관한 중요한 원인을 파악할 수 있게 된다. 경제가 성장하려면 자본축적은 반드시 필요하다. 그런데 그동안의 역사가 증명하듯이 산업화 과정에서 자본축적은 항상 고통을 수반해 왔다. 자본축적 과정에서 언제나 노동계급은 실업과 저임금에 시달려 왔고, 빈부격차와 주거 불안정이라는 사회 문제는 항상 있었다. 지금까지 우리는 그것을 산업화를 달성하기 위한 '눈물의 계곡'이라고 여겨 왔다. 그런데 사실 엄밀히 말하면 문제는 자본축적 자체에 있는 것이 아니라, 자본가의 토지 소유 집중에 있다. 자본가에게로의 토지 소유 집중과 그에 따른 토지 불로소득의 사유화는 빈부격차와 실업, 주거 문제의 중요한 원인이 된다. 이렇게 토지의 독특성을 인정하고 토지를 독자적으로 바라본다면, 우리는 자본축적의 긍정적인 측면을 강조하는 보수적 시각과 자본축적의 폐해를 지적하는 진보적 시각을 동시에 이해할 수 있고 양자를 조화시키는 방법도 알 수 있다. 그러나 토지를 자본의 하나로 보면 이런 시각을 갖는 것은 불가능하다.

토지는

비동질적이다 자동차라는 자본은 태백에 있으나 서울에 있으나 가격이 같다. 그러나 태백의 토지와 서울의 토지는 가격이 다르다. 서울에서도 강북의 토지와 강남의 토지 가격이 다르다. 강남에서도 방배

동의 토지와 압구정동의 토지 가격이 다르다. 사실 이런 것을 이해하는 데 무슨 엄청난 지식이 필요하지 않다. 누구나 다 아는 사실이다. 그런데 이런 엄연한 현실을 앞에 놓고서도 오늘날의 주류경제학은 토지의 독특성을 무시하며, 독자적인 토지이론도 필요하지 않다고 주장한다.

토지의 독특성을 무시하려고 노력했던 학자는 신고전주의 경제학자의 아버지라 불리는 미국의 클라크다. 그가 제시한 것이 경제학 교과서 어디에나 나오는 한계생산력설이다. 그는 이 이론을 통해서 앞에 말한 토지의 독특성을 무시하려고 했다. 이것의 설명 방법은 이러하다. 예를 들어 현재 임금이 10,000원이고 기업이 10명을 고용한다면 마지막 열 번째 고용된 사람이 바로 10,000원의 가치를 만드는 데 기여한다는 것이다. 여기에는 한계생산체감의 법칙이 적용된다. 즉, 처음에 투입한 사람은 11,000원의 양을 생산하고, 두 번째로 투입한 사람은 10,900원…… 이렇게 생산력이 체감하는데, 합리적 경제행위자인 기업은 열 번째 사람 즉 10,000원의 가치를 생산하는 사람까지만 고용한다는 것이다.* 그는 이런 원리는 토지에도 적용된다고 보았다. 그래서 토지를 독자적으로 분석할 하등의 이유가 없다고 하였다. 아이스크림을 다루는 이론이 따로 없듯이, 토지를 다루는 특별한 이론도 불필요하다는 것이다.

그러나 앞에서 예로 든 노동은 동질적(homogeneous)이다. 다른 생산요소를 고정시켜 놓고 노동을 계속 투입하든, 자본을 투입하든 간에 그것들은 모두 질이 같다. 그러나 토지는 비동질적(heteroge-

---

* 그러나 사실 따지고 보면 마지막의 열 번째 사람만 10,000원의 가치를 생산하지 않는다. 열 명 모두 10,000원의 가치를 생산한다. 따라서 10명 모두 한계생산자다(Dywer, Terence Michael, *A History of the theory of land-value taxation*, 1980, p. 29).

neous)이다. 토지의 가치는 위치가 결정하기 때문이다. 따라서 투입된 자본은 '수량'에 있어서만 한계투입물이지 '위치'에서는 한계투입물이 아니다. 하지만 토지를 투입하는 것은 '수량'뿐만 아니라 '위치'에 있어서도 한계투입물이 된다. 위치에서도 한계투입물이 된다는 것은 추가되는 토지를 기존 생산 활동에 통합시키는 데에 내부 수송 비용이 든다는 것을 뜻한다.

이렇게 클라크를 필두로 하는 신고전주의는 토지의 독자성을 무시하려 했지만 별로 성공적이지 못했다. 한계생산력설 하에서도 토지의 독특성은 사라지지 않는다. 그런 이유로 토지는 독자적으로 다뤄야 한다는 점이 더욱 분명하게 드러난다고 하겠다.

토지의 가격과 자본의 가격은
근본적으로 다르다 토지와 자본은 가격 원리가 다르다. 자본의 가격은 '과거'에 투입된 생산 원가를 중심으로 수요와 공급에 의해서 결정되지만, 지가(land price)는 '미래'에 발생할 지대(land rent)가 더해진(자본화된) 값을 중심으로 결정된다.* 자동차의 가격은 과거에 투입된 비용을 반영하고 있는 데 반해, 지가는 먼 미래를 반영하고 있는 것이다.

왜 지가는 미래를 반영할까? 본래 토지는 사람이 만들지 않았기 때문에 가격이 제로(0)여야 한다. 현재의 토지가 있기까지 인간이 노력한 것은 아무것도 없기 때문이다. 그런데도 가격이 있는 이유는 생산성이 토지의 위치마다 다르기 때문이다. 같은 노동을 투입해도 사람들의 왕래가 빈번한 중심지에서 일하면 돈을 많이 벌지만, 변두리

---

* 지가는 공급이 고정되어 있으므로 수요와 공급이 아니라, 수요에 의해서만 결정되는데, 이를 가격의 수요 결정성이라 부른다.

에서 일하면 돈벌이가 별로다. 이런 생산성의 차이가 바로 지대이다. 우리가 흔히 경험하는 땅값은 이 지대가 미래에도 계속 발생할 것이라 가정하고 미래의 지대를 현재 가치로 할인해서 합한 것이다.

그런데 바로 이 지점에서 문제가 발생한다. 만약 토지 생산성 차이, 즉 지대를 정부가 환수하지 않으면, 인간의 미래 예측력은 한계가 있기 때문에 투기*가 발생한다는 것이다. 토지의 독특성을 인정하지 않는 신고전주의자들은 현재의 땅값이 미래에 대한 기대를 다 반영한 것이라고 한다. 그러나 전혀 그렇지 않다는 것을 모두가 알고 있다. 만일 신고전주의자들의 주장이 사실이라면 지금 토지 투기는 일어날 수가 없다. 현재 어떤 지역에 신도시를 건설하고 있다고 해보자. 그런데 30년 전에 이것을 예측했을까? 예측했다면 현재의 신도시 건설로 인한 지대 상승이 30년 전 가격에 반영되었어야 한다. 그러나 실제로는 그렇지 않다. 그렇기 때문에 매매차익을 노리고 개발 정보를 미리 빼내기 위해서 각종 불법 로비가 성행하는 것이다.

그리고 토지의 가격은 사회가 발전하는 한 계속 올라가지만, 자본의 가격은 떨어진다. 일반물자를 사용하는 경우, 그것은 물자의 소모, 즉 가치 하락을 의미하고 일정 기간이 지나면 그 가격이 제로가 된다. 하지만 토지의 사용은 토지의 소모를 수반하지 않는다. 토지를 아무리 사용해도 토지는 그대로 있다. 더구나 사회가 발전하면 토지의 생산성도 높아지기 때문에 가격도 따라서 오른다. 그런데 주류경제학은 토지와 자본의 이런 차이를 경제학에 반영하지 않는다. 그들은 토지 투기가 초래한 수많은 경제적 폐단의 원인을 토지 투기에서

---

* '투기'는 영어로 'speculation'인데, 'speculate'는 '(미래를) 추측하다'라는 뜻이다. 다시 말해서 투기는 미래에 발생할 불로소득에 대한 기대 때문에 발생한다.

찾지 않고 투자 부족, 소비 심리 하락, 유동성 과잉 등으로 설명한다. 요컨대, 경제이론과 현실경제가 상당한 괴리를 보이는 까닭은 오늘날의 경제학이 토지의 독특성을 간과하고 토지의 독자성을 인정하지 않는 것에 있다고 할 수 있다.

토지 가치는 외부 요인에

의해서 결정된다 자본의 가격은 그것을 생산한 자의 노력과 비용에 비례하지만, 토지 가치는 토지 소유자의 노력과 아무 관계가 없다. 토지 가치는 사회경제적 변화에 의해서, 도로·학교·공원·관공서 등을 설치하는 정부의 노력에 의해서, 아니면 자연경관이 얼마나 수려한가에 따라서 결정된다. 즉, 토지 가치는 자본과 달리 외부 요인에 의해서 결정된다. 이런 이유로 토지에서 발생하는 이익을 가리켜 '불로소득'이라고 부른다.

　　그런데 이런 토지 가치의 독특성을 간과한다면, 즉 자본과 토지를 '자본'으로 뭉뚱그린다면 토지 가치가 불로소득이라는 특성은 사라진다. 그리고 각자 노력한 만큼 각자에게 준다는 정의의 원리도 적용하기 힘들어진다. 앞에서도 다뤘듯이 자본 소유는 다른 사람에게 해를 주지 않는다. 그러나 토지 소유는 다른 사람의 소유를 제한할 수밖에 없기 때문에 그 자체도 정의의 원리에 어긋난다고 할 수 있는데, 토지 가치가 토지 소유자의 노력과 관계없이 발생하고 커진다는 것을 생각하면 이것을 사유화한다는 것은 더욱 부정의하다. 그러나 토지와 자본을 하나로 보면 이런 규범적 판단을 하기가 어렵게 된다.

토지투자는

비생산적 경제행위의 전형이다 토지와 자본은 투자에서도 역할이 다르다. 개인적으로 보면 토지투자로 돈을 버나 자본투자를 통해서 돈을 버나 같은 거라고 할 수 있다. 그러나 국민경제의 입장에서 보면 전혀 다르다. 토지에 투자하는 경우와 자본투자의 경우를 각각 따져보자.

어떤 사람이 토지를 구입했다고, 흔히 하는 말로 투자했다고 하자. 개인적으로는 이익을 기대하고 하는 생산적 행위 같지만, 국민경제 전체의 입장에서 보면 한 사람은 사고 다른 한 사람은 판 것에 불과하다. 국부가 증진되지 않고 고용도 늘어나지 않는다. 이는 국민 전체가 토지 투기에 열을 올리면 어떻게 될까 생각해 보면 금방 이해할 수 있다. 땅값만 폭등할 뿐이다. 그렇기 때문에 토지투자는 비생산적 경제행위의 전형이라고 하는 것이다. 반면에 자본투자는 어떤 결과를 낳을까? 자본투자는 그 자체가 GDP 증가를 뜻한다. 절약에 의해서건, 저축에 의해서건 자본투자는 생산량을 늘리고 일자리도 만들어 낸다.

이렇게 자본투자와 토지투자의 경제적 결과가 다르기 때문에, 만약 토지와 자본을 구분하지 않으면 토지투자가 초래하는 사회경제적 폐단을 파악하기 어려워진다. 토지와 자본을 분리해서 사고해야 토지에 수많은 자금이 몰리는 것이 얼마나 많은 문제를 낳는지를 제대로 볼 수 있다.

지금까지 살펴보았듯이 토지는 자본과 뚜렷이 구별되는 독특한 면을 지니고 있다. 자본과 달리 재생산이 불가능해서 한 사람의 소유는 타인의 손해를 수반할 수밖에 없다. 토지 가치는 내부가 아닌 외부 요인에 의해서 만들어진 불로소득이다. 또한 그 가치가 과거가 아니라 미래의 기대를 반영하기 때문에 투기가 일어나기 너무 쉽다. 자본투자와 달리 토지투자는 비생산적이다. 이러한 것들을 상기해 보면 우리가 왜 토지를 독자적으로 다뤄야 하는지를 알게 된다.

모두가 동의할 수 있는
토지원리가 필요하다

앞에서는 토지의 중요성과 독자성을 살펴보았다. 토지가 어느 물자보다 중요하고 게다가 다른 물자와는 다른 독자성을 가진다면 토지제도 역시 다른 물자에 관한 제도와는 달라야 한다. 아래에서는 토지제도를 정할 때 지켜야 할 원리를 도출하고 이와 관련하여 토지 불로소득에 대해 간략히 검토하기로 한다.

토지원리

세우기 모든 국민이 평등한 자유를 누려야 한다는 전제에 동의한다면 토지와 같은 천혜의 자연에 대한 기회는 균등해야 한다. 모든 국민에게 균등한 기회를 보장할 수 있는 토지제도는 어떤 모습이어야 할까?

토지를 모든 국민이 공동으로 사용하고 그 결과를 공유하는 것도 한 방법이다. 그러나 토지는 그 특성상 단독 사용이 더 적절한 경우가 많다. 예컨대 주택 등 사적인 생활공간을 여러 가족이 공동으로 사용하기는 어렵고, 농지 등 생산용 토지도 공동으로 사용하기보다 단독으로 사용하면 생산성이 높아지는 경우가 많다. 이런 이유로 사회가 토지의 단독 사용을 인정하기로 할 때, 즉 특정인에게 우선권을 부여하기로 할 때 평등한 자유를 침해하지 않으려면 특수한 조건이 필요하게 된다.

그 특수한 조건이란 다음 세 가지이다. 첫째로, 모든 국민이 토지를 취득할 수 있는 균등한 기회를 가져야 한다는 것이다. 그런데 이것만으로는 충분하지 못하다. 취득 기회가 균등하다고 해도, 양질의 토지가 무한히 존재하지 않는다. 누군가 토지를 차지하면 다른 사람이 그와 대등한 토지를 차지할 가능성이 줄어든다. 설령 공정한 추첨에 의해 토지를 배분하더라도, 당첨자는 아무 생산적 노력도 없이 토지를 취득하게 되고 낙첨자는 아무런 잘못 없이 토지 취득에서 배제된다. 이러한 문제를 해소하기 위해서는 토지 취득자가 자신의 취득으로 인해 불리하게 된 타인에게 보상하도록 하면 된다. 달리 표현하면 토지 취득자가 유리해지는 만큼 타인을 위해 무엇인가를 내놓도록 하면 된다. 이것이 두 번째 조건이다.

셋째로, 토지의 단독 사용권은 생산자의 권리에 의해 당연히 발생하는 것이 아니라 사회적 합의에 의해 설정하는 것일 뿐이므로, 토지 취득자는 단독 사용권을 인정하는 사회적 취지에 적합하게 토지를 사용해야 한다.

평등한 자유에 부합하는 토지원리를 정리하면 다음과 같다.

토지원리

① (평등한 토지권) 모든 국민은 토지에 대해서 평등한 권리를 가진다.

② (합의에 의한 우선권 인정) 필요한 경우에는 사회의 합의에 의해 특정인에게 우선권을 인정할 수 있다.

③ (우선권 인정의 조건) 특정인에게 우선권을 인정하려면 다음 조건을 충족시켜야 한다.

㉮ (취득 기회 균등) 모든 국민에게 우선권 취득 기회를 균등하게 보장한다.

㉯ (특별이익 환수) 우선권에서 발생하는 특별이익을 환수한다.

㉰ (사회적 제약) 우선권의 행사는 우선권을 인정하는 취지에 부합해야 한다.

토지원리는
확대 적용이 가능하다
토지원리는 토지가 인간의 생산물이 아니라는

사실로부터 도출된 것이므로 이 원리는 자연 전반으로 폭을 넓힐 수 있다. 첫째로, 토지처럼 위치와 존재량이 고정되어 있는 자연으로 확대할 수 있다. 고정되어 있는 자연에 대한 사용 수요가 늘어나면 혼잡이 발생하고 그에 따라 지대가 발생한다. 오늘날 혼잡이 발생하는 새로운 예로는 전파대역, 위성궤도 등을 들 수 있다. 전파대역은 라디오, 텔레비전, 이동통신 등의 전파를 실어 나르는 통로이기 때문에 오늘날 수요가 급속히 늘어나고 있어 주목된다. 이런 종류의 자연을 특정인이 단독으로 사용하면 타인을 배제하는 결과가 생긴다는 점에서 토지와 공통된다. 따라서 환수의 대상은 배제의 대가인 지대가 된다.

둘째로, 토지 이외의 천연자원으로 확대할 수 있다. 예를 들면 광물, 석유, 천연 동식물, 오존층 등이다. 이런 종류의 것들에는 공통의 성질이 있다. 특정인에 의한 사용이 타인을 배제한다는 점이다. 그리고 그것들을 사용하면 할수록 존재량이 줄어들기 때문에 후손들까지도 배제한다는 점이다. 따라서 환수액은 지대 이외에 고갈 피해액 내지 자원 대체 비용이 된다. 오존층의 파괴는 아래에서 언급하는 오염 대상이기도 하지만, 오존층은 고갈될 뿐 회복이 되지 않는다는 점에서 천연자원의 하나로 포함시켰다.

셋째로, 오염 대상으로서의 환경으로 확대할 수 있다. 예를 들면 공기, 물 등이다. 이런 것들에 내재하는 공통성이 있다. 특정인에 의한 사용이 타인을 배제한다는 점, 그리고 사용하면 할수록 오염되기 때문에 후손을 배제한다는 점이다. 따라서 환수의 대상은 지대 이외에 오염 피해 내지 환경 회복 비용이 된다.

요약하면 〈표 1-2〉와 같다.

또한 토지원리는 자연 이외에 사회가 공동으로 조성하는 공동의 자원까지 확대 적용할 수 있다. 그 좋은 예로서 정부 권력이 창출

표1-2 **토지, 천연자원, 환경의 비교**

대상	사용 결과	형평 비교 대상	환수액의 내용
토지	배제	타인	지대
천연자원	배재 + 고갈	타인 + 후손	지대 + 고갈 피해/자원 대체 비용
환경	배재 + 오염	타인 + 후손	지대 + 오염 피해/환경 회복 비용

하는 이익이 있다. 정부와 정부권력은 국민 공동의 자원이며 모든 국민은 정부 및 정부 권력에 대해 평등한 권리를 가진다. 그런데 정부가 권력을 배경으로 특정 주체에게 어떤 우선권을 부여한다면 이는 천부의 토지에 대한 단독 사용을 인정하는 것과 같다. 예를 들면 특허권 내지 독점권의 부여, 타 업체에 대한 진입장벽 설정 등이 있다. 이런 경우에는 토지원리 ③과 동일한 조건이 적용되어야 한다. 즉, 첫째로 모든 국민은 우선권을 취득할 균등한 기회를 가져야 한다. 둘째로 우선권으로 인해 특별한 이익이 발생한다면 이를 환수해야 한다. 셋째로 우선권자는 우선권을 인정하는 사회적 취지의 범위 내에서 권리를 행사하여야 한다. 특별이익을 경제학에서 "렌트(rent)"라고 부르는데, 렌트를 환수하지 않으면 지대추구(rent-seeking) 현상이 발생하여 사회적 낭비를 초래한다는 연구 결과들이 많이 있다.

다양한

토지소유제도 위에서 보았듯이 토지는 어느 물자보다 인간에게 소중하면서도 독자성이 있는 물자이다. 그러므로 토지제도는 사회제도 중 가장 중요할 뿐 아니라 다른 물자에 관한 사회제도와 달라야 한다.

토지제도는 토지의 소유, 배분, 사용을 정하는 제도이다. 이 중에서 소유의 문제가 다른 제도의 기본이 된다는 점에서 토지 소유제도가 더 중요하다. 소유권에는 세 가지 권능, 즉 사용권, 수익권, 처분

표1-3 **토지 소유제도의 유형**

소유권의 권능	토지 사유제	토지 가치 공유제	공공토지임대제	토지 공유제
사용권	사	사	사	공
처분권	사	사	공	공
가치수익권	사	공	공	공

권이 포함된다.

토지 사용권은 토지에 대한 타인의 침입을 배제하며 타인의 간섭을 받지 않고 토지 이용 방법을 선택할 수 있는 권리이다. 토지 처분권은 토지 소유권의 전부 또는 일부를 양도하거나 토지 소유권을 제약하는 권리를 설정할 수 있는 권리이다. 예를 들면 토지의 매각, 임대, 저당권 설정 등을 할 수 있는 권리이다.

토지 가치수익권은 토지 가치를 수취할 수 있는 권리이다. 예를 들면 토지를 팔 때 토지의 매각 대금을 받을 권리, 임대할 때 임대료를 받을 권리를 말한다. 매매가격을 지가라 하고 임대가격을 지대라고 하면 각각 지가수익권, 지대수익권이 된다. 토지를 임대하지 않고 소유자 자신이 직접 사용하는 경우에도 소유자는 지대만큼의 이익을 얻기 때문에 역시 소유자는 지대수익권을 누린다. 소유자가 토지를 사용하지 않아서 수익이 적극적으로 생기지 않는다고 해도 지대수익권을 갖는다는 점에는 변함이 없다. 단지 그 권리를 방치하고 있을 뿐이다.

그런데 토지는 본래 인간의 생산물이 아니기 때문에 특정한 사적 주체가 토지에 대한 우선권을 가지려면 사회의 승인이 필요하다. 어떤 권능을 사적 주체에게 부여할 것인지를 정하는 사회제도를 토지 소유제도라고 한다. 세 가지 권능 각각을 사적 주체에게 부여할 수도 있고 공적 주체가 가지고 있을 수도 있으므로 수학적으로 가능한 토지 소유제도는 여덟 가지가 된다. 그러나 검토할 가치가 있는 것은 〈표 1-3〉과 같은 네 가지이다.

오해를 피하기 위해, 이 책에서는 세 권능을 일반 민법학과는 다르게 정의하고 있다는 사실을 미리 지적해 둔다. 특히 수익권을 토지 가치수익권, 즉 지대 및 지가의 수취권으로 정의한다는 점에 유의할 필요가 있다. 이 책에서 다른 언급이 없으면 토지 수익권은 토지 가치수익권을 의미한다.

토지 사유제는 토지 소유권의 세 권능을 모두 사적 주체에게 부여하는 제도로서 오늘날 세계적으로 가장 많이 채택되고 있는 제도이다. 토지 사유제는 세 가지 개념 요소를 갖는다. 첫째, 사적 주체에 대해 토지에 대한 우선권을 보편적으로 인정한다. 둘째, 사적 주체에 대해 인정하는 우선권의 내용은 사용권, 처분권, 가치수익권의 세 가지 권리를 포함하는 소유권이다. 셋째, 소유권의 유효기간은 무기한이다. 토지 사유제에서 토지 배분은 보통 시장에 의해 이루어지며, 각 토지의 이용은 토지 소유자가 결정한다. 자본주의 사회의 토지제도와 유사하다.

토지 공유제는 토지 소유권의 세 권능을 모두 '사적 주체가 아닌 주체', 즉 공동체 또는 정부와 같은 공적 주체가 가지는 제도이다. 사회주의 사회의 토지제도와 유사하다.

토지 사유제와 토지 공유제의 양극단 사이에 토지 가치공유제와 공공토지임대제가 있다. 토지 가치공유제는 토지 사유제처럼 토지의 이용과 처분은 사적 주체가 결정하되 토지 가치만은 정부가 징수하는 제도이다. 비유하자면, 특정 전화번호를 사용하면서 요금을 내고 있다가, 전화가 필요 없어지면 다른 사람에게 번호를 넘기는 것과 같다.

공공토지임대제는 토지 공유제처럼 토지의 처분권과 가치수익권은 정부가 가지되 토지 이용은 토지 사유제처럼 사적 주체에게 맡기는 제도이다. 사적 주체는 토지를 사용하는 동안 정부에 토지 사용료를 납부하며 더 이상 사용하지 않을 때에는 정부에 토지를 반납한다. 비유하자면, 전화가 필요 없어지면 반납하는 것과 같다.

토지 불로소득이란

무엇인가　토지원리 가운데 오늘날 가장 심하게 무시되고 있는 것은 ③의 ㉯, 즉 '특별이익 환수' 조건이다. 이 조건에 비추어 보면 네 가지 토지 소유제도 중 토지 사유제는 부당한 제도임을 알 수 있다. 왜냐하면 토지 사유제에서는 특별이익을 환수하지 않고 토지 가치를 모두 사적 주체에게 귀속시키기 때문이다. 토지 사유제는 정의롭지 못한 제도이지만, 모든 경우에 모든 사람에게 부정의한 것은 아니다. 만약에 토지가 완전경쟁 조건을 갖춘 시장에서 매매를 통해 이전된다고 가정해 보자. 그러한 상황에서는 최초의 토지 취득자만 부당하게 특별이익을 차지할 뿐 이후의 모든 사람 간에는 불평등이 생기지 않는다. 토지시장 참가자가 완전한 정보를 가지고 있다면 토지의 매매가격인 지가에 거래 시점 이후의 모든 특별이익이 반영된다. 왜냐하면 최초 취득자를 제외한 다른 사람들은 특별이익을 모두 지불하고 토지를 매입하기 때문이다.

　　그러나 현실에서는 모든 토지시장 참가자가 완전한 정보를 가질 수는 없다. 정보가 완전하지 않은 현실에서는 부정의가 계속된다. 사회 변동이 인간의 미래 예측 능력을 초과하는 경우에는 지가가 미래의 특별이익, 즉 지대를 제대로 반영할 수 없다. 그로 인해 토지 불로소득이 발생한다. 게다가 오늘날처럼 사회 변화가 급격한 경우에는 토지 불로소득이 광역적으로 그리고 만성적으로 발생한다.

현실 토지 매매시장에서도 완전한 시장에서 나타날 상태, 즉 토지 불로소득이 존재하지 않는 상태를 만들 수 있다. 토지 불로소득은 '토지를 단순히 보유, 매매함으로써 얻는 특별한 이익'이다. 그 크기는 토지 소유자의 수입에서 비용을 뺀 금액과 같다. 예를 들어 자금을 빌려서 토지를 매입하고서 그 토지를 임대하다가 일정 기간이 지난 후 매각하고 빌린 돈을 갚는 경우를 생각해 보자. 그러면 토지 소유자는 토지를 소유하고 있는 동안 임대료 수입을 얻고, 토지를 매각할 때 매각지가 수입을 얻는다. 한편 토지 소유자는 토지 소유 기간 동안 이자를 물다가 토지를 매각한 후 차입금을 상환하므로 이자와 매입지가가 비용이 된다.

이런 사실을 식으로 정리하면 아래와 같다. 토지임대료 수입은 '지대'라는 용어로 바꾸어 표시하기로 한다.

> 토지 불로소득 = 토지 소유자의 수입 − 토지 소유자의 비용
> = (지대 + 매각지가) − (매입지가 + 매입지가에 대한 이자)
> = (지대 − 매입지가에 대한 이자) + (매각지가 − 매입지가)
> = 지대이자 차액 + 매매 차액

위의 예에서는 돈을 빌려서 토지를 매입한 후 임대한다고 가정했지만, 토지를 자기 돈으로 매입하고 소유자 자신이 사용하더라도 결과는 같다. 자기 돈으로 매입하더라도 그 돈을 다른 용도로 사용할 경우에 얻을 수 있는 금액, 즉 이자만큼은 기회비용으로서 역시 비용이 된다. 또한 토지를 자신이 사용하더라도 지대만큼의 이익이 생긴다. 이런 이익은 귀속지대로서 역시 수입이 된다.

토지원리 ③의 ㉯에 대한 조건을 충족시키려면 토지 불로소득이 생기지 않도록 해야 한다. 따라서 위 식에서 보듯이 지대이자 차액과 매매 차액을 징수하면 된다. 그런데 여기에서는 자세히 다루지 않겠지만, 지대이자 차액만 징수하면 지가가 일정하게 유지되어 매매 차액은 징수할 필요가 없어진다.

다음 장들에서 다루는 여러 가지 사회 문제는 토지 불로소득을 환수하면 대부분 근본적으로 해결된다.

토지의 독자성과 중요성은 반드시 복원되어야 한다

지금까지 살펴보았듯이 토지는 생산수단 중에서 가장 중요하고 자본과 뚜렷이 구별되는 독특한 면을 지니고 있다. 그리고 자본과 달리 재생산이 불가능하므로 한 사람의 소유는 타인의 손해를 수반할 수밖에 없다. 그리고 토지 가치는 내부가 아닌 외부 요인에 의해서 만들어진 불로소득이며, 또한 그 가치는 과거가 아니라 미래의 기대를 반영하기 때문에 투기가 일어나기 너무 쉽다. 그리고 자본투자와 달리 토지투자는 비생산적이다. 이상을 통해서 우리는 토지를 독자적으로 다뤄야 하고 다른 것과 별도의 원리를 토지에 적용해야 한다는 것을 알 수 있게 된다.

그런데 주류경제학은 이와 같은 토지의 독자성을 무시한다. 그렇다고 해서 케인즈주의 경제학과 마르크스주의 경제학이 토지를 중요하게 다루는 것도 아니다. 말하자면 주류/비주류 할 것 없이 거의 대부분의 경제학이 토지의 중요성을 다루고 있지 않다.

토지는 경제학의 중요 주제로 복귀해야 한다. 경제위기, 소득 분배, 실업, 금융위기, 재정적자, 환경파괴 등은 토지와 관련지어서 고민해야 한다. 그래야 경제학이 궁핍과 실업의 공포에 떨고 있는 수많은 사람들에게 새로운 희망을 제시할 수 있는 학문으로 거듭날 수 있을 것이다.

2부

불평등과 거품 없는
경제를 위하여

토지 문제는 주택 문제의 핵심 원인이다.
토지에 건물이 부착된 것을 그 반대로 이해하는 것은
마치 여전히 태양이 지구를 중심으로
회전하고 있다는 생각처럼 대단한 착각이다.
또한 토지 문제는 금융 불안정의 근본 원인 가운데 하나이고,
분배를 악화시키는 주범이다.
2부에서는 토지가 주택, 금융, 분배에 어떤 영향을 끼치는지를 살펴보고
대안으로 토지 불로소득을 완전히 환수하는
'조세대체(tax shift)' 전략과 토지임대형 주택 공급 방안을 제시한다.

조성찬 · 남기업 · 구찬동

제 2 장

주택 문제는 토지 문제다

물가가 치솟고 있는 요즘 화두는 '반값'이다. 반값 피자에서 반값 등록금까지 반값이 주는 유혹은 참으로 크다. 그런데 반값의 사용처를 거슬러 올라가면 노무현 정부 시절인 2006년 11월 한나라당 홍준표 의원이 주장하여 발의한 '반값 아파트'가 있다. 여기서 더 거슬러올라가면 1992년 제14대 대통령 후보로 출마한 정주영 현대건설 명예회장이 공공택지의 땅값을 낮추어 반값 아파트를 공급하겠다고 한 공약이 '반값'의 원조이다.[1]

　시민단체인 토지정의시민연대는 노무현 정부 시절 판교 등 신도시에서 추진하려 한, 시행은 주택공사가 추진하되 시공은 민간건설사가 담당하는 공영개발 방식에 대해 반대한다는 뜻을 분명히 하였다. 공영개발 방식의 내용은 분양가를 낮추기 위해 원가연동제를 실시하고, 분양받은 자의 막대한 시세차익을 조금이라도 환수하기 위해 채권입찰제까지 곁들여 추진하는 방식이었다. 이에 대해 반대한 주요 이유는 세 가지였다.

첫째, 공영개발 방식은 토지 불로소득을 근본적으로 환수하지 못하기 때문에 언젠가는 투기가 다시 일어날 수밖에 없고, 부동산 가격의 하향 안정화에는 별로 효과가 없다. 둘째, 민간 건설업체가 아파트를 지어 시행사인 주택공사에 납품하는 공영개발 방식은 '품질 저하'라는 문제에 봉착할 가능성이 크다. 셋째, 택지 조성부터 분양까지 모두 공공이 주도할 경우 작은 정부, 큰 시장이라는 세계적 흐름과 반대된다는 것이었다. 그리고 그 대안으로 "토지 공공임대·건물 민간분양 방식"을 제안하였다.[2] 이 방식은 정부가 택지를 개발하여 건설업체에게 임대하고, 건설업체가 아파트를 지어 건물만 분양하는 방식이다.

토지임대부 주택으로 알려진 이 방식의 목적은 그동안 사적 토지 재산권의 볼모로 잡혀 있던 지대를 토지임대료 납부과정을 통해 지속적으로 환수하여 불로소득을 차단하는 데 있었다. 그런데 주택 구입 초기에 건물 구입 비용만 치르면 되는 특성 때문에 토지임대부 주택은 '반값' 아파트로 인식되기 시작하였다.

그럼 반값 아파트라는 이름 그대로 정말 반값 아파트인가 하면 절대 그렇지가 않다. 사실은 제값을 다 받는 것이다.* 토지임대료를 목돈으로 받지 않는다면 주택 매입자의 최초 부담금은 건물 가격뿐이므로 주택 매입자의 초기 부담금은 대체로 반 정도가 된다. 그러나 차후에 토지임대료를 계속 납부하므로 장기적으로 보아 매입자의 부

---

* 반값 아파트에 대한 오해가 불식되지 않자 당시 주택정책을 총괄했던 건설교통부의 강팔문 주거복지본부장은 "대지임대부 주택은 알려진 것처럼 '건물에 대해서는 건물 값을 제값대로 받고 대지에 대해서는 임대료를 받는 것'을 말한다. 따라서 '제값'을 받는 것이지 '반값'을 받는 것이 아니다. '반값'이란 이름은 마치 사과 반쪽을 반값에 판매하면서 '반값 사과'라고 하는 것과 같은 환상을 심어 주는 적절치 않은 용어다"라고 못을 박았다(강팔문, "반값 아파트 용어 적정하지 않다", 국정브리핑 자료, 2006. 12. 18.).

담이 줄어드는 것은 아니다.[3] 이 같이 환상을 심어 주는 반값 아파트라는 별명으로 기억되는 토지임대부 주택의 본명을 이제 되살릴 때가 되었다.* 이를 위해 도대체 토지와 부동산의 관계가 어떠한 것인지 먼저 원론적인 입장을 독자들에게 소개할 필요가 있다.

부동산은 건물이 아닌 토지가 중심이다

부동산의 개념과
어원 이해를 위해
우리에게 부동산(不動産)이라는 용어는 너무나 친숙하다. 신문 등 언론의 부동산 보도에서 우리 삶의 필수재인 주택을 하루도 빠짐없이 다루고 있기 때문이다. 그럼에도 불구하고 부동산의 개념과 어원을 정확히 알고 있는 이들이 많아 보이지 않는다.

학자들에 따르면, 부동산의 개념은 물리적 개념(자연, 공간, 위치, 환경), 경제적 개념(자산, 자본, 생산요소, 소비재, 상품) 및 법적 개념이라는 세 가지 차원을 갖는다. 그 중에서 부동산의 개념은 일반적으로 법적 개념에 기초하고 있다.[4] 실제로 우리나라에서 통용되는 부동산의 법적 개념을 살펴보면, 민법 제99조에서 부동산을 '토지와 그 정착물'로 정의하고 있다. 토지의 정착물이란 건물, 담장 등 토지의 개량물(improvements)을 말한다. 그리고 개량물과 유사한 표현도 정착물(fixture), 부착물(attachment), 부속물(appurtenance) 등 다양하다. 이들은

---

* '토지임대부(附) 주택'이라는 용어는 토지임대 '조건부' 주택을 의미하기 때문에 토지보다 건물이 주(主)가 된다는 의미를 내포한다. 이러한 용어는, 부동산은 건물이 아닌 토지가 중심이라는 필자의 견해에 부합하는 용어가 아니므로 부적절하다. 따라서 본문에서는 특별히 정부가 추진한 정책을 지칭하는 경우가 아니면 '토지임대형 주택'이라는 용어로 통일한다.

서로 다른 용어로 불릴지 몰라도 토지와의 관계에서 본질적으로 차이는 없다.[5] 모두 토지가 중심적인 위치에 있고 건물 등이 종속적인 상태를 의미한다.

부동산의 영어식 표현은 보통 real estate나 real property를 사용한다. 두 표현은 의미가 약간 다르다. real estate는 물적 상태를 중심으로 파악한 개념으로, 물리적인 토지 및 이에 부착된 구조물을 의미한다. 반면 real property는 권리 상태를 중심으로 파악한 개념으로, 부동산 소유에서 비롯되는 여러 가지 권리 또는 이익을 의미하는 것으로 이해해도 큰 문제는 없다.[6] 한 가지 재미있는 사실은 real estate의 어원이다. 보통 real의 의미를 '진짜의', '실제의'로 생각하기 쉬운데 사실은 그렇지가 않다. 『부자 아빠 가난한 아빠』를 써서 화제를 일으킨 로버트 기요사키에 따르면 real의 뜻은 스페인어 real에서 비롯된 것으로, 본래 뜻은 '왕의 것(royal)'이란다. 그러면 real estate는 왕실 재산을 의미하게 된다.[7] 이러한 해석은 영국의 '퀸스 랜드(Queen's land)' 철학이나 중국 및 우리나라의 전통적인 '왕토사상(王土思想)'과 같은 맥락이다.

이처럼 부동산을 개념으로 살펴보건, 어원으로 살펴보건 모두 토지가 중심이라는 점에서 동일하다.* 따라서 그동안 언론에서 부동

---

* 우리나라가 근대에 들어서면서 부동산이 법률 용어로 처음 등장한 기록은 1898년 공포된 〈전당포 규칙〉(光武 2년 11월 5일, 법률 제1호) 제9조 1항에서 부동산 계권(契券, 계약서)을 전당물품으로 규정한 법률조항에서 찾을 수 있다. 이후 1906년 〈조선부동산증명령〉, 1912년 〈조선부동산등기령〉이 제정된 후 부동산이라는 용어가 일반화된 것으로 보인다(안정근, 『현대부동산학』, 범문사, 2005, 25쪽). 즉 부동산이라는 용어가 사용되기 시작한 배경에는 1910년 3월에 시작하여 1932년에 완료된 조선토지조사사업으로 형성된 토지 사유제가 자리하고 있다. 토지 사유화로 인해 토지를 전당물품으로 설정할 수 있게 되었다(李英俠, 『韓國典當金融史研究』, 1976, 88~101쪽).

산이라는 용어를 어떤 의미로 사용해 왔든 간에 주택 등 부동산을 건물에 토지가 부착된 것으로 이해하는 것은 마치 태양이 지구를 중심으로 회전하고 있다고 생각하는 것처럼 대단한 착각이다. 이제 주택이라는 부동산을 다룰 때, 건물이 토지에 부착되어 있다는 사실을 잊어서는 안 된다. 만약 이러한 사실을 받아들이게 되면 부동산은 토지가 갖는 속성을 그대로 갖게 된다는 사실도 받아들일 수밖에 없다.

부동산에 대한 착각을
일으킨 원인들이 있다 주택에서 토지와 건물의 주종 관계가 이와 같음에도 불구하고 사람들은 종종 건물이 토지에 종속되어 있는 개량물 또는 부착물이라는 사실을 망각하곤 한다. 그 이유는 무엇일까? 아마도 가장 직접적인 이유는 건물이 부착되어 있는 토지보다는 건물이 시민의 피부에 더 직접적으로 와 닿기 때문일 것이다. 일반 시민들이 늘 이용하는 공간은 건물이지 그 건물이 기초하고 있는 토지가 아니기 때문이다. 우리나라에서 이미 주거 유형의 주류를 차지한 아파트가 특성상 고층 건물이기에 이러한 감각과 인식이 더욱 심화되었을 것으로 보인다. 게다가 특히 아파트는 건물을 소유하면서 특정 공간을 지배적으로 소유하는 것이 아니라 지분의 형태로 소유하게 된다. 그런데 이 지분이라는 것은 소유 면적만을 의미할 뿐이지, 구체적으로 어떤 토지를 가리키지는 않는다.

주택 등 부동산에서 토지와 건물(개량물)의 주종관계를 착각하게 된 또 다른 이유를 학문적으로 접근해 보면 착각의 책임이 시민들에게만 있는 것은 아님을 알 수 있다. 이들의 착각 뒤에는 뛰어난 경제학자들의 튼튼한 이론이 자리하고 있기 때문이다. 이러한 이론들에서 토지와 자본을 구별하지 않고 오히려 토지를 자본의 하나로 간주하면서 실제로 자본인 건물과 자본이 아닌 토지 사이의 관계에 혼동이 발생하게 되었다. 이러한 경향은 노동과 자본만으로 생산함수를 정의했던 신고전학파뿐만 아니라 마르크스와 케인즈에게서도 발견된다. 마르크스는 토지와 자본을 모두 생산수단으로 보았다. 케인즈는 토지가 농경시대에서나 중요하다고 했다. 그러나 토지와 자본(건물)은 다음과 같은 분명한 차이가 있다.

첫째, 자본과 달리 토지는 인간의 노동으로 만들어지지 않기 때문에 자본처럼 공급을 늘릴 수 없다. 둘째, 자본은 용도가 제한적인 반면, 토지는 여러 가지 용도로 사용될 수 있다. 셋째, 토지는 자본보다 더욱 인간의 삶에 필수적이다. 넷째, 자본의 가격은 '과거'에 투입된 생산 원가를 중심으로 수요와 공급에 의해서 결정된다. 그런데 지가는 '미래'에 발생할 지대가 더해진(자본화된) 값에 의해 결정된다. 다섯째, 자본은 시간이 흐름에 따라 가치가 줄어들지만, 토지는 오히려 가치가 증가한다. 여섯째, 자본은 가격이 급등하면 공급이 늘고 수요가 줄지만, 토지는 그 반대이다.[8]

이러한 토지의 여섯 가지 특성을 한 마디로 요약해 본다. 토지는 인류에게 무상(無償)으로 주어졌는데, 그 공급에 제한이 있어서 지대(地代)가 발생하며, 이 지대는 공동체 전체의 것이다. 이러한 지대를 이해하는 것이 바로 주택 문제의 핵심을 이해하는 관건이다.

위에서 살펴본 토지와 자본의 뚜렷한 차이점이 주택에서는 어떻게 나타나는지 살펴보자. 주택은 토지와 건물의 결합이라는 점에서 순수한 토지 및 자본과는 달리 아주 독특한 성격을 갖게 된다. 첫째, 주택 공급은 토지가 확보되는 한에서 탄력적으로 확장이 가능하다. 그런데 주택 공급을 평면적으로 확대하는 데는 한계가 있을 수밖에 없다. 그렇기 때문에 보통은 아파트처럼 용적률을 높여 수직적인 확대 공급이 이루어진다. 둘째, 주택 가격은 '미래에' 발생할 지대가 더해진(자본화된) 값과 '과거에' 투입된 생산원가가 결합되어 수요와 공급에 의해서 결정된다. 셋째, 건물은 감가(減價)되면서 가치가 하락하는 반면 토지는 증가(增價)하게 된다. 그리고 토지의 증가분이 건물의 감가분을 초과하게 되면 전체 주택 가격이 상승하는 경향을 보인다. 넷째, 주택 가격이 상승하면 주택 공급도 증가하고 주택 수요도 증가하는 경향을 보인다. 이 때 주택 가격이 상승하는 이유는 토지 공급이 제한되어 있어서 미래 지대가 증가하기 때문이다.

이상에서 살펴본 네 가지 특성의 공통점이 있다. 그것은 바로 주택 전체의 특성은 건물보다는 토지의 특성에 크게 영향을 받는다는 점이다. 건물은 자본의 법칙에 순응하고자 하지만 결국 토지의 정착물이라는 태생적 한계로 인해 토지의 법칙에 복종하게 된다.

주택 문제의 핵심은
토지 불로소득[지대] 문제다

실타래처럼 얽힌 주택 문제와

토지 불로소득 주택 문제는 참으로 다양하면서도 복잡하다. 주택 문제는 실타래처럼 얽혀 있어서 하나를 이해하고 나면 또 다른 문제들이 등장한다. 도대체 무엇이 원인이고 무엇이 결과인지 전체 구조가 파악되지 않는다. 주택 문제가 너무나 복잡해져서 이제는 하나의 생태계가 되었을 정도다. 그럼에도 불구하고 우리는 주택 문제의 전체 모습과 본질적인 이유를 파악하기 위해 노력해야 한다. 이러한 목적을 위해 먼저 현재 우리가 맞닥뜨린 다양한 주택 문제들을 생각나는 대로 열거해 보자.

- 일반인과 고위공직자의 주택 투기 문제
- 주택 가격 불안정(급등, 급락) 문제
- 주택 가격 거품 문제
- 주택 공급 부족 문제
- 주택 경기의 주기적 침체 문제
- 전세대란 문제
- 주택 담보대출 확대 문제: 개인의 부채 심화 및 금융권의 부실화 문제
- 주거복지주택 공급 부족 문제
- 무리한 뉴타운 개발 문제
- 재건축과 재개발에서 발생하는 개발이익 사유화 문제
- 중대형 아파트 미분양 문제
- 재건축 및 재개발 후 원주민의 낮은 재정착률 문제
- 주택산업을 통한 경기부양 문제
- 불로소득 환수 관련 조세(종합부동산세, 양도소득세 등)의 무력화 문제
- 그린벨트 해제를 통한 보금자리주택 반값 아파트 공급 문제
- 도심지의 저밀도 노후 주택 문제
- 저축은행의 무리한 프로젝트 파이낸싱 문제

정리하고 보니 주택시장이 무슨 '문제 백화점'처럼 보이기까지한다. 그런데 위에서 제시한 다양한 주택 문제들의 인과관계를 관통하는 중심적인 설명 틀이 존재한다. 독자 여러분은 이미 필자의 '숨은' 의도를 눈치챘을 것이다. 중심 설명 틀은 바로 '토지 불로소득'이다. '토지 불로소득'이 다양한 주택 문제의 근저에서 막강한 위력

을 발휘하고 있다. 그 이유는 토지 불로소득이 주택과 관련된 구체적인 영역에 따라 다양한 이름을 갖는다는 것에서 알 수 있다. 우선 경제학에서는 토지 불로소득은 잊힌 지 오래된 이름인 '지대'로 불렸다. 오늘날 이것은 주택매매시장에서는 '매매차익'으로, 주택임대차시장에서는 '임대료'로, 주택개발시장에서는 '개발이익'으로 불린다. 또한 이것은 주택금융시장에서는 '거품'으로 불리며, '대출이자'로 세탁되어 분석을 혼란스럽게 하기도 한다. 그리고 주택조세정책에서는 종합부동산세, 양도소득세 등으로 불린다. 주거복지정책에

표2-1 **토지 불로소득의 다양한 이름을 기준으로 한 주택 문제 분류**

구체적인 영역	이름	관련 주택 문제
경제학	지대	
주택매매시장	매매차익	• 일반인과 고위공직자의 주택 투기 문제 • 주택 가격 불안정(급등, 급락) 문제 • 중대형 아파트 미분양 문제
주택개발시장	개발이익	• 주택 공급 부족 문제 • 주택 경기의 주기적 침체 문제 • 무리한 뉴타운 개발 문제 • 재건축과 재개발에서 개발이익 사유화 문제 • 재건축 및 재개발 후 원주민의 낮은 재정착률 문제 • 주택산업을 통한 경기부양 문제 • 도심지의 저밀도 노후 주택 문제
주택금융시장	대출이자	• 주택 가격 거품 문제 • 주택 담보대출 확대 문제: 개인의 부채 심화 및 금융권의 부실화 문제
주택임대차시장	임대료	• 전세대란 문제
주택조세정책	종합부동산세 양도소득세	• 불로소득 환수 관련 조세(종합부동산세, 양도소득세 등)의 무력화 문제 • 저축은행의 무리한 프로젝트 파이낸싱 문제
주거복지정책	주거권	• 그린벨트 해제를 통한 보금자리주택 반값 아파트 공급 문제 • 주거복지주택 공급 부족 문제

서는 '주거권'이라 이름 붙일 수 있겠다. 이처럼 토지 불로소득의 다양한 이름을 기준으로 위에서 제시한 각종 주택 문제들을 정리해 보면 〈표 2-1〉과 같다.

다만 주거복지정책에서 '주거권'이라는 이름이 토지 불로소득과 맺는 관계가 좀 모호하다. 그런데 보금자리주택 공급 유형 중 하나인 공공분양주택의 경우 초기 분양자가 낮은 분양가로 인해 막대한 매매차익을 향유하는 구조이며, '주거복지주택 공급 부족 문제'는 결국 재원 부족 문제로, 지대 환수를 통한 조세 수입이 복지재원이 될 수 있다는 점에서 결국 토지 불로소득과 연결된다. 즉, 토지 불로소득의 대척점에 '주거권'이 자리하고 있다.

이하의 절에서는 〈표 2-1〉을 기초로 구체적인 영역에서 다양한 이름이 갖는 의미를 설명한다. 그런데 분명한 이해를 위해서는 경제학적 지대 개념을 이해할 필요가 있기에 먼저 지대이론을 설명한다.

지대 사유화는
곧 토지 불로소득의 향유 고전경제학파에 속하는 리카도(David Ricardo, 1772~1823)는 체계적으로 차액지대이론을 정립하였다. 리카도는 지대를 "토지 생산물 중에서, 토양이 가지고 있는 원래의 파괴할 수 없는 힘을 이용한 대가로, 토지 소유자에게 돌아가는 몫"으로 정의하였다. 이러한 정의에 근거하여, 토지 자체로는 지대를 생산하지 못하며 토지의 수요-공급 상황이 다음의 세 가지 조건을 만족시킬 때 지대가 발생된다고 하였다. 즉 ① 토지 공급의 희소성, ② 토지 비옥도의 차이, ③ 인구 증가에 따라 열등 토지를 경작지로 이용하는 조건이다. 위의 3가지 조건을 기초로 리카도는 다음과 같은 차액지대이론을 도출하였다. "지대는 동일한 자본과 노동을 투입한 조건 하에서, 생산력이 가장 우수한 토지와 가장 열등한 토지의 생산물 차이이다.[9]"

　차액지대이론은 현대 경제학 영역에서 가장 공인된 경제이론 중 하나이다. 현대의 각종 지대이론과 지가이론은 모두 차액지대이론의 영향을 받았다. 그런데 리카도의 차액지대이론이 도시 토지에서 발생하는 지대에 확대 적용될 수 있음에도 불구하고 농업사회를 이론적 배경으로 삼게 되면서 도시 토지에서 발생하는 차액지대의 가능성과 성질을 인식하지 못한 한계를 갖게 되었다.[10] 결과적으로 이 이론을 도시 토지에서 가장 넓은 공간 범위를 차지하는 주택지에 적용할 가능성을 살리지 못했다.

　이러한 가능성을 살려낸 경제학자가 바로 헨리 조지이다. 19세기 중반 이후 활동한 미국의 경제학자 헨리 조지는 리카도의 차액지대이론을 계승하여 더욱 완전한 지대이론 체계를 구축하였으며, 더 나아가 주기적인 경기불황과 지대의 인과관계를 분석하였다. 그는 당시 뉴욕에서 진보와 빈곤이 동시에 발생하는 산업혁명의 폐단을 경험하였다. 그는 저서 『진보와 빈곤』을 통해 비록 사회가 진보한다 하더라도 빈곤이 사라지지 않는 이유와 경기불황이 주기적으로 발생하는 이유는 모두 지대 불로소득이 지주에게 귀속하기 때문으로 보았다.

　헨리 조지는 이러한 문제를 해결하기 위하여 정부가 토지 가치를 공유할 수 있는 정책, 즉 공공토지임대제 또는 토지 사유제 하에서 지대조세제(Land Value Taxation)를 실시해야 한다고 주장하였다. 두 방안의 핵심은 동일하다. 정부가 지대를 모두 환수한 후, 지대 수입을 최우선적인 재정수입으로 삼는 것이다.[11]

　리카도와 헨리 조지 외에도 많은 학자들이 지대 문제를 이론적으로 명쾌하게 설명하려고 씨름하였다.* 여러 학자들이 제시한 지대이론의 강조점이 다르고 이론적 차이점이 분명함에도 불구하고 그들의 지대이론을 관통하는 핵심은 지대의 '잉여' 개념이었다. 노동과 자본의 대가가 아닌 토지가 생산에 기여한 대가로 '남은' 이 잉여 지대를 사유화한다는 것은 곧 토지 불로소득을 의미한다. 그 이유는 지대의 발생 근거에서 찾을 수 있다. 지대는 기본적으로 공급이 고정되어 있는 조건에서, 인구가 증가하고 경제가 성장하면서 개인이 아닌 사회적 요인에 의해 증가하는 특성을 갖는다.

도시에서 지대 사유화가 바로 토지 불로소득의 향유라는 특성이 가장 잘 나타나는 영역이 바로 주택이다. 주택은 토지와 밀접하게 붙어 있으며 모든 사람의 필수품이라는 특성상 이러한 성격이 가장 강하고 분명하게 반영된다. 이제 토지 불로소득이 주택의 각 영역에서 어떻게 새로운 모습으로 변모하는지 살펴보자.

---

* 여러 학자들의 지대이론을 간단하게 살펴보면, 아담 스미스(Adam Smith, 1723~1790)와 밀(James Mill, 1773~1836)은 지대를 '잉여'로 보았으며, 리카도의 차액지대이론을 정면으로 반박한 맬서스(T. R. Malthus, 1776~1834) 역시도 지대가 일종의 잉여이며, 토지가 자본과는 완전히 다른 생산요소라는 점은 인정하였다(이정전, 『토지경제학』, 박영사, 1999, 114~115쪽). 차액지대 I, 차액지대 II, 절대지대라는 새로운 지대개념을 제안한 마르크스 역시 지대가 잉여라는 사실을 인정하였고(K. Marx, 许南方編輯, 『资本论』, 北京: 人民日報出版社, 2007, 391~398쪽), 토지의 독점이 바로 자본 독점의 기초라고 인정하였다(Marx, "Critique of the Gotha Programme", 17; Robert Andelson and James Dawsey, *From Waste Land to Promised Land*, 전강수 역, 『희년의 경제학』, 대한기독교서회, 2009, 203~205쪽에서 재인용).

토지 불로소득의
다양한 변모

① 주택매매시장에서 매매차익으로 변모

주택 가격은 기본적으로 토지 가격에 건물분 가격을 더한 가격이다. 토지 가격 즉 지가는 지대이론에 따르면 미래의 매년도 지대를 할인하여 더한(자본화한) 것이다. 자본재에 해당하는 건물이 감가상각 되기 때문에 교환가치가 감소하게 되는데도 불구하고 주택 가격 전체가 상승하는 이유는 토지 가격의 상승에 기인한다. 토지 가격 상승이란 곧 미래에 발생할 지대가 더 커질 것이라는 기대에서 비롯된다. 즉 인구가 증가하고 경제가 성장하는 과정에서 주택 가격이 꾸준히 상승한다는 '신화'가 형성되기 쉽다. 이때 주택시장 참여자들은 주택을 매매하면서 차익을 누릴 수 있게 된다. 이때의 매매차익은 건물가치의 감소를 상쇄하고도 남는 지가의 증가, 즉 미래 지대의 증가에서 발생하는 것이다.

　　주택이 갖는 이러한 특성으로 인해 한국의 대표적인 고질병인 매매차익을 노리는 주택 투기 문제가 발생하게 된다. 주택 투기는 전통적으로 전문 투기꾼들과 고급 정보를 획득할 수 있는 고위 공무원들이 주로 참여하였다. 이제는 노하우가 일반 시민들에게 공개되면서 너도 나도 주택 투기에 참여하고 있다. 투기적 수요는 광풍과도 같아서 일시에 주택 가격을 급등시키기도 한다. 그러나 투기적 수요는 실제 거주 수요가 아니기 때문에 외부 영향으로 인해 부동산 경기가 좋지 않을 때는 주택 가격이 하락하는 동시에 지금처럼 전세가 급등이 일어나기도 한다. 또한 주택 경기가 좋을 것으로 예측하고 시작된 아파트 건설이 3~5년 후에나 완료되면서 사업성 평가단계에서의 시장 예측과 건설 후의 부동산 경기가 불일치하여 대량의 미분양 아파트가 발생하기도 한다.

② 주택개발시장에서 개발이익으로 변모

주택을 재건축 또는 재개발하는 과정에서 개발이익이 발생한다는 사실은 이제 상식이 되었다. 그래서 투기자들은 매매차익 뿐만 아니라 개발이익을 사유화하기 위해 혈안이다. 최근의 대표적인 사례가 뉴타운 개발이다. 이명박 전 서울시장이 2002년에 뉴타운 개발을 시작한다고 발표하자, 무계획적인 주거지에 사는 주민들이 신도시처럼 번듯한 계획단지 내 아파트에서 살 수 있을 거라는 희망과 더불어 개발이익도 기대할 수 있다는 소문으로 인해 적극적으로 뉴타운 사업 추진에 동의했다. 그 이후 표를 얻으려는 국회의원 후보들도 뉴타운 공약을 남발하게 되면서 2011년 현재 뉴타운 사업지구는 서울에 35개, 경기도에 23개가 지정되었으며, 전국적으로 82곳(8000만㎡, 여의도 면적의 90배)에 이른다.

　지방정부는 큰 예산을 들이지 않고도 소규모 단위로 추진되던 기존 방식에서 탈피해 광역단위로 묶어 주거, 기반시설, 편의시설 등을 체계적으로 계획할 수 있을 뿐만 아니라 큰 재정수입까지 기대할 수 있어서 적극적으로 뉴타운 사업 추진을 지원하였다. 그러다가 2008년 세계 금융위기로 국내 부동산 경기가 침체되자 상황이 역전되었다. 2011년 1월 현재 서울시가 2002년도부터 시작한 뉴타운 사업지구 35개 지구 237개 사업구역 중에서 공사를 시작했거나 끝낸 사업구역은 32개에 불과하다. 86.5%의 사업지구가 착공조차 하지 못한 것이다. 또한 경기도에서는 자치단체들이 포기선언을 하고 있으며, 주민 반발도 날로 거세지고 있어 뉴타운 사업이 '좌초 위기'에 직면해 있다.[12] 주민들이 지지자에서 반대자로 돌아선 것이다.

뉴타운 추진에 동의했던 주민들을 설득할 수 있었던 '개발이익'의 개념을 이론적으로 살펴보자. 개발이익의 개념에 대해 다양한 정의가 내려질 수 있다. 하지만 학계에서 일반적으로 동의하는 개발이익의 개념은 토지 소유자의 투자에 의한 증가(I), 공공투자에 의한 증가(II), 토지이용계획의 결정·변경에 의한 증가(III), 기타 사회·경제적 요인에 의한 증가(IV)로 구분하여, 최협의의 개발이익을 II, 협의의 개발이익을 II+III, 광의의 개발이익을 II+III+IV로 파악하고 있다. 개발이익 환수 대상도 공공투자에 의한 증가(II)→토지이용계획의 결정·변경에 의한 증가(III)→기타 사회·경제적 요인에 의한 증가(IV)로 확대되어 가는 추세이다. 다만 현행 법률은 개발이익을 광의로 규정하면서도 개발부담금 방식을 통해 최협의의 개발이익만을 환수하고 있는 실정이다.[13] 개발이익 개념과 관련하여 중요한 사실은 세 가지 요인(II,III,IV)이 토지 가치, 즉 지대를 증가시켜 개발이익을 발생시킨다는 것이다. 즉 개발이익의 본질이 토지 불로소득이라는 것이다. 따라서 개발이익을 환수해야 함에도 불구하고 중대한 난점이 있다. 바로 그것은 토지 재산권이 개인에게 묶여 있어 개인 투자 요인이 아닌 다른 공적 요인에 의해 개발이익이 발생해도 결국 토지 소유자, 주택 입주자 및 건설업자에게 개발이익이 돌아간다는 점이다.

신도시 건설 과정에서 원래의 농지, 임야와 같은 싼 토지를 수용해 이를 고급 주택용지로 바꾸는 과정에서 엄청난 개발이익이 발생하게 된다. 이때 각 주체별 개발이익의 분배를 둘러싸고 첨예한 갈등을 빚게 된다. 정희남 외[14]의 실제 분석에 따르면 전체 신도시 개발이익의 58.2%가 최초 분양자에게, 다음으로 민간 주택건설업체에게 34.0%, 토공이나 주공 같은 공공토지 개발업자에게 7.8%가 돌아간

것으로 분석되었다. 그 당시 분양가 상한제를 실시하지 않았던 상황을 감안하면 분양가 상한제를 실시할 경우 최초 분양자에게 돌아가는 개발이익 규모는 더욱 컸을 것으로 예상할 수 있다.[15]

③ 주택임대차시장에서 임대료로 변모
지대를 공공이 환수하지 않을 경우 개인에게 귀속되는 토지 불로소득은 매매차익과 개발이익 말고도 임대료가 있다. 지대(地代)를 풀어 쓰면 '토지 사용 대금(代金)'으로, 흔히 토지임대료라고 불린다. 토지를 사용하면서 그 대가로 화폐나 실물을 납부하는 방식의 토지임대료는 과거 농경사회에서부터 현대 산업사회에 이르기까지 가장 보편적이면서도 여전히 중요한 위치를 차지하고 있다. 이러한 지대가 주택임대차시장에서는 주택 전체에 대한 임대료에 포함되면서 토지분 임대료와 건물분 임대료의 구분이 불명확하게 되었다. 앞에서 살펴본 이론적 관점에서 토지분 임대료는 토지 불로소득에 해당하나, 건물분 임대료는 자본에 대한 정당한 대가에 해당하므로 두 소득 사이의 정당성을 분명하게 구분할 필요가 있다.

가장 보편적인 주택임대료 납부 방식은 월별 또는 분기별 납부 방식이다. 이러한 납부 방식에서 토지분 임대료의 사유화와 급등은 그 자체로 중요한 문제로 제기된다. 즉 주택임대시장이 주택매매시장이나 주택개발시장과 독립적으로 운영되면서 주택임대시장 자체의 문제가 될 수 있다는 것이다. 그런데 우리나라에는 고유의 전세주택이 있어서 주택임대시장이 주택매매시장 및 주택개발시장과 더욱 강하게 연결되는 구조를 형성하는 독특한 성격을 가지고 있다. 그 연결고리의 핵심에도 토지 불로소득 사유화가 자리하고 있다. 아파트 전세시장에서 이러한 특성이 강하게 드러난다.

매매를 통해 토지 불로소득을 획득하려는 투기 목적의 아파트 구입자는 전세주택의 공급자가 된다. 이들은 담보대출로 구입한 후 시세차익 실현 전까지 보유 중인 아파트를 잠시 전세주택으로 공급하고, 매매가의 30~70%에 달하는 전세금으로 대출금 일부를 갚아 금융 부담을 줄인다. 이때 '아파트 가격의 지속적인 상승'이 투기 성향의 '아파트 구입 – 전세주택 공급 메커니즘'의 전제가 된다. 다음으로 전세주택 수요자의 입장에서 살펴보자. 아파트 가격이 지속적으로 오르는 때에, 목돈을 보유한 실거주 목적의 수요자는 담보대출을 이용해 아파트를 구입한다. 그런데 가격이 하락하는 시기에는 상황이 달라진다. 동일한 수요자는 자산 손실을 피하기 위해 가격이 저점에 이를 때까지 기다리면서 전세주택에 거주하고자 한다. 이들 역시 간접적인 투기 성향을 보이게 된다. 결국 아파트 전세시장은 '부동산 투기 파생시장'의 성격이 강하게 나타난다. 전세 수요가 있어서 전세 공급이 따라온 것이 아니라, 아파트를 투기 목적으로 구입하여 잠시 전세로 공급하면서 전세 수요가 따라온 것이다.[16]

2008년 미국의 서브프라임 모기지 사태 이후 한국 주택매매시장이 충격을 받자 그 여파가 전월세시장으로 번져 100주 이상 전세 가격이 급등하는 '전월세대란'이 발생하였다. 이에 따라 전세에서 월세로 전환하는 임대주택이 늘어나게 되고, 정부도 각종 대책을 통해 민간 임대주택을 활성화하려고 노력하면서 월세주택은 새로운 투자 대상으로 각광을 받게 되었다. 여기에서 새로운 고민이 생긴다. 지대가 사유화되는 조건에서 전세주택의 월세주택 전환과 주택임대시장의 확대가 과연 건강한 발전에 해당하는가 하는 점이다. 이와 관련하여 『소유의 종말』[17]을 쓴 제러미 리프킨(Jeremy Rifkin)은 우리에게 좋은 통찰을 제시해 준다.

리프킨은 현재 뿐만 아니라 앞으로도 재산의 소유에 있어서 교환방식이 아닌 네트워크 방식, 즉 접속방식이 자본주의의 새로운 조류가 될 것으로 전망하였다. 리프킨이 미래사회를 이렇게 전망한 철학적 배경에는, 과거 시장경제의 특징이었던 내 것과 네 것이라는 전투적 관념이 상호의존적이며 공존을 지향하는 네트워크 사회로 전화될 것이라는 인식이 자리하고 있다.[18] 네트워크 방식이 부동산에 주는 의미는 소유권 매매 방식보다는 재산을 빌려주고 사용료를 물리는 임대 방식이 더 우월한 방식이 될 것이라는 점이다. 리프킨의 이러한 전망은 토지 및 부동산이 소유에서 임대로 전환되고 더욱 강화될 것을 제시했다는 점[19]에서 새로운 통찰을 준다.* 그런데 토지가 소유에서 임대로 전환된다고 하더라도 이것 자체가 토지 재산권 제도의 진보를 의미하지는 않는다. 왜냐하면 네트워크 사회에서 토지 및 부동산 사용자가 소수의 집중된 토지 소유자에게서 임대한다고 하면 독점적 지배구조는 사실 이전보다 더 강화됨을 의미하기 때문이다. "재산을 소유하지 못하고 접속만 하게 될 때 우리는 타인에게 훨

---

* 실제 우리나라에서도 이러한 흐름이 강화되고 있다. 대표적인 사례로, 전통적으로 부동산에 강한 애착을 보여 온 기업들이 부동산을 속속 처분하고 '세일&리스백 방식'(매각 후 재임대 방식)으로 임대 전환하고 있다. 롯데그룹의 경우, 그룹의 주력인 롯데쇼핑이 '세일&리스백'으로 백화점과 마트 등 6곳을 매각하기 위해 '자산 유동화 사모펀드'를 조성하고 있다고 한다. 이것은 지난 2008년 3개의 마트를 매각한 이후 두 번째 자산 매각조치에 해당한다. 전국의 요지에 직영 주유소를 거느린 SK그룹이 주유소 매각에 나섰고, 애경그룹 역시 최근 비슷한 행보를 보이고 있다. 금융권의 경우, SC제일은행이 96개의 은행 소유 건물 중에서 27개를 이미 매각했고, 앞으로도 매각을 지속할 것이란다. 제일은행 역시 자산매각 후 임대점포를 늘리는 방식으로 점포수는 오히려 늘리기로 하였다. 이러한 흐름에 대해 박경호는 우리나라 부동산시장의 장기상승이 끝나고, 최소한 연착륙 이상의 부동산 경기 하강국면으로 판단한 기업들이 먼저 부동산을 정리하는 것일 수도 있다는 해석을 한다(박경호, "대기업 보유부동산 '대방출'", 『위클리경향』, 890호, 2010. 8. 31).

씬 더 의존하게 된다. 상호 관계의 네트워크에서 교감하는 것은 좋지만 그 바람에 칼자루를 쥔 기업들의 막강한 네트워크에 더욱더 의존하게 되는 것은 아닐까?"[20]라는 리프킨의 우려를 부동산에 조명해 보면, 토지 공급이 고정되어 있는 부동산시장에서 이러한 우려가 현실화할 것은 분명하다. 결국 토지 사유제와 네트워크 사회가 결합되면 토지 독점의 본질은 전혀 변하지 않고 오히려 더 악화됨을 의미한다. 이러한 상황을 '토지 사유제 + 네트워크 사회의 딜레마'라고 규정할 수 있겠다. 따라서 임대 방식이 더욱 보편화된다는 전제에서 관건은 토지 소유권이 누구의 손에 집중되느냐이다.

④ 주택금융시장에서 대출이자로 변모

이익이 있는 곳에 항상 세금이 있다. 그런데 이제는 세금 말고도 한 가지가 더 있다. 바로 대출이자이다. 금융권으로부터 자금을 대출받는 이유는 부족한 자금을 마련하기 위한 것뿐만 아니라 레버리지 효과(leverage effect)를 얻을 수 있기 때문이다. 레버리지 효과란 타인으로부터 빌린 차입금을 지렛대로 삼아 자기자본이익률을 높이는 것으로 '지렛대 효과'라고도 한다. 가령 100억 원의 자기자본으로 10억 원의 순익을 올리게 되면 자기자본이익률은 10%가 되지만, 자기자본 50억 원에 타인자본 50억 원을 더하여 10억 원의 순익을 올리게 되면 자기자본이익률은 20%가 된다.*

이와 같은 이유로 부동산시장이 호황이고 이자가 저렴할 때는 자금대출도 덩달아 크게 증가하게 된다. 대출은 크게 소비대출과 투

---

* 타인자본을 사용하는 데 드는 금리비용보다 높은 수익률이 기대되는 경우에는 타인자본을 적극적으로 활용하는 것이 유리하지만 타인자본을 과도하게 도입하면 경기가 어려울 때 금리부담으로 인한 도산 위험이 높아진다(네이버 백과사전).

자대출로 나눌 수 있다. 대표적인 소비대출은 주택 담보대출이며, 대표적인 투자대출은 요즘 문제되고 있는 프로젝트 파이낸싱(project financing)이다. 금융권이 자금 대출을 하는 이유는 당연히 대출이자라는 예대마진(대출이자-예금이자)을 겨냥한 것이다. 그러면 자금을 대출받은 기업이나 가계는 대출계약 조건에 따라 이자와 원금을 납부하게 된다. 이때 이자가 어디에서 발생하느냐가 중요하다. 우선 프로젝트 파이낸싱의 경우 건설업체는 개발사업에서 발생하는 개발이익이 주요 출처가 된다. 주택 담보대출에서는 투기용일 경우에 매매차익이 그 출처가 되며, 다만 실거주용인 경우에는 정상적이라면 근로소득이 출처가 된다. 새롭게 급부상하고 있는 임대사업의 경우 토지분 임대료가 포함된 임대료가 주요 출처가 된다. 이처럼 금융권의 입장에서는 단순하게 대출이자 소득으로 분류되는 것이지만 대출자별 소득 출처를 분석해 보면 지대가 매매차익, 개발이익, 임대료로 1차 변모하고 그것이 다시금 대출이자로 2차 변모한 것임을 알 수 있다.

대출이자 소득은 단순히 매매차익과 개발이익 및 임대료 소득의 일부가 대출이자 소득으로 이전하는 것에 불과한 것이 아니다. 통화주의 이론에 따르면 통화량을 증가시켜 실질적인 경제성장을 끌어낼 수 있게 된다. 즉 대출을 통해 통화량을 증가시키고, 증가한 통화는 주택 건설 및 소비에 투입되어 부동산시장의 경기부양을 가져오게 된다. 여기에서 우리가 알고 있는 주택 가격 거품 문제가 불거져 나온다. 이와 더불어 2011년 현재 전체 가계신용 규모가 800조 원을 초과하였는데, 그중 주택 담보대출 잔액이 365조 원에 이르는 문제와, 우리 사회의 뇌관이 되어 버린 저축은행의 프로젝트 파이낸싱 부실채권 문제는 토지 불로소득을 사유화하려다 급기야 사회 전체를 위기

상황으로 몰아가고 있는 상징적인 단편이다.*

⑤ 주택조세정책에서 토지 관련 조세로 변모

지금까지 주택 관련 시장에서 토지 불로소득이 어떻게 변모하는지를 간단하게 살펴보았다. 이제 마지막으로 주택조세정책에서 어떻게 변모하는지를 간단하게 살펴보자. 주택 관련 시장에서 발생하는 매매차익, 개발이익, 임대료 등 토지 불로소득의 사유화를 막기 위해 양도소득세, 종합부동산세, 재산세 등 여러 가지 조세를 마련하였다. 이러한 조세는 원래 공적으로 환수해야 할 지대를 개인의 주머니에서 공공의 주머니로 일부분 이전하는 효과를 가진다. 즉 토지 불로소득이 부동산 관련 조세로 변모하는 것이다. 이러한 성격 때문에 지대를 둘러싸고 시장과 정부 사이에서 갈등이 전개된다. 그런데 이명박 정부가 집권한 후 각종 부동산 규제를 허물고 지대의 사유화를 대폭 허용하게 되면서 종합부동산세는 무력화되었으며, 양도소득세 역시 크게 약화되었다.

이상을 종합하면, 사유화된 지대인 토지 불로소득은 다양한 유형의 주택시장과 주택정책에 따라 변모한다. 우선 가장 대표적으로 주택매매시장에서는 매매차익으로, 주택개발시장에서는 개발이익으로, 주택임대시장에서는 임대료로 1차 변모하였다. 또한 주택금융시장에서는 매매차익, 개발이익 및 임대료의 일부가 다시금 대출이자로 2차 변모하였다. 주택조세정책에서도 지대를 환수하기 위해서 양도소득세, 종합부동산세, 재산세 등으로 변모하였다. 현재 우리 사회는 매매차익, 개발이익, 대출이자 및 임대료 등 토지 불로소득을 사

---

* 토지와 금융의 관계에 관한 자세한 내용은 제3장을 참고하기 바란다.

유화하려는 지대추구 사회가 되었으며, 그로 인해 당연히 지대 환수를 위한 조세정책과 갈등관계에 빠질 수밖에 없다. 한 가지 더 언급할 것은, 지금까지 살펴본 네 개의 주택시장과 주택조세정책 분야에서 각각의 키워드인 매매차익, 개발이익, 대출이자, 임대료 및 조세를 둘러싸고 갖가지 주택 문제가 발생하고 있다는 사실이다. 이처럼 주택 문제의 핵심에 토지 문제, 즉 토지 불로소득 사유화 문제가 자리하고 있음이 분명해졌다.

주택 문제 해결 방안의 핵심 원칙

주택 문제의 핵심에는 공적 요인에 의해 발생하는 지대를 개인의 토지 재산권에 기초하여 사유화하려는 토지 불로소득 추구 행위가 자리하고 있다. 즉 지대가 토지 재산권의 볼모로 잡혀 있다는 것이 문제의 핵심이다. 지대를 사유화할 수 있는 제도가 갖추어진 사회에서는 당연히 지대를 사유화하기 위한 과도한 주택시장이 형성되게 된다. 지대를 사유화할 수 있기 때문에 투기적 가(假)수요가 존재하게 된다. 건설업체는 이러한 투기적 가수요를 겨냥하여 주택을 과잉 개발하여 공급하게 된다. 이러한 과정에서 주택 소비자나 주택 공급자 모두 금융권의 자금에 크게 의존할 수밖에 없는 구조가 형성된다. 따라서 해결 방안의 핵심은 개인의 토지 재산권에 갇혀 있는 지대를 해방하는 것이다. 즉 지대를 공공이 환수하는 것이다.

지대를 공공이 환수하게 되면 기본적으로 투기적 가수요가 시장에서 사라지게 되고 실수요만 남게 된다. 따라서 주택 공급 역시 실수요를 대상으로 이루어지며 과도한 공급이 일어나지 않게 된다. 이 때

개발이익이 사유화되지 않기 때문에 신규 주택 건설 또는 주택 재개발과 재건축 사업이 적극적으로 추진되지 않을 수 있다. 여기서 정부의 역할이 중요해진다.

우선 주택 공급 체계의 기본 구도를 재정리할 필요가 있다. 큰 틀에서 고소득층이 주요 소비자인 고가 주택은 민간 시장에 맡겨 공급하는 것이 타당하다. 그리고 저소득층을 대상으로 하는 공공임대주택은 정부가 공급하도록 하는 것이 타당하다. 지금까지는 고가의 주택을 살 수 있는 능력도 안 되고 공공임대주택의 대상이 되지도 못하는 중하 계층은 공공임대주택 공급이 한정된 상황에서 민간 전월세 주택에 거주하면서 민간 주택으로 갈아타기를 시도하는 전략을 취하여 왔다. 즉 주택 구입 시점에 주택 가격의 지속적인 상승을 기대하고 은행대출을 받아 무리하게 주택을 구입하는 것이다. 그런데 주택 실수요자들이 주택 담보대출을 통해 주택을 구입하게 되면 이들 역시 주택시장의 볼모가 되어 흔히 말하는 '하우스푸어(house poor)'가 되기 쉽다. 따라서 우리는 중하 계층을 대상으로 하는 새로운 유형의 주택을 고민할 필요가 있다.

앞에서 토지와 자본을 구분하지 않는 현대 경제학의 잘못된 전통으로 인해 주택 역시도 토지와 건물을 구분하지 않고 하나의 부동산으로 취급하면서 많은 오류가 발생하였음을 지적하였다. 그러므로 토지와 건물이 각각 토지법칙과 자본법칙을 따르는 주택이 경제 이론에 부합하는 가장 탁월한 방식이다. 이러한 방식을 따르는 주택 유형이 존재한다. 바로 '토지임대형 주택'을 두고 하는 말이다. 이하에서는 우리나라에서 실험 실시되었으나 성공했다고 보기 어려운 경험을 갖고 있는 '토지임대형 주택'의 타당성에 대해 새롭게 조명해 보고자 한다.

토지임대형 주택의 타당성을
재검토한다

토지임대형 주택의
원리는 이렇다
토지임대형 주택의 원리는 다음과 같다. 토지는 공공
이 소유 및 임대하면서 건물만 분양하는 것으로, 입주자는 건물 소유
권과 더불어 토지임차권을 자유롭게 거래·상속·증여할 수 있다. 토
지임대형 주택은 시장에 크게 의존하는 분양주택과 시장보다 정책
에 크게 의존하는 공공임대주택의 중간에 해당하는 주택으로, 시장
과 정책이 결합되면서도 시장원리를 이용하는 주택이다. 토지임대형
주택은 토지법칙 및 자본법칙에 부합하는 만큼 장점도 많다.

첫째, 토지에서 발생하는 불로소득을 차단하여 투기를 막을 수
있다. 둘째, 토지 용도나 개발밀도의 변경으로 생기는 개발이익을 완
전히 환수할 수 있다. 셋째, 소유권이 공공에게 있기 때문에 사유지에
서 발생하는 도시계획 추진의 어려움을 극복할 수 있다. 넷째, 임대료
수입을 도시 개발 재원으로 활용하여 투자하면 토지 가치가 상승하
고, 그것은 다시 임대료 수입의 증가로 이어져 재정의 자기조달 시스
템(self-financing system)이 가능하게 된다. 다섯째, 건물은 개인소유이
기 때문에 공공임대주택과는 달리 건물주는 자신의 재산가치를 유지
하기 위해 잘 관리하게 된다. 여섯째, 주택건설회사가 토지 불로소득
보다는 양질의 주택 건설에 매진하게 되어 주택건설산업의 부패 일
소와 건전한 육성과 발전에 도움이 된다. 일곱째, 민간 전세시장보다
훨씬 안정적이며 세금도 미미하여 건설시장도 살고 부동산 중개시장
의 활력을 떨어뜨리지 않는다.[21]

구슬이 서 말이라도 꿰어야 보배가 된다. 위에서 제시한 장점들

도 보배가 될 수 있도록 잘 꿰어야 한다. 이 역할을 하는 것은 바로 정책 목표이다. 이런 점에서 토지임대형 주택의 가장 중요한 정책 목표는 토지 불로소득의 환수이며, 두 번째로 중산층 이하 서민층에게 내 집 마련의 기회를 제공하는 것이다. 그런데 중요 문헌과 법률에서 정책 목표의 혼선을 보였다. 먼저 박헌주는 토지임대형 주택의 정책 목표로, 주택을 싼값에 공급하여 국민의 내 집 마련을 촉진하고, 부동산 시장의 근본적인 안정을 도모하는 것이라고 하였다.[22] 2009년 4월 1일 통과된 〈토지임대부 분양주택 공급 촉진을 위한 특별조치법〉 제1조에서도, 서민의 주거비 부담 경감과 주거 안정에 기여함을 목적으로 하였다. 그런데 양자 모두 토지 불로소득의 환수 및 안정적인 재정 수입의 확보라는 목표를 간과하였다.

토지임대형 주택에

대한 반론 토지임대형 주택에 대한 지속적 논의 이후 2007년 4월 20일 주택법 개정으로 공급 규정이 마련되었다. 같은 해 5월 17일 시범사업 추진계획이 발표되었다. 2007년 7월 12일 시범사업 입지를 발표하고 토지임대료를 제시하였다. 이후 2007년 9월 29일 군포 부곡지구 시범사업 분양공고를 내고 시범실시의 구체적인 단계에 들어갔다. 토지임대형 주택의 근거법인 〈토지임대부 분양주택 공급 촉진을 위한 특별조치법〉이 2년 뒤인 2009년 4월 1일 통과되었다.

2007년 9월 29일 시범사업 분양공고를 내고 첫 삽을 뜬 경기도 군포 부곡택지개발지구 내 토지임대형 주택 시범실시 사업은 결과적으로 실패했다. 토지임대형 주택 시범실시 사업이 실패로 돌아가자 반대 여론이 만만치 않게 형성되었다. 이 제도가 우리 사회에서는 아예 불가능하거나 아니면 우리 실정에서 이미 늦었다는 반론도 있었다.[23] 대표적인 반론 네 가지만 살펴보자. 첫째, 공급자의 초기 비용 부담이 과도하여 실현가능성이 떨어진다. 둘째, 높은 토지임대료 가격이다. 셋째, 아파트의 토지-건물 소유권 분리가 확립되지 않아 지속성이 우려된다. 넷째, 사람들이 선호하지 않는다. 이상 네 가지인데, 우선 각각의 내용을 살펴보고 검토해 본다.

첫째, 공급자의 초기 비용 부담이 과도하여 실현가능성이 떨어진다. 이 반론은 일면 타당해 보이기는 하나 자세히 살펴보면 중요한 반론이 되지는 못한다. 왜냐하면 현재 추진 중에 있는 공공임대주택도 정부의 비용 부담이 크기 때문이다. 게다가 공공임대주택은 초기비용을 신속하게 환수하기가 어렵지만 토지임대형 주택은 얼마든지 신속한 회수가 가능하다. 매입자의 선택에 따라 보증금과 월세를 혼합하는 방식, 또는 월세를 모두 토지 전세금으로 전환하면 보증금 또는 전세금으로 초기비용을 상당 부분 회수할 수 있다. 게다가 임대수입이 안정적이라는 특성으로 인해 초기 투자비용을 국민연금기금과 같은 공익성 장기 자금으로부터 얻을 수 있다. 이 시스템이 안정적으로 돌아가는 것을 확인하게 되면 민간 금융기관도 참여할 것이다.[24]

둘째, 높은 토지임대료 가격. 이 문제는 주택 매입자가 매입 결정 시 가장 직접적으로 맞닥뜨리는 문제다. 이는 실제로 군포시 시범실시 과정에서도 불거져 나온 문제다. 추진과정에서 건설교통부가 토지임대형 아파트가 분양가의 55% 수준이라고 설명하였는데, 입주자가 매달 지불해야 하는 임대료(35만~40만 원)가 감안되지 않았다는 이유로 경기도 군포시가 건설교통부에 계획을 철회하라고 요구하였다.[25] 매달 40만 원 가까운 월세 납부는 결코 쉽지 않은 부담이다. 그런데 이러한 문제는 첫 번째 반론을 다루면서 해결책의 실마리를 이미 제시하였다. 그것은 매입자의 선택에 따라 월세를 일정 부분 전세로 전환하여 월세 부담을 줄이는 것이다. 또한 토지 공급가격 결정 구조를 분석해 보면 임대료를 더 낮출 수 있을 것으로 보인다. 여기에 더해 김남근[26]이 제안하고 있듯이, 1970년대 5인 가구를 고려하여 정한 중대형과 소형 기준을 각각 $85m^2 \rightarrow 70m^2$, $60m^2 \rightarrow 50m^2$로 낮추면 토지임대료와 건물 분양비를 더 낮출 수 있다.

셋째, 아파트의 토지-건물 소유권 분리가 확립되지 않아 지속성이 우려된다. 가령, 50년 뒤에 아파트가 낡아서 재건축해야 하는 상황에서 기존 입주자에게는 토지에 대한 재산권이 없는데 이 제도가 받아들여질 것인가 하는 문제가 있다. 갖은 민원에 시달리다 결국 정부가 토지를 헐값에 불하하는 것으로 귀결될 것이라는 반론이다.[27]* 이는 토지 재산권 문제로, 이러한 인식은 주택에 대한 오해가 반영된 결과이다. 부동산의 어원에서도 살펴보았듯이, 건물이 토지에 부착되는 개량물이지 토지가 건물에 귀속하는 것이 아니다. 따라서 재산권의 경중을 따진다면 건물 재산권이 아니라 토지 재산권이다. 이러한 문제는 토지 사용권 기간을 잘 조정하면 해결될 수 있다. 주거기능은 다른 기능에 비해 지속성이 가장 길다. 그래서 중국에서도 주택용지의 토지 사용권 기한이 최대 70년으로 가장 길다. 그리고 재계약이 가능하도록 규정하고 있어서 토지 사용권 기한이 건축물의 수명보다 짧은 경우는 거의 발생하지 않는다. 해결의 핵심은 건축물의 수명과 토지 사용권 계약기간을 서로 맞추는 것이다. 가령, 현재 토지

---

* 그래서 김수현(『주택정책의 원칙과 쟁점』, 한울, 2008)은 시중가 80% 정도의 전세가로 최장 20년 거주할 수 있는 장기 전세주택이 바로, 토지 소유권과 건축물 소유권이 분리되는 문제도 없고, 전세금이 대체로 건축비에 해당되기에 사실상 반값 아파트라고도 볼 수 있어서, 토지-건물 모두를 공공이 소유하는 공공임대주택을 기간과 임대 방식을 다원화해 확대 보급하는 것이 올바른 해답이라는 견해를 피력한다.

사용권 기한이 40년으로 규정되어 있는데, 만약 계약기간 종료 시점에 안전진단 결과 아직도 20년 정도 더 이용가능하다면 토지 사용권 재계약에서 20년 더 연장하는 것이다. 즉 60년이 지난 아파트가 사용가치와 교환가치 모두 0이 되는 시점이 되면, 정부는 입주자와의 토지 사용권 계약을 종료하고 새로운 도시계획에 맞게 재건축을 실시하면 된다. 이 과정에서 기존 입주자는 더 이상 주장할 수 있는 권리가 남아 있지 않게 된다.

넷째, 사람들이 선호하지 않는다. 다른 유형의 부동산에서는 불로소득이 생기는 반면, 토지임대형 주택에서만 토지 불로소득 기회가 차단되기 때문에 실수요자라고 해도 바로 주택을 매입하지 않고 관망할 것이라는 것이다.[28] 수요자가 없으면 아무리 경제원리에 부합하는 것이라 하더라도 시장에서 설 자리가 없다. 따라서 첫째, 둘째, 셋째 문제가 해결된다 하더라도 주위에서는 다들 토지 불로소득을 누리는데 토지임대형 주택 구입자만 토지 불로소득을 누리지 못한다면, 아무도 쉽사리 이 주택을 구입하지 않으려 할 것임은 분명하다. 이는 마치 양화(良貨)가 악화(惡貨) 속으로 비집고 들어갈 틈이 없는 것과 마찬가지다. 이 문제는 주택시장 전반의 제도와 관련된 문제로 해결이 쉽지 않은 문제임은 분명하다. 김윤상은 앞으로 공공기관에서 조성하는 택지에서 공급하는 주택은 모두 토지임대형 방식으로 공급한다는 방침을 확고히 하면 이 문제는 상당 부분 해결할 수 있을 것으로 보고 있지만,[29] 그래도 문제는 남는다. 공공기관이 공급하는 토지임대형 주택을 시민들이 선호하지 않게 되면 택지개발 자체가 이루어지지 않을 수도 있기 때문이다. 이러한 문제를 군포시 반값아파트 시범사례를 통해 좀 더 구체적으로 살펴보자.

표2-2 **토지임대부 주택 시범실시 사업의 개요와 청약 결과**

구분	내용		비고
주택 규모	전용 74㎡	전용 84㎡	-
공급 세대수	101세대	288세대	합계 389세대
임대 기간	30년		-
임대료 갱신	- 2년마다 갱신 - 상승률 상한은 2년간 5% 범위 내에서 결정		-
분양가	약 475만 원 (세대당 1.3~1.5억 원)		주변 시세의 55% (고종완)
토지임대료	37.5~42.5만 원		-
청약률(%)	22.8	14.6	평균 16.7%
계약률(%)	39.1	42.9	평균 41.5% (청약자수 대비 계약률)

자료: 대한국토·도시계획학회, 『토지임대부 주택 및 환매조건부 주택 시범사업 성과분석 및 추진방안 검토 연구』, 국토해양부, 2008. 3. 〈표 1-1〉, 〈표 1-2〉, 〈표 1-3〉, 〈표 1-4〉를 요약하였음.

군포시 반값 아파트 시범사업

실패사례 검토 2007년 9월 29일 시범사업 분양공고를 내고 첫 삽을 뜬 경기도 군포 부곡택지개발지구 내 토지임대형 주택 시범실시 사업의 실패는 많은 아쉬움을 남겼다. 사업의 개요는 다음의 〈표 2-2〉와 같다. 환매조건부 분양주택과 함께 공급된 토지임대형 주택은 전용면적 74㎡ 101세대, 전용면적 84㎡ 288세대로, 합계 389세대가 공급되었다. 임대기간은 30년이었고, 임대료는 2년마다 갱신하되 상승률 상한은 2년간 5% 범위 내에서 결정하도록 하였다. 분양공고를 낼 당시 청약자들에게 제시된 분양가는 약 475만 원으로, 세대당 1.3~1.5억 원을 부담해야 했으며, 토지임대료는 37.5~42.5만 원으로 책정되었다. 이러한 조건으로 분양공고를 낸 결과 평균 청약률은 16.7%에 그쳤으며, 청약자수 대비 평균 계약률은 41.5%로서, 청약자의 절반 이상이 계약을 포기한 것으로 나타났다. 청약률과 계약률만 놓고 볼 때 국내에서 처음 실시된 토지임대형 주택 시범실시 사업은 실패한 것이나 다름없었다.

군포지구 시범사업이 실패한 이유는 평가단이 실시한 입주신청자와 일반인 설문조사를 통해서 그대로 나타난다.* 미분양 발생 원인을 묻는 질문에 토지임대형 주택 입주신청자는 '과도한 토지임대료'(33.3%)와 '과도한 주택분양가'(19%)를 지적하였다. 또한 '토지 임대기간 종료 후의 불확실성'(26.2%)도 중요한 원인으로 지적하였다. 그 당시 일각에서 제기되던 '시범지역의 위치 부적절성'이 주요 미분양 원인이라는 의견은 극소수에 불과하였다. 이들에게 적정 분양가와 토지임대료를 물었을 때, '주변 매매가의 51~60%'라는 응답이 38.1%, 월 토지임대료는 '10~20만 원'이라는 응답이 50.0%로 가장 많았다. 실제 공고에서 제시된 토지임대료(37.5~42.5만 원)는 응답자의 적정 월 토지임대료에 비해 2배 이상 비싼 것이었다. 이들 중 청약을 하고도 미계약한 이들에게 이유를 물어보니, '토지임대료 부담'(83.3%), '다른 유형의 주택에 비해 장점 없음'(75.0%), '재산가치 하락'(66.7%) 등이 주요 요인이었다. 이러한 응답 결과는 일반인과 전문가를 대상으로 한 설문조사에서도 비슷한 결과를 보여주었다.[30]

군포지구 시범사업이 실패한 이유에 대해 전문가들은 공통되면서도 다양한 의견을 제시하였는데, 그 중에서 평가단의 일원인 전강수[31]가 상당히 통찰력있는 원인 분석을 제공하고 있다. 그는 먼저 공공토지임대제의 목적으로 '공공토지임대제를 통한 토지 불로소득의

---

* 입주신청자는 환매조건부 주택을 포함한 전체 신청자 175명에 대해 전수조사를 실시하여 그중 111명(토지임대부 42명, 환매조건부 69명)이 응답하였다. 일반인은 전국의 만 19세 이상 가구주(배우자) 1000명을 대상으로 하였다.

차단과 안정적인 공공수입의 확보' 및 '중산층 이하 서민층에게 내 집 마련의 기회 제공'이라는 두 가지 목표를 제시하면서 이 두 목표는 상충관계에 있다고 전제하였다. 그래서 원칙적으로 첫째 목표는 고급 주택에 대한 실수요가 많은 지역에서 추구해야 하고, 둘째 목표는 중산층 이하 서민층의 내 집 마련 수요가 많은 일반 지역에서 추구해야 한다고 제시하였다. 그런데 군포지구 시범사업은 어떤 정책 목표를 겨냥했는지 불분명했다는 것이다. 첫째 목표를 겨냥했다면 토지임대료를 시장가치대로 책정해야 했고, 둘째 목표를 겨냥했다면 분양가를 주변 시세보다 대폭 낮추고 토지임대료도 시장 가치를 크게 하회하는 수준에서 책정해야 했다는 것이다.

　이러한 분석은 설문조사의 결과와 맥을 같이한다. 게다가 전체 국민에게 토지 불로소득을 허용하는 상태에서 군포지구에만 허용하지 않는 상황이라면 청약률이 저조한 것은 당연하다. 새로운 공급 방식이 자리를 잡기 위해서는 모든 부동산에서 토지 불로소득이 생기지 않는 장치를 만들거나, 적어도 향후 공공택지의 신규 주택은 모두 새로운 공급 방식을 적용하겠다고 확약했어야 하며, 그것도 아니면 청약자들에게 인센티브라도 주었어야 한다는 것이었다.*

---

* 군포지구 시범사업을 통해 공급한 토지임대형 주택이 실패한 반면, 2011년에 서울 서초보금자리주택지구 내에서 공급한 토지임대형 주택은 성공적이었다. 국토해양부는 10월 24일 서초보금자리주택지구 내에서 전용면적 59~84㎡형 토지임대형 주택 358가구를 공급한다고 발표하였다. 최장 40년까지 거주할 수 있고 입주자가 원하면 연장도 가능하며, 분양받은 후 5년이 지나면 건물 소유권을 사고팔 수 있다. 실제 청약 결과, 신혼부부 특별공급 1순위의 경우 53가구 모집에 373가구가 신청하여, 경쟁률은 7.04 대 1이었으며, 다자녀공급은 35가구 모집에 116가구로, 3.3 대 1의 경쟁률을 보였다. 청약률이 군포지구 시범사업과 비교하여 큰 차이를 보였지만 건물 분양가와 토지임대료가 더 유리한 것은 아니었다. 건물분 분양가는 84㎡(분양면적 33평)형 기준으로 2억 460만 원, 월 토지임대료는 45만원으로, 군포지구(1억 5,000만 원, 42.5만 원)에 비해 더욱 비쌌다. 그런데 서초구 주변 시세

절망과 희망의 갈림길에서

토지임대형 주택이 맥북보다
더 매력적인 상품이 되려면
맥북(Mac notebook) 뿐만 아니라 최근 유행하는 아이폰과 아이패드를 만드는 애플사(社)가 대단한 이유는 마이크로소프트의 운영체제에 익숙한 소비자들로 하여금 전혀 다른 운영체제에 기반한 제품을 사도록 한다는 데 있다. 기존의 윈도우즈를 사용하는 사람이라면 누구나 이 시스템에 매이도록 하는 강력한 관성이 작용하고 있어서 전혀 다른 운영시스템을 선택하는 것이 쉽지 않음을 경험으로 알고 있다.

주택도 마찬가지다. 기존의 주택 공급 유형에 길들여진 소비자들이 전혀 새로운 유형의 주택을 선택하기란 쉽지 않다. 이것은 단순히 제품의 문제가 아니라 시스템의 문제이다. 토지 불로소득을 가득 안겨 주는 매력적인 상품들이 즐비하게 널려 있는 상황에서 토지 불로소득을 전혀 기대할 수도 없는데다, 오히려 건물 가격은 하락하고 매달 적지 않은 토지임대료를 내야 하니 누구도 선뜻 토지임대형 주택을 선호하지 않을 것이다. 따라서 '소비자가 선호하지 않음'이라는 토지임대형 주택에 대한 네 번째 반론은 정책 목적의 정당성을 떠나 시장 경쟁 시스템에서 반드시 넘어야 할 산이다. 그래서 이 문제가 더 어려운 것이다. 그럼에도 불구하고 희망은 있다. 시스템을 재

와 비교하면 유리한 조건이었다. 서초보금자리주택지구 토지임대형 주택이 $3.3m^2$(1평)당 600만 원대로 주변 일반아파트 시세(2,300만 원대)는 물론이고 서초지구 내 일반분양 아파트(1,000만 원대)보다도 30~40%쯤 저렴했다. 그래서 "반의 반 값 아파트"라는 별칭을 얻기도 했다. 물론 보금자리주택지구라는 특성이 토지임대료와 건물 분양가에 반영되었고, 서초라는 지역성 특성이 높은 청약률에 반영된 결과이지만 토지임대형 주택의 성공 가능성을 보여 주는 사례라고 할 수 있다.

조정하는 것이다.

토지법칙과 자본법칙에 완전하게 부합하는 토지임대형 주택이 우리나라에서 성공을 거두기 위해서는 단순하게 토지임대형 주택만을 공급하는 것으로는 크게 부족하다. 주변 시스템을 정비해야 한다. 첫째, 전반적으로 토지보유세를 인상하여 토지 불로소득 획득이 어려워지도록 해야 한다. 둘째, 향후 공공택지개발은 모두 토지임대형 주택을 공급하도록 한다. 셋째, 토지임대형 주택 구입자에게 토지임대료를 내되 건물분 재산세와 근로소득세 등을 공제하여 주는 '조세대체' 인센티브를 제공한다. 넷째, 주택 투기가 심한 서울 등 대도시 중심부의 주택 수요가 밀집한 지역을 먼저 공급대상으로 삼는다. 다섯째, 중앙 및 지방정부가 공공토지비축제도를 활용하여 서민층이 부담 가능한 토지임대료의 택지를 제공한다. 이러한 다섯 가지 시스템의 재조정이 이루어진다면, 앞으로 주택 가격이 지속적으로 하락하는 경우 주택 소비자들은 토지임대형 주택을 선택하게 될 가능성이 더욱 커질 것이다.

고통 뒤에

희망이 있다 고속도로에서 자가용을 몰아본 이들이라면 누구나 한번쯤은 빠른 속도로 달리는 바람에 상황 판단을 제대로 못하고 엉뚱한 길로 접어들어 속상했던 경험이 있을 것이다. 한참을 가서 톨게이트로 빠져나와 다시 거꾸로 돌아와야 하는 고통(시간과 비용의 낭비와 짜증)을 피할 수 없기 때문이다. 그렇다 하더라도 다시 돌아오는 것이 정석이다.

주택 문제도 마찬가지다. 우리나라는 지난 40년간 급격한 경제성장을 하면서 너무도 빠르게 달려온 탓에 여러 번 잘못된 길로 들어서는 시행착오를 겪어 왔다. 그리고 주택 문제를 해결하기 위해 제대로 되돌아와야 했는데 그러지 못했다. 그에 따르는 고통은 서민들과 빈민들의 몫이 되었다. 이들의 고통은 그 어떤 이론으로도 정당화될 수 없다. 그럼에도 불구하고 개인의 자유와 권리를 최상으로 여기는 노직(Robert Nozick, 1938~2002)의 자유지상주의는 사실 부동산 투기자들의 재산권을 옹호하는 근거로 사용되고 있으며, 최대 다수의 최대 행복을 주창한 제러미 벤담(Jeremy Bentham, 1748~1832)의 공리주의 역시 소수이지만 우리나라 토지의 대부분을 가지고 있어서 최대 다수 조건은 아닐지라도 최대 행복 조건을 만족시키는 부동산 부자들의 권리를 대변하는 논리로 활용되고 있다.

부동산 경기 하향으로 집값이 떨어지고 있는 현재 상황은 주택정책을 되돌릴 수 있는 적기(適期)이다. 그런데 만약 이번 기회마저 살리지 못하고 엉뚱한 길로 들어선다면 다시 돌아오는 길은 너무도 고통스러울 것이라는 불안한 맘이 든다. 희망버스를 타고 한진중공업의 근로자 해고 사태로 100일 넘게 크레인에서 농성중인 김진숙 씨에게만 달려갈 일이 아니다. 바로 우리를 늘 괴롭히는 주택 문제와, 주택 문제의 본질인 토지 불로소득 사유화 문제 역시 우리가 희망버스를 타고 달려가야 할 정거장이다.

제 3 장

금융 불안정의 주범은
지대신용화폐다

· 자신이 자유인이라고 잘못 믿고 있을 때보다 더 노예상태인 것은 없다.

  – 요한 볼프강 폰 괴테(1749~1832)

· 한 나라의 통화를 발행하고 통제하는 게 내게 허락된다면, 나는 누가 법률
  을 만들어도 개의치 않겠다. – 마이어 암셀 로스차일드(은행가, 1744~1812)

· 은행이 대출을 할 때마다 새로운 신용이 창조되고, 새로운 예금이 만들어
  지며, 전혀 새로운 돈이 만들어진다. – 그레엄 F. 타워프(캐나다은행 총재, 1934~1954)

'토지 사유제 + 신용화폐제'가
진정한 매트릭스 사회

공상과학 영화 중에서 거의 유일하게 철학자들의 관심을 끈 영화가
있다. 바로 1999년에 개봉한 〈매트릭스〉다. 영화 매트릭스의 주요 인
물인 모피어스는 매트릭스를 다음과 같이 정의한다. "매트릭스가 뭐
냐고? 통제야. 매트릭스는 컴퓨터가 만들어 낸 꿈의 세계지. 그것은

우리를 끊임없이 통제하기 위해 건설된 거야. 인간을 바로 이것(건전지—필자 주)으로 만들기 위해서." 모피어스는 계속해서 말한다. "매트릭스는 모든 곳에 있어. 세금을 낼 때도, TV 안에도, 교회 안에도, 출근할 때도 느껴지지. 매트릭스는 진실을 못 보도록 눈을 가리는 세계야." 영화 〈매트릭스〉가 철학자들의 관심을 끈 이유가 바로 여기에 있다. 매트릭스처럼 우리의 삶과 사고방식을 통제하여 진실을 가리는 세계가 오늘날 우리가 살아가는 곳곳에서 발견되기 때문이다.

우리는 통제라고 하면 개인이 하고 싶은 일을 못하게 하는 것이라고 생각하기 쉽다. 그러나 이보다 더 고차원적인 통제가 있다. 누군가의 지시, 감시, 부추김에 의하여 행동하면서도 마치 개인의 자유의지에 따라 움직이는 것처럼 믿게 만드는 것이다. 매트릭스 안에 있는 사람들은 자기 삶에 대한 통제력을 가지고 있지 않다. 그들이 어떤 자유를 가지고 있는 것처럼 보이는 것은 환상에 불과하다.

자유는 두 가지로 나눌 수 있다. 하나는 '……로부터의 자유'로서, 이것은 어떤 행동을 막는 장애물이 하나도 없는 상태를 자유라고 보는 관점이다. 이를 소극적 자유라고 부를 수 있겠다. 또 다른 자유는 '……에 대한 자유'로서, 이것은 어떤 것을 할 수 있는 자유이다. 이를 적극적 자유라고 부를 수 있겠다. 독일 철학자 임마누엘 칸트는 본질적으로 가치 있는 유일한 것은 이성적인 선택을 할 수 있는 능력이라고 했다. 이러한 관점에서 볼 때 선택을 할 수 없는 인간은 진정한 인간이 아니다.[1]

매트릭스의 세계처럼, 실재 세계의 사람들이 향유하고 있는 자유 중에 어떤 것은 허상일지도 모른다. 우리가 어떤 행동을 할 자유를 갖고 있으려면 우리는 그 행동을 하지 않을 자유도 갖고 있어야만 한다. 만약 당신이 무언가를 반드시 해야 한다면 당신은 그것을 할 자유

가 없는 것이다. 당신은 그것을 강제적으로 하는 것이지, 자유 의지로 하는 것이 아니기 때문이다.[2]

매트릭스 이야기가 길었다. 모피어스의 이야기대로, 누군가의 지시, 감시, 부추김에 의해 행동하면서도 마치 개인 자유의지에 따라 움직이는 것처럼 믿게 만드는 매트릭스는 우리 삶의 도처에 존재하며, 이성적인 선택을 할 수 있는 능력을 마비시킨다. 가장 대표적인 것이 바로 금융이다. 지금 전 세계가 금융 불안정이라는 공포에 떨고 있다. 그런데도 불구하고 그것의 근인(根因)에 대해서 어느 누구도, 어느 학파도 이렇다 할 설명을 제시하지 못하고 있다는 생각이 든다. 설명이 없으니 진단이 힘들다. 진단이 부정확하니 제대로 된 대책이 나오기 어렵다.

이 글은 그 근인에 대해서 토지를 중심으로 살펴보려 한다. 즉 오늘날 자본주의 화폐제도인 신용화폐제도가 토지 사유제와 결합될 때 어떤 문제가 발생하는지를 살펴본다. 이러한 문제인식에서 토지 사유제 하에서 발생하는 토지 문제가 어떻게 금융 시스템 불안정을 유발할 수 있는지를 신용화폐론과 지대신용화폐론을 통해 살펴본다. 또한 실제로 토지 문제가 금융 시스템을 불안하게 만드는 사례를 일본과 미국 및 한국의 주택 담보대출 문제를 통해 간략하게 살펴본다. 이러한 탐색을 위해 가장 기초가 되는 신용화폐부터 고찰한다.

알듯 모를 듯한 자본주의 신용화폐제도

'빚'에 기초하여 생성되는
자본주의 신용화폐
누구나 돈을 잘 알고 있다고 생각한다. 어린 아이

들이 용돈을 받고 기뻐하는 것을 보면 이는 어느 정도 사실인 것 같다. 그런데 캐나다 부통령이 일반인을 대상으로 돈이 어떻게 생겨나는지를 설문조사 했을 때 제대로 대답한 사람이 한 명도 없었다는 이야기를 보면* 누구나 돈을 잘 알고 있다는 생각은 사실이 아닌 것 같다. 이러한 사실은 독자들이 주변 사람들에게 물어봐도 바로 확인할 수 있다.

화폐가 무엇이냐에 대한 견해는 크게 세 가지가 있다.[3] 첫째, 교환 과정에서 물물 교환 대신 사용되는 것은 모두 화폐로 보는 견해다. 이러한 견해는 화폐를 가장 포괄적으로 정의한 것이다. 과거 쌀이나 조개 같은 상품화폐, 오늘날 정부나 은행이 발행한 주화와 지폐(금은 본위 지폐 및 현대의 채권-채무관계에서 창조되는 법정 신용화폐) 외에도 민간이 발행한 어음, 수표, 환어음 따위(민간 신용화폐)도 완전한 화폐라고 주장하는 견해이다.

둘째, 귀금속 주화와 금은 본위 지폐만을 화폐로 보는 견해다. 이 견해에 따르면 대다수 문명국에서 사용되고 있는 지폐는 명시적이든 묵시적이든 귀금속으로 태환(兌換)할 수 있다는 약속에 근거해 그 가치를 갖게 되며, 태환을 보장하기 위해 정부와 은행이 대규모 귀금속을 보관하고 있다고 주장한다.

셋째, 특정 수단이 화폐로 통용되는 것은 정부에서 그것을 화폐로 인정하고 수령하겠다고 법령으로 선포하기 때문이라고 보는 견

---

* 현대 신용화폐제도를 이해하기 위해서 화가 폴 그리뇽(Paoul Grignon)이 화폐경제의 역사, 구조, 문제점과 해결책을 알기 쉽게 설명하기 위해 1948년에 만든 애니메이션, 〈빚으로서의 돈(Money as Dept)〉을 참고하기 바란다. 이 애니메이션 내용의 번역물은『녹색평론』, 제113호, 2010년 7~8월호에 실려 있다. 이 외에도 쑹훙빙의 책『화폐전쟁』, 랜덤하우스, 2008을 참고하기 바란다.

해가 있다. 화폐가 상품 및 귀금속과 맺었던 관계가 끊어진 오늘날의 법정 신용화폐가 여기에 해당한다. 이러한 세 가지 견해를 구분하는 핵심은 바로 화폐의 가치를 상품에 둘 것이냐 아니면 신용에 둘 것이냐 하는 점이다.

오늘날의 자본주의 화폐는 세 번째 견해가 지지하는 법정 신용화폐이다. 신용화폐라 하면 보통 국가가 법령으로 선포한 법정 신용화폐를 의미한다. 신용은 본래 과거 상품화폐 이전부터 거래에서 중요한 역할을 담당하여 각종 교환수단 중에서 가장 긴 역사를 가지고 있다.[4] 신용이 화폐라는 형태로 발전한 과정을 보면, 과거 상품화폐와 금은 본위 지폐 단계*에서 본질적인 성격이 감추어져 있다가, 근대 자본주의가 태동 및 발전하기 시작하면서 화폐라는 옷을 입게 되었다. 이러한 변화의 핵심 계기가 있었다. 즉 근대 자본주의 형성 초기에 금 보유량에 기초하여 화폐를 발행하는 금은 본위제로 인해 대출 규모가 제한되었다. 그러자 이를 극복하기 위해 자본주의적 발전을 추구하는 국가가 금융계에 통화발행권이라는 특권을 부여하여 신용에 기초한 통화발행과 대출을 허용하게 되었다. 화폐의 가치 근거가 상품에서 신용으로 옮겨진 것이다.

---

* 실제 역사를 살펴보면, 제1차 세계대전 이전에 영국이 금본위제 하에서 파운드화를 발행해 오다 제1차 세계대전 시기에 경제상황이 악화되면서 1919년 파운드화의 금태환을 중지시켰다. 제2차 세계대전 후 브레튼우즈 체제(미국의 달러화를 기축통화로 하는 금본위제도로, 미국의 달러화만이 금과의 일정 교환비율을 유지하고 각국의 통화는 기축통화와 기준환율을 설정하는 제도)가 형성되면서 세계경제를 장악한 미국 달러가 금본위제를 바탕으로 한 기축통화가 되었다. 그 결과 미국을 제외한 각국의 금본위제가 사라지고 각국 모두 관리통화제를 채용하였다. 그러나 미국의 국제수지 악화와 대외 유동성 부채 증가로 달러화의 신임도가 하락하면서 1960년과 1968년에 달러화의 금태환 요구가 발생하였고, 1971년 8월 닉슨 행정부는 결국 금태환 중지선언을 발표하여, 마지막 금본위제가 사라졌다.

여기서 왜 국가가 고유 권한이었던 통화발행권을 민간 은행에 부여했느냐는 의문이 생긴다. 이 의문에 대한 해답은 "한 나라의 통화를 발행하고 통제하는 게 내게 허락된다면, 나는 누가 법률을 만들어도 개의치 않겠다."던 은행가 로스차일드의 말에서 그 힌트를 찾을 수 있다. 한 마디로 말해서 통화발행권은 엄청난 특권이라는 말이다.* 결국 자본주의 국가가 은행에 어쩔 수 없이 통화발행권을 부여하는 대신 국가는 부분지불준비금 제도를 통해 은행의 통화발행 규모를 규제하는 식으로 타협점을 찾게 되었다. 이러한 타협을 통해 국가는 은행의 신용화폐 발행을 통해 자본주의 발전에 유리한 경제구조를 구축할 수 있게 되었다. 은행은 반대로 경제발전에 기대 무(無)에서 화폐를 만들어 대출하고 이자수익을 향유할 수 있게 되었다. 그런데 이 과정에서 화폐 가치의 근거인 신용이 '빚'이라는 사실은 가려졌다.

신용화폐를 이해하는 데 있어서 마지막으로 중요한 것이 앞에서도 언급한 부분지불준비금 제도이다. 국가는 은행들로 하여금 신용에 기초한 대출을 허용하되 대신 총 대출 한도를 규제하고 예금자들의 일시적인 현금요구에 대응할 수 있도록 하기 위해 부분지불준비금 제도를 두었다. 상업무역이 발달하던 시기에 유럽 은행들에게 강제한 부분지급준비율은 대체로 1(금은화) : 9(가상돈)였다. 오늘날 영국과 몇몇 유럽 국가는 규정된 비율 없이 자유재량에 맡기지만, 은행의 내부 기준에서 고객이 요구할 때 돌려줄 수 있는 예금목표치를 규정하고 있다.[5] 우리나라는 미국과 마찬가지로 법률에 의해 강제되며, 한국은행법 제55조와 56조를 통해 예금지급준비율 제도를

---

* 민간 은행이 국가의 고유 권한인 통화발행권을 쟁취하기 위한 투쟁의 역사는 쑹훙빙의 책 『화폐전쟁』, 랜덤하우스, 2008에서 잘 설명하고 있다.

두고 있다.*

　부분지급준비율이 낮을수록 은행은 더 많은 돈을 대출할 수 있게 된다. 가령 지급준비율이 10%(1 : 9)라고 할 때 한 은행에서 일련의 대출과 예금이 계속된다고 가정하면 총 대출액이 초기 지불준비금 대비 거의 90배로 확장된다.** 최근 수십 년 동안 은행업계의 지속적인 로비 결과로 몇몇 나라에서는 중앙은행에 예치해야 하는 지불준비금마저 사라져 버렸다. 또한 지불준비율도 1 : 9 수준보다 훨씬 높아져, 이미 1 : 20이나 1 : 30 비율이 보편화된 상태이다. 우리나라 요구불예금의 부분지급준비율은 1 : 13.3(7%)이다.

　여기서 우리가 착각하고 있는 것 한 가지가 있다. 우리는 보통 은행들이 예금을 받아 지급준비율을 제외한 나머지를 '빌려' 주는 것으로 생각한다. 그런데 사실은 그렇지가 않다. 은행은 예금의 일부를 빌려주는 것이 아니라, 예금을 지불준비금으로 삼아 대출자가 반드시 갚겠다는 서약을 바탕으로 돈을 '새로' 만든다. 따라서 예금액이 많아질수록 은행은 더 많은 돈을 만들어낼 수 있으며 이것이 바로 은행의 이자를 통한 수익구조인 것이다. 따라서 "화폐란 자유롭게 유통되는 채무이다".[6]

---

* 우리나라가 2006년 12월 23일부터 개정하여 시행하고 있는 지불준비율(예금지급준비율)은 1) 장기저축성예금(장기주택마련저축, 근로자우대저축, 가계장기저축, 근로자재산형성저축, 근로자장기저축, 근로자주택마련저축)이 0.0%, 2) 정기예금, 정기적금, 상호부금, 주택부금, 양도성예금증서(CD)는 2.0%, 3) 요구불예금, 수시입출식예금 등 기타예금은 7.0%이다.

** 이에 대한 자세한 과정은 토드 부크홀츠의 책『죽은 경제학자의 살아있는 아이디어』, 김영사, 2007의 제10장 "케인즈학파와 통화주의자들의 대결" 333~334쪽을 참고하기 바람.

신용화폐가
초래하는 문제들

① 지속적인 경제성장을 강제한다

짐 월리스(Jim Wallis)는 "우리는 부에 지나치게 현혹되어 있기 때문에 가지지 않은 돈으로 필요 없는 물건을 사야만 경제가 유지되는 지경에 이르고 말았다"라고 개탄하고 있다.[7] 여기서 가지지 않은 돈으로 필요 없는 물건을 사야만 유지되는 경제란, 폴 그리뇽이 현 화폐경제 시스템의 가장 큰 문제점으로 지목한 '영원한 성장'이다. 한마디로 말해서 지속적인 경제성장을 위해서는 신용화폐제도에 의존해야 한다는 것이다. 이러한 진단은 통화량을 지속적으로 공급해야 경제가 성장한다는 통화주의자들의 주장과 맥을 같이 한다.

그런데 경제성장이 어느 수준에 도달했음에도 불구하고 정부는 끊임없는 경제성장 논리에 매여 있고 기업과 가계는 채무상환 문제에 매여 있는 현실을 볼 때 지속적인 경제성장을 위해 신용화폐에 의존해야 한다는 논리적 주장은 어딘가 부족해 보인다. 이러한 논리는 우리가 지속적인 경제성장을 원하지 않으면 언제든지 금융권을 통한 신용화폐 공급을 거절해도 된다고 이해되기 때문이다. 그런데 선후관계를 뒤집어 보면 자본주의 체제가 신용화폐제도와 맺는 관계가 더 분명하게 드러난다. 즉 신용화폐의 무분별한 확대 공급으로 인해 자본주의 체제가 지속적인 경제성장을 강제당하는 측면이 있다는 것이다.

신용화폐의 무분별한 확대 공급이 어떻게 자본주의 체제로 하여금 지속적인 경제성장을 강제하는지를 이해할 수 있는 키워드는 바로 신용화폐를 창조할 때 채무자들이 부담해야 하는 대출이자이다.

폴 그리뇽에 따르면, 채무자들이 은행에 돈을 갚아야 할 때 원금에 이자까지 갚아야 하기 때문에 실제 필요한 화폐는 원금보다 더 많게 된다. 채무자가 원금뿐만 아니라 이자도 갚으려면, 총체적인 돈의 공급이 이루어지는 일반 경제의 현장인 시장에서 획득하여 갚을 수밖에 없다. 그런데 모든 채무자들이 원금과 이자를 갚는 것은 명백히 불가능하다. 이자 분량의 돈은 애당초 시장에 없었기 때문이다. 특히, 모기지나 정부 발행 공채 같은 장기 대출은 갚아야 할 전체 이자 분량이 원금에 맞먹기 때문에 상황을 더욱 어렵게 만든다. 그러므로 이자 지불을 위해 충분한 돈이 만들어지지 않는 한, 담보물 상실(foreclosure) 비율이 매우 높아지고 경제는 침체에 빠진다. 따라서 사회의 원활한 기능 유지를 위해서는 담보물 상실 비율을 낮출 필요가 있다. 이를 위해 더욱 더 많은 새로운 돈(빚)이 만들어져야 한다. 새로운 대출이 발생하여 그에 따라 생성된 은행돈은 시장의 돈가뭄과 화폐경제 시스템 붕괴 위험에 대한 임시 버팀목이 된다. 그런데 만족이 없는 탐욕스러운 대출 괴물인 은행들은 판을 자꾸 더 키운다. 그러나 이렇게 하면 부채 총액은 더 커지게 되고 지불해야 할 이자 역시 더 많아져 결과적으로 경제가 성장하는 것처럼 보이지만 사실은 총부채가 나선형으로 증가하게 된다.

1920년대 영국에서 '사회신용운동'을 처음 주도했으며 케인즈에게도 영향을 준 클리포드 더글러스는 금융시스템 때문에 경제가 끊임없이 새로운 투자와 성장에 전적으로 의존할 수밖에 없다고 말했다. 끊임없는 성장이 없다면 경제는 슬럼프에 빠지고 결국 붕괴될 것이었다. 왜냐하면 한 기업이 과거의 이자를 포함하는 투자금을 회수하기 위해서는 상품 가격이 노동자에게 지급된 임금보다 더 높게 매겨져야 하는데, 이 기업의 제품이 소비되기 위해서는 다른 기업이 대출받은 투자금이 시장에 공급되어야만 하기 때문이라고 더글러스는 주장했다. 즉 현재의 상품 판매는 생산활동을 시작하기 앞서서 돈을 분배하는 새로운 기업의 대출금에 의존하게 된다는 것이다. 게다가 임금 수준이 낮은 소비자들이 구매력 부족 문제를 해결하기 위해 소비자 금융(카드 사용 등)에 의존하기 때문에 정부부채, 기업부채 뿐만 아니라 소비자의 가계부채 역시도 심각한 상황에 이르게 되었다고 분석하였다.[8]

이처럼 전혀 주류적이지 않은 분석 내용이 설득력을 갖는 이유는 분석 논리의 '낯섦'에도 불구하고 이러한 주장들이 우려하는 결과들을 개인의 삶과 언론 보도를 통해 날마다 경험하고 있기 때문이다. 우리는 다만 소설 『모모』의 저자 미하엘 엔데가 러시아 바이칼호의 고기잡이배 사례*를 통해 이미 통찰하고 있었던 원인을 나중에서야 낯선 이들의 분석을 통해 어렴풋이나마 이해하기 시작한 것이다.

② 물가가 상승한다

통화량 증가가 물가를 상승시킨다는 사실은 이제 상식이 되어서 자세히 설명할 필요는 없다. 이러한 관계는 화폐수량설에서도 그리고

---

* 미하엘 엔데는, '성장을 강제하는 돈'의 문제는 자본주의 국가가 공통적으로 갖고 있는 신용화폐제도 전체에 있다는 결론을 내렸다. 엔데는 성장을 강제하는 돈을 설명하기 위해 러시아 바이칼호에서 일어났던 고기잡이배 사건을 예로 든다. 이 이야기에 따르면, 지폐가 도입되기 전에 어부들이 나름 만족스런 생활을 했었다. 그런데 지폐가 도입된 이후 일부 어부들이 은행에서 대출을 받아 큰 배를 사고 새로운 어로기술을 도입하면서 다른 어부들도 경쟁적으로 큰 배를 사게 되었다. 어부들은 경쟁적으로 물고기를 포획하여 물고기 씨가 마를 지경이었다. 어부들이 이처럼 씨가 마르도록 물고기를 잡은 이유 중의 하나는 이자와 원금을 상환하기 위해서였다. 엔데가 보기에 화폐경제는 자연자원과 조화를 이루지 못하였다(미하엘 엔데, "돈을 근원적으로 묻는다", 『녹색평론』, 제114호, 2010, 9~10월호).

통화주의자들의 이론에서도 주장되어 왔다. 부크홀츠도 통화량이 재화나 용역의 생산량을 초과하면 소비자들의 주머니에는 돈이 과다해지고 물가는 인상된다고 하였다.[9] 중앙은행에 해당하는 우리나라의 한국은행은 전체 통화량 조절에 개입하면서 물가 안정에 가장 큰 역점을 두고 있다.

③ 부채가 증가한다

가장 성공적인 두 자본주의 국가인 미국과 영국은 국가 부채도 가장 많은 나라다. 국가와 기업 및 가계의 부채가 꾸준히 증가하는 이유는 이미 앞에서 성장을 강제하는 돈을 통해서 살펴보았다. 경제성장을 위한 투자와 소비가 신용화폐의 증가를 가져오고, 신용화폐의 증가는 다시 원리금을 갚기 위한 화폐 확보를 위해 경제성장을 강제하는 상호 강화 구조가 형성된다. 이러한 구조에서 경제성장에 따른 부채 증가는 필연적이다. 그로 인해 국가와 기업 및 가계는 계속해서 늘어나는 부채 사슬에 묶이게 된다. 슘페터도 이야기했듯이, 진짜 부를 창출하는 대다수 사람들이 그저 부를 상징하는 돈 문서를 빌려 주는 은행에 빚을 지고 살 수밖에 없게 된 것이다.

④ 금융 불안정을 초래한다

우리나라가 IMF 구제금융을 거치면서 시민들이 분명하게 깨달은 것은 금융기관도 망할 수 있다는 사실이다. 현재 진행 중인 저축은행 부실 문제는 이제 별로 놀라울 것도 없는 또 다른 사례에 불과하다. 이제 우리는 경제 전체에 막대한 영향을 끼치는 금융기관의 행보에 늘 주의를 기울여야 하는 상황에 처했다.

정대영[10]은 금융기관이 쉽게 망할 수 있는 이유로 크게 세 가지를 제시하였다. 첫째, 일반적으로 금융기관의 부채비율이 매우 높아 위험관리에 실패할 경우 쉽게 도산할 수 있다. 일반 기업은 부채율이 200%를 넘으면 재무 건전성이 매우 취약한 것으로 평가된다. 그러나 금융기관의 경우 우량한 상업은행도 부채비율이 통상 1,500~2,000% 수준이다. 투자은행의 부채비율은 이보다 훨씬 높다.* 이처럼 금융기관의 부채비율이 높은 것은 예금과 대출을 주 업무로 하는 금융업의 특성상 마진이 작아 수익 확대를 위해 레버리지(leverage)를 키울 수밖에 없기 때문이다. 둘째, 예금이나 차입금의 일부분만을 지급준비 자금으로 보유하고 대부분을 대출 등 유동성이 낮고 수익성이 큰 투자 자산으로 운용하는 영업 행태에 있다. 금융은 투자나 대출의 손실뿐 아니라 일시적인 유동성 부족에도 매우 취약한 산업이다. 셋째, 금융기관끼리 복잡하게 얽혀 있는 상호거래 때문에 하나의 금융기관 문제가 다른 금융기관, 나아가 시스템 전체로 쉽게 확산되는 데 있다.[11]

그런데 세 가지 이유에 대해 분석해 본다면, 우선 셋째 이유는 한 금융기관의 불안정성이 전체 금융 네트워크로 빠르게 확산되는 '현상적' 이유를 설명한 것이지, 금융 불안정을 초래하는 본래적 이유를 설명한 것은 아니다. 첫째 이유와 둘째 이유가 금융 불안정의 원인에 해당한다. 두 이유를 결합하면 금융기관이 고정자산에 투자하면 할수록 더 위험에 처할 가능성이 커짐을 시사한다. 우리는 이러한 사실을 부동산 담보대출 문제를 통해 확인하고 있다. 부동산 담보대출은 가계나 기업 차원뿐만 아니라 금융기관 차원에서도 막대한 규모의 신용화폐를 창출한다. 잉햄도 지적했듯이,[12] 채무의 화폐화를 통

---

* 한국에서 상장기업의 평균 부채비율은 100%를 밑돌고, 우량 기업은 부채 비율이 0%인 경우도 많다(정대영, 『한국 경제의 미필적 고의』, 한울, 2011, 109쪽).

한 신용화폐의 창출은 경제를 불안정으로 몰고 가는 경향을 본질적으로 낳을 수밖에 없다.

⑤ 경기 침체를 초래한다

부채가 증가하여 위험한 수준에 이르면 금융 감독기관이 이자율 등을 조정하여 통화량을 통제하기 시작한다. 이로 인해 가계와 기업은 소득으로 이자를 갚을 수 없게 되면서 빚을 갚기 위해 가지고 있는 자산들을 정리하여 현금으로 바꾸거나 아니면 결국 파산하게 된다. 그렇게 되면 금융 불안정성이 금융 네트워크를 타고 다른 금융기관은 물론 2차 산업에까지 미치게 된다. 그러면 각종 투자 계획들은 취소되고 노동자들은 해고당하며, 수요와 생산 모두가 하락하면서 디플레이션(물가 하락)이 촉발된다. 그리하여 경기 후퇴가 나타나게 되고 이것이 경기 침체로 이어진다.[13] 즉 신용화폐의 증가와 경제성장의 강제라는 상호 강화 구조가 임계점에 도달하면서 주식과 부동산에 낀 투기 거품이 빠지기 시작하고, 상호 강화 구조가 반대 방향으로 작동하기 시작하는 것이다.

그런데 문제는 디플레이션이 인플레이션보다 치료가 훨씬 더 어렵다는 점이다. 이자율이나 조세 정책이 경제활동을 축소시키는 데는 효과적인 정책일지 몰라도 그 정책으로 경기를 부양한다는 건 훨씬 더 어렵기 때문이다.[14]

토지를 담보로 발행되는

신용화폐가 가장 악성이다 중세 유럽에서 처음 신용화폐를 발행할 은행을 설계할 때 어떤 성격의 물질적 부에 기초할 것인지가 가장 중요한 문제로 다루어졌다. 베네치아에서 단지 상인들의 계좌와 부유한

계급들이 맡겨 놓은 재산에만 기초하여 지불 이행의 약속을 유통시키는 것으로는 안정성을 가질 수 없다는 점이 드러났기 때문이다. 이때 디포(Defoe)를 비롯한 많은 이들이 '토지'가 은행의 가장 좋은 기반이라는 결론에 도달하게 된 것은 결코 우연이 아니다.[15] 토지가 가장 안전한 자산이기 때문이다.

그런데 가장 안전한 자산인 토지를 담보로 발행되는 신용화폐가 가장 악성이라는 역설적인 상황이 초래된다. 왜냐하면 토지 등 부동산이 금융보다 더 위험한 측면이 있기 때문이다. 더 구체적으로 살펴보자.

첫째, 부동산은 가격 및 거래 정보가 불완전한데다 공급 시차가 매우 크고 옵션, 선물 등 다양한 시장이 존재하지 않아 금융 자산보다 훨씬 불안정하며 거품 발생 및 붕괴 가능성이 크다. 둘째, 역사적으로 볼 때 주식시장의 거품은 주식시장의 문제로 끝나는 경우가 많았지만, 부동산 거품은 많은 경우 금융위기 등으로 이어져 나라 경제에 막대한 피해를 주었다.[16] 셋째, 대출 규모가 정부 국채나 지방채 등을 제외하고 민간시장에서 가장 큰 규모이다. 넷째, 대출기간도 장기간일 뿐만 아니라 갚아야 할 전체 이자 분량이 원금을 훨씬 초과하는 경우도 많다(폴 그리뇽). 마지막으로, 가령 자동차 대출의 경우 과거 생산비용에 기초하여 대출이 이루어지는 반면에, 토지 등 부동산 담보대출의 경우는 미래소득인 지대의 자본화에 기초하기 때문에 본질적으로 거품의 성격이 강하다.

지대신용화폐가 금융시장 불안정을
초래하는 메커니즘이다

지대신용화폐론을
제시하며*

① 지대신용화폐론이 중요한 이유

오늘날 부동산 담보대출로 인한 통화량 급증은 지속가능한 발전을 위협하는 가장 핵심적인 원인이 되었다. 그럼에도 불구하고 기존 연구는 단지 부동산 담보대출과 a) 통화량 급증, b) 부동산 거품경제와의 영향 관계만을 분석하였을 뿐, 지대자본화(land rent capitalization)를 분석의 출발점으로 삼지 않았다. 지대의 대부분이 토지 불로소득으로 사유화되는 토지 사유제 사회에서 지대자본화는 부동산 담보대출의 필요성을 낳고, 결국 통화량 급증과 거품경제 유발의 근원이 된다는 점에서 매우 중요한 의미를 가진다. 그럼에도 불구하고 이미 토지 사유제가 확립되있고 부동산시장이 지가를 중심으로 움직이고 있는 현 상황에서 지대자본화의 중요성이 퇴색되어 그동안 연구대상에서 제외된 것이다. 따라서 지대자본화에서 출발하여 토지 담보대출 및 통화량 증가 등을 연결하는 새로운 이론이 필요하다. 본 장에서 이러한 이론을 '지대신용화폐론'이라고 부르기로 한다.

* 본 절은 두 논문(赵诚赞, "地租资本化与货币流动性过剩的关系及影响研究", 《经济体制改革》, 第一期, 2009, 21~26쪽; 조성찬, "거품 의존형 오너십 소사이어티 전략과 전세대란의 인과관계 연구", 『공간과 사회』, 2010, 통권 제34호, 87~119쪽)의 내용을 중심으로 하였다. 다만, 본인이 두 논문에서 사용한 '지대자본유동화 이론'이라는 명칭이 모호함을 갖는다는 견해가 설득력이 있어 앞으로는 더욱 분명한 의미를 전달할 수 있는 '지대신용화폐론'으로 변경하여 사용함을 밝힌다.

② 부의 정의와 화폐의 속성

실제 경제활동에서 사용하는 부(富)의 정의와 경제학에서 사용하는 부의 정의가 달라 혼동이 존재한다. 실제 경제활동에서 사용하는 부의 정의는 교환가치를 갖는 모든 물건이다. 가령, 제품·서비스·증권·저당권·약속어음·은행권 등이다. 그러나 경제학에서 정의하는 부의 개념은, 부의 증가가 사회 전체의 부를 증가시키고, 부의 감소가 사회 전체의 부를 줄일 때 진정한 부라고 정의한다. 따라서 위에서 언급한 증권, 저당권, 약속어음, 은행권 등은 금액을 받을 사람과 함께 지불할 사람이 있기 때문에 이 금액이 증가한다고 해서 사회 전체의 부가 증가하는 것은 아니고 결국 진정한 부로 볼 수 없다.[17]

이러한 각도에서 연역된 중요한 성질은, 지가의 증가는 결코 전체 부의 증가를 표시하는 것이 아니라는 점이다. 왜냐하면 지주(地主)가 높은 지가로 인해 얻은 이익은 반드시 그 지가만큼 지불해야 하는 소작농 또는 토지 구매자가 받는 손실이기 때문이다. 따라서 지가의 증가와 더불어 증가하는 화폐는 결코 진정한 부의 증가를 표시할 수 없다. 그러므로 이러한 종류의 화폐를 진정한 부를 나타내는 화폐와 구분할 필요성이 생긴다. 이러한 이유로 앞에서 신용화폐를 검토하고, 그중에서도 지대신용화폐가 경제 불안정에 미치는 영향이 가장 큼을 검토했던 것이다.*

---

* 필자는 본래 기존 연구(赵诚赞, "地租资本化与货币流动性过剩的关系及影响研究"; 조성찬, "거품 의존형 오너십 소사이어티 전략과 전세대란의 인과관계 연구")에서 지대자본화로부터 발생하는 화폐의 영향을 검토하기 위해, '실물화폐'와 '비실물화폐'라는 새로운 개념을 제시하였다. 그리고 실물화폐는 부(제품)의 생산에 따라 발생하며 부(제품)의 소비와 더불어 사라지는 화폐로 정의하였다. 또한 비실물화폐는 부(제품)의 실제 생산과 무관하게 존재하거나 증가하는 화폐로 정의하고, 그중 지대자본화와 부동산 담보대출의 결합으로 발생하는 비실물화폐가 가장 큰 영향을 끼친다고 하였다. 그런데 이러한 비실물화폐가 구체적

③ 화폐유동성 과잉을 초래하는 지대자본화와 지대신용화폐

지대자본화란 미래에 아직 발생하지 않은 매년도의 지대를 자본화율로 할인하여 현재가치로 전환한 후 더하는 것을 의미한다. 우리가 흔히 경험하는 지가는 이론상 지대자본화를 통해 형성된 가격이다. 지가와 지대는 본질상 같아 보이지만, 중요한 차이점이 존재한다. 지대가 '이미' 생산된 부로 생산물시장에 속하는 반면, 지가는 '아직' 생산되지 않은 미래의 부로 자산시장에 속한다는 점이다. 지대가 지가로 전환(자본화)되면서 그 성격이 본질적으로 바뀐 것이다.

만약 정부가 매년 지대를 전부 회수한다면, 지가가 이론적으로 영(0)으로 수렴하여 화폐시장에서 지가 총액을 현실화할 화폐가 필요하지 않게 된다. 그러나 정부가 지대를 회수하지 않고 시장이 지가를 기준으로 작동한다면, 토지 매매 시 지가를 현실화할 화폐가 필요하게 된다. 이때 공급되는 화폐는 아직 생산되지 않은 미래의 부를 미리 현실화하는 역할을 하게 된다. 즉 지대자본화로 인해 지대신용화폐가 형성되는 것이다.*

앞에서 신용화폐가 계속해서 증가하는 이유를 강제된 경제성장에서 찾았는데, 구체적으로 토지시장에서 지대신용화폐가 증가하는 이유는 지가의 지속적인 상승에서 찾을 수 있다. 지대신용화폐의 증가가 화폐유동성 과잉을 가져오는 과정을 지대자본화와 결합하여 정리하면 다음과 같다.

으로 본 장의 앞에서 제시한 지대신용화폐이기 때문에 개념의 혼란을 피하기 위해 지대신용화폐로 통일하여 사용하기로 한다.

* 지대자본화로 인해 지대신용화폐가 형성되는 과정에 대한 이론적 설명은 조성찬, "거품 의존형 오너십 소사이어티 전략과 전세대란의 인과관계 연구", 『공간과 사회』, 통권 제34호, 2010, 87~119쪽을 참고하기 바란다.

지대자본화가 화폐유동성 과잉을 가져오는 과정은 두 단계로 나뉜다. 첫째, 지대자본화로 인해 지가가 형성되면 이러한 지가에 기초하여 부동산 담보대출을 통해 지대신용화폐가 창조된다. 이렇게 지대가 여러 단계를 거쳐 화폐로 유동화된다. 둘째, 지대가 사유화되면 자산시장에서 투기성 토지수요(rent-seeking)가 증가하고 지가 역시 상승한다. 상승한 지가에 기초하여 부동산 담보대출을 통해 더 많은 지대신용화폐가 창조되고 결국 화폐유동성 과잉을 초래한다. 결국 지대의 대부분이 사유화되고 지가를 중심으로 경제가 성장하는 시스템에서 화폐유동성 과잉은 피할 수 없게 된다.

지대신용화폐 과잉이 거품경제의 형성 및 붕괴에 영향을 미친다

가격이 상승할 것이라는 기대가 현실에 반영되어 가격이 실제로 상승하는 현상을 "자기충족적 예언(self-fulfilling prophecy)"이라고 부른다. 이렇게 자기가 기대한 바대로 충족되어 상승한 가격을 일반적으로 거품이라고 부른다.[18] 이러한 일반적인 개념에도 불구하고 지가 거품의 형성 원인 또는 정도에 대해 경제학자들은 아직 일치된 견해를 보이지 못하고 있다. 심지어, 일부 학자는 현재의 계량경제 수준으로는 정확하게 지가 거품의 발생량 또는 존재를 측정할 수 없다고도 한다.[19]

거품 발생의 일반적인 조건은 세 가지로 구성된다. 첫째, 내구성. 내구성을 가진 자산 가격은 미래소득을 반영할 뿐만 아니라, 미래소득에 대한 자기실현 기대로 거품이 발생한다. 둘째, 희소성 또는 공급의 고정성. 가격 변화에 따라 공급이 탄력적으로 변화한다면 거품은 발생하기 어렵다. 셋째, 공통의 기대. 만약 누구도 장래에 가격이 상승할 것으로 기대하지 않는다면 거품은 발생하지 않는다. 상술한 세

가지 조건에 비추어 볼 때, 토지는 다른 자산에 비해 거품이 발생하기가 쉽다. 그런데 생산된 부의 일부를 나중에 받는 지대는 토지 생산물의 가치 또는 토지 공급조건에 더 큰 영향을 받는 반면, 미래의 지대수익이 반영된 지가는 화폐유동성 등 거시경제 요소에 더 민감하게 반응하는 특성을 고려할 때,[20] 거품은 지가에서 발생함을 알 수 있다.

부동산금융시장에서 부동산 거품의 형성과 붕괴 과정에 대해 일치된 견해가 있다.[21] 즉 부동산 자산의 희소성과 정보의 비대칭 → 투자자가 과도하게 미래의 부동산 수익을 낙관 → 은행 담보대출을 이용한 적극적인 투자 규모 확대 → 더 많은 투자자 참여 및 은행 담보대출 규모 증가 → 은행 담보대출액의 대부분이 부동산시장에 진입 → 담보 가치가 실제 가치를 초과 → 거품 확대 → 거품 붕괴 시작 → 부동산 가격 하락 → 은행의 부실채권 증가 → …… → 금융위기의 과정이다.

이러한 일련의 영향관계에 대해 일부는 부동산 거품의 형성과 붕괴의 근원에 부동산 투기가 있다고 하며, 다른 일부는 은행의 과도한 담보대출 제공이 있다고도 하고, 은행체계의 비건전성이 있다고도 한다. 그런데 앞에서 살펴본 지대신용화폐론에 따르면, 부동산 거품의 형성과 붕괴의 근원은 '지대자본유동화' 시스템에서 발생하는 지대신용화폐이다. 투기 수요가 가미되어 결정된 지가에 기초하여 형성된 지대신용화폐 공급이 위에서 살펴본 '부동산 거품의 형성과 붕괴 과정'의 세 번째 단계인 '은행 담보대출을 이용한 적극적인 투자규모 확대'와 연결된다. 이렇게 해서 지대신용화폐가 '부동산 거품의 형성과 붕괴 과정'에서 중요한 요인이 되는 것이다.

지대신용화폐 과잉으로 초래된

일본과 미국의 경제위기 일본의 '잃어버린 10년'과 미국의 서브프라임 모기지 사태는 부동산 담보대출을 통해 발생하는 지대신용화폐가 부동산 거품의 형성 및 붕괴, 즉 경제위기 발생의 핵심 원인이 된다는 점을 상징적으로 보여 준다. 학계에서는 일본이 '잃어버린 10년'을 맞이한 핵심 원인을 이렇게 보고 있다. 즉 금융권이 제공한 부동산 담보대출에 기초하여 형성된 부동산, 주식 등 자산 거품이 통화당국의 이자율 인상으로 인해 붕괴되면서 발생했다고 본다.[22] 물론 '잃어버린 10년'의 출발과 과정 등에 있어서 입장 차이가 분명하지만, 공통적으로 보는 것은 부동산 담보대출에 기인한 부동산 거품이다.

미국의 서브프라임 모기지 사태도 핵심 원인이 부동산 담보대출로 인한 부동산 거품의 형성과 붕괴라는 점에서는 차이가 없다. 금융권이 부시 정부의 '주택 소유자 사회' 전략에 발맞추어 신용도가 낮은 저소득층에게 주택 담보대출을 제공하여 주택 구매를 부추기다가, 결국 2007년 초부터 채무불이행이 급증하면서 중소형 은행과 모기지 전문 금융기관, 관련 헤지펀드 등으로 부실이 확산되었기 때문이다.[23] 미국의 금융위기에는 한 가지 특징이 더 존재한다. 직접적으로 부동산 담보대출을 통해 지대신용화폐를 창출한 것 외에도 간접적으로 지대신용화폐의 창출을 유도하는 각종 파생상품이 존재한다는 것이다. 2008년 세계 금융위기도 서브프라임 모기지 대출에서 파생된 MBS(Mortgage Backed Securities), CDO(Collateralized Debt Obligation), CDO of CDO 등의 규모가 얼마인지 모를 정도로 커져 위기가 더 크고 빠르게 확산된 것이다.*

---

* MBS, CDO 등은 대출이나 채권과 같이 금융기관 등이 보유한 자산(기초자산)을 기초로 발

일본과 미국의 사례에서 알 수 있듯이, 경제위기의 핵심에는 부동산 거품의 발생과 붕괴가 자리하고 있으며, 다시 부동산 거품의 발생과 붕괴의 핵심에는 부동산 담보대출이 자리하고 있다. 더 깊이 들어가면, 부동산 담보대출로 발생한 지대신용화폐의 과잉이 자리하고 있다. 여기서 더 깊이 들어가면, 지대가 아닌 지가를 중심으로 작동하는 자산시장이 자리하고 있다. 지대를 지가로 자본화하여 지가를 중심으로 작동하는 자산시장이 결국 문제의 뿌리이자 출발점이다. 이러한 일련의 인과관계가 지대신용화폐론이 핵심적으로 말하고자 하는 것이다.

한국은 지금 주택 담보대출로 인한 가계부채 문제와 씨름 중이다

한국 역시 주택 담보대출을 통해 창조된 과도한 지대신용화폐가 가계부채 증가로 이어져 부동산과 금융을 위험하게 연결하고 있다. 2000년대 이후 한국 부동산시장을 뜨겁게 달아오르게 한 주택 담보대출 제도는 미국에서 발명된 것으로, 2004년에 본격적으로 도입되었다. 영어로는 '모기지론(mortgage loan)'이라고 하는데, 'mortgage'라는 단어는 죽음을 뜻하는 'mort'와 서약을 뜻하는 'gage'의 합성어라고 한다.[24] 즉 목숨 걸고 대출 계약을 맺는다는 뜻이다. 그래서인지

행된 자산유동화증권이다. 자산유동화는 기초자산보다 신용등급이 더 높은 유동화증권을 만들 수 있으며, 기초자산 보유 금융기관의 유동성을 개선하고 자금 조달 비용을 경감하는 효과가 있어 2008년 세계 금융위기 이전에 폭넓게 사용된 금융기법의 하나였다(정대영, 『한국 경제의 미필적 고의』, 한울, 2011, 166~167쪽).

영어인 모기지론이 우리에게는 '모가지'론으로 들리는 것은 왜일까.

한국은행이 발표한 '2011년 1분기 중 가계신용'에 따르면 국내 금융회사의 가계대출과 신용카드 등에 의한 외상구매를 뜻하는 판매신용을 합한 가계신용 잔액은 801조 4,000억 원으로 처음으로 800조 원을 돌파하였다. 이 중 주택 담보대출 규모는 예금은행의 경우 289조 9,000억 원이며, 비은행예금취급기관의 경우 74조 9,600억 원으로 합계가 365조 원에 이른다. 성장 추세로 보건대 2011년 연말에 400조 원에 이를 것으로 전망되며, 정부의 통제 노력에도 불구하고 계속해서 증가하고 있는 실정이다.* 2006년 이후 대출을 끼고 아파트를 구입했다가 집값 하락으로 빚에 시달리는 '하우스푸어'가 무려 198만 가구로 추산되고 있다. 만약 막대한 규모의 가계부채가 부동산시장 침체와 맞물리게 되면 하우스푸어가 현재보다 더욱 증가할 것임은 명약관화한 일이다.

상황이 이렇게 되자 금융당국은 금융권의 가계대출 일시 중단이라는 고강력 대책을 내놓기도 했다. 가계부채 문제를 우려한 금융당국의 권고에 따라 농협, 신한, 우리, 하나은행이 주택 담보대출, 신용대출 등 모든 가계대출을 8월 말까지 전면 중단하는 초유의 사태가 벌어졌다. 이러한 대책도 미진하다고 판단되자, 급기야 8월 30일에 임기를 시작한 권혁세 금융감독원장이 은행과 상호금융사에 이어 카드사에 대해서도 '대출총량제'를 도입하려는 움직임을 보였다. 현 정부가 주택담보대출비율(LTV)과 총부채상환비율(DTI) 관련 규제를 대폭 완화하여 주택 거래 정상화를 도모하고 있는 부동산정책 기조 하

---

* 한국은행의 '2분기중 가계신용(잠정)'에 따르면 2분기 가계신용이 전분기보다 19조 원 가까이 늘어나 2011년 6월 말 현재 가계신용 잔액은 876조 3,000억 원으로 사상 최고치를 기록했다.

에서 가계대출 중단이나 대출총량제의 도입은 전혀 어울리지 않는 정책조합이다. 자기가 스스로를 부정하고 있는 것이다.

　가계부채 문제가 미국의 서브프라임 모기지 사태와는 달리 우리나라에서는 금융 부문보다 가계 부문에서 소비 위축, 중산층 몰락 등의 형태로 장기간에 걸쳐 나타날 가능성이 크다는 분석은 더 큰 우려를 자아낸다. 그 이유로 정대영[25]은 미국의 주택 담보대출에는 없지만 우리나라 주택 담보대출제도에는 있는 소구권(non-recourse)을 제시한다. 소구권은 한 마디로 말해서 담보물인 주택뿐만 아니라 채무자의 다른 재산과 소득까지 압류하여 원리금을 상환하도록 하는 제도이다. 소구권이 없는 미국에서는 부동산 거품이 붕괴하여 발생하는 피해를 가계와 금융기관이 분담하는 구조로 되어 있다. 반면 소구권이 있는 우리나라에서는 채무자가 상황이 나빠져도 마지막 순간까지 계속 원리금을 상환할 수밖에 없고, 집을 포기해야 하는 상황에 이르면 가계는 이미 파산 위기라는 것이다. 따라서 우리나라에서는 가계부채 문제가 금융 부문보다는 가계 부문에서 소비가 위축되고 중산층이 몰락하는 등의 형태로 장기간에 걸쳐 나타나게 된다는 것이다.

우리 삶을 통제하는 '토지 + 금융 매트릭스'

2008년 미국의 서브프라임 모기지 사태와 우리나라에서 현재 진행 중인 가계부채 문제가 불거지기 시작하면서 많은 사람들이 금융뿐만 아니라 금융의 핵심인 화폐에 대해 의문을 품기 시작했다. 그리고 그 의문의 초점은 무에서 화폐를 창출하여 막대한 이자 수익을 누리는 금융권으로 쏠리고 있다. 과연 이들 사기업에게 공공재에 해당하는 화폐를 창출하도록 하는 것이 바람직한가 하는 것이다. 많은 논쟁이 일어나기 시작했으며, 더불어 현 금융시스템을 대체할 대안 연구도 진행되고 있다.

돈은 약속의 시스템이다. 돈은 언어와 마찬가지로 사람과 사람의 관계 속에서만 그 가치가 드러나는 사회적 존재다. 따라서 신뢰와 신용이 바탕이 된다면 여러 관계나 공동체 안에서 다양한 형태의 돈이 창출될 수 있다.[26] 따라서 우리는 신용을 바탕으로 하는 새로운 돈을 창출할 수 있다. 여기서 관건은 '누가' '어떤 가치'를 바탕으로 신용화폐를 만드느냐이다.

지금까지 진행중인 대안적 화폐 연구로, 먼저 정부가 화폐를 발행하여 사회 인프라 구축에 지출하면서 사회에 공급하자는 정부화폐론이 있다. 예컨대 미국의 경제학자 조셉 스티글리츠가 일본 정부에 "정부통화의 발행으로 디플레, 재정위기를 벗어날 것"을 조언하기도 했으며, 정부통화 발행의 여러 사례 대부분이 성공을 거두었다고 한다.[27]

정부화폐론과 비슷한 이론으로 클리포드 더글러스가 수립한 '사회신용론'이 있다. 더글러스는 그 당시 경제위기 상황에서 노동자들의 소득이 회복되지 않으면 경제회복도 일어나지 않는다고 보고, 전 국민에게 기본소득을 보장해 줌으로써 이 문제를 해결하자고 제안하였다. 그 방법으로서, 신용을 사회화하여 정부가 화폐를 발행하고 모든 국민에게 빈부를 묻지 않고 기본소득을 보장해 주자는 것이었다. 결국 더글러스가 제시한 사회신용론은 기본소득론과 동전의 양면과도 같은 관계이다.[28]

실비오 게젤은 '돈은 노화하지 않으면 안된다'는 테제를 제시하고 화폐의 가치 역시 감소해야 한다고 주장하였다.* 그 이유로, 돈으로 산 물건들은 소비되면서 닳고 사라지는데 돈은 사라지지 않기 때문에 물건과 돈 사이에 부당경쟁이 이루어진다는 것이다. 따라서 물건이 경제과정 속에서 소비되고 없어지듯이 돈 역시도 사라져야 한다는 것이다. 이러한 아이디어는 실제로 1929년 대공황 후 오스트리아의 뵈르글이라는 도시에서 실시되어 시의 부채가 사라지고 고용이 증가하고 경제가 회복되기도 했다. 이 노화하는 화폐시스템은 매월 1퍼센트씩 화폐가치가 감소하도록 고안되어, 돈을 가지고 있으면 감가되기 때문에 곧바로 경제의 수레바퀴 속에 화폐가 되돌려져 화폐의 유통속도가 빨라지고 구매력도 더 커졌다는 것이다. 그러나 오스트리아 정부가 지폐 발행은 국가의 독점적 권리라고 주장하면서 시장 운터구겐베르거를 국가반역죄로 기소하고, 이 돈을 회수하면서 이 화폐시스템은 중단되었다.[29]

이 외에도 오늘날 대안적 화폐운동으로 지역화폐(LETS: Local Exchange Trading Schemes) 운동이 전 세계적으로 전개되고 있다. 지역화폐는 가령 정부화폐를 이용하지 않고 지역공동체 내에서 이루어지는 개인적인 물물교환 시스템에 가깝다. 가령, 물건을 서로 교환하는 경우도 있지만, 몇 시간 노동을 해 주고 이를 지역화폐로 받아 그 지역공동체 내에서 물건을 구매할 수 있도록 하는 것이다. 이 운동은 우리나라에서도 전개되고 있는데, 특히 대전의 한밭 레츠가 가장 활발

* 신고전파 경제학에 대항했던 경제학자 케인즈도 게젤을 높게 평가한 바 있다. 케인즈는 『고용, 이자 및 화폐의 일반이론』(1936)에서 "실비오 게젤은 부당하게 오해되고 있다. 우리는 장래의 사람들이 마르크스의 사상보다도 게젤의 사상으로부터 한층 많은 것을 배울 것이라고 생각한다."고 기술하고 있다(미하엘 엔데, "돈을 근원적으로 묻는다", 『녹색평론』, 제114호, 2010년 9~10월호).

하게 운영되고 있다.* 그런데 잉햄은 지역화폐를 긍정적으로 평가하면서도 레츠가 갖는 고유한 특성으로 인해 폐쇄된 순환 고리 안으로 국지화되는 경향이 커져서, 레츠가 더 폭넓은 네트워크로 발전하여 진정으로 대안적인 화폐 공간을 창출할 수 있는가 하는 의문이 생긴다고 평가한다.[30]

지금까지 살펴본 대안화폐들은 공통적으로 현재 사기업인 금융권이 이자를 받고 신용화폐를 발행하는 것에 문제를 제기하고, 신용을 사회화하여 국가가 이자 없는 화폐를 만들자는 것이 핵심이다. 그런데 앞에서 살펴본 지대신용화폐론에 따르면 신용화폐의 가장 큰 출처인 토지 및 부동산에서, 지가가 아닌 지대를 중심으로 시장이 운영된다면 화폐 수요 및 공급이 크게 줄어들 것이라는 점을 지적하였다. 이렇게 하면 우선 대안화폐를 도입하지 않고도 악성이 심한 지대신용화폐는 시장에서 큰 비중을 차지하지 못하게 된다. 물론 이러한 이론은 지대의 대부분이 사유화되고 토지 사유제가 실시되고 있는 경제체제에서 직접 적용하기가 어려우며, 공공토지임대제처럼 토지 사용권을 양도하는 대가로 지대를 납부하는 경제체제에서 적용이 가능하다. 그런데 토지 사유제라 하더라도 지대를 조세로 환수할 경우 동일한 효과를 가져올 수 있다.

칼 폴라니는 그의 책 『거대한 전환』에서 사회의 가장 강력한 집단들이 토지와 노동을 예전에 시장에서 거래되어 온 상품들과는 원칙적으로 전혀 다른 '허구적 상품'으로 '전환'시키려고 어떤 노력을 기울였는지 기술하고 있다. 토지와 노동의 상품화는 사회체제를 너

---

* 한밭 레츠(http://www.tjlets.or.kr)의 운영방식과 지역화폐에 관한 소개는 김찬호, 『돈의 인문학』, 문학과지성사, 2011, 147~154쪽 및 제프리 잉햄, 『돈의 본성』, 삼천리, 2011, 381~391쪽을 참고할 것.

무나 극적으로 전환시켜 도저히 다른 방식으로는 생각할 수 없게 만들어 버렸다. '전환'은 사회를 변화시켰을 뿐 아니라 우리의 세계관과 존재 방식을 변화시킴으로써 우리 자신까지 변화시켰다.[31]

이제 이러한 토지는 사적 신용화폐와 결합되면서 우리 삶을 통제하는 거대한 '토지 + 금융 매트릭스'가 되었다. 경제의 최하위에 토지 매트릭스가 있다면, 최상위에는 금융 매트릭스가 있다. 토지 매트릭스에서는 토지 불로소득을 사유화하여 빈부 격차를 심화시키고 서민들이 가난에서 빠져나오지 못하도록 한다. 금융 매트릭스에서는 강제된 성장 메커니즘에 빠진 정부나 기업 및 가계가 영원히 갚을 수 없는 부채의 늪에 빠지도록 한다. 이제 두 매트릭스가 만나서 형성된 '토지 + 금융 매트릭스'는 개별적인 매트릭스가 지닌 파괴력을 극대화하여 우리를 괴테의 말대로 스스로를 자유인으로 믿고 있는 노예의 삶으로 전락시킨다.

교황 베네딕트 16세는 2009년 7월 7일, 「진리 안의 사랑(Caritas in Veritate)」이라는 사회회칙을 공표하였다. 시장 및 금융과 관련하여, 시상에는 "단기 이익만을 추구하는 유혹에 굴복하는 금융 자원의 투기적 이용"이 존재한다고 지적하였다. 또한 이것이 "안정된 발전의 근본 요소인 건실한 생산 체제와 사회 제도의 정착을 도와줌으로써, 지역 사회에 실질적으로 기여하는 일"이 아니라고 말하며, 금융가들은 "정교한 금융 도구들이 예금자의 이익에 반하는 목적에 악용되지 않도록 금융 활동의 참된 윤리적 근거를 재발견해야" 한다고 말했다.[32]

우리는 그동안 미국의 서브프라임 모기지 사태와 한국의 부동산 투기가 초래한 가계부채 문제를 경험하면서, 토지 등 부동산이 금융과 결합할 때 그 파괴적인 힘이 얼마나 강력한지를 새삼 깨닫고 있다. 그런데 이제는 이러한 인식틀만으로는 충분하지 않다. 이제 한 걸음 더 나아가 바로 이러한 메커니즘의 최상위에 있는 신용화폐, 특히 부동산 담보대출로 창조되는 지대신용화폐의 존재를 인식할 필요가 있다. 지대신용화폐에 대한 정확한 인식 없이는 토지 등 부동산과 금융이 결합하여 형성되는 '토지 + 금융 매트릭스'를 제대로 이해할 수도 없으며 제대로 처방할 수도 없다.

제 4 장

토지세 강화와 조세대체 전략

증세와 감세, 그리고 토지

세금을 징수하는 목적은 국가의 운영경비를 마련하기 위함이다. 국방과 치안, 교육에 들어가는 비용, 도로를 비롯한 각종 기간시설 설치 및 유지, 저소득층에게 복지를 제공하고 공무원들에게 급료를 주는 비용은 결국 국민 개개인이 내는 세금에서 충당할 수밖에 없다.

이와 같은 세금을 둘러싸고 적게 거둘수록 좋다고 보는 이른바 감세론과 많이 거둘수록 좋다는 이른바 증세론이 대립하고 있다. 흔히 전자를 보수, 후자를 진보라고 부른다. 둘 사이의 견해차는 시장에 대한 신뢰에서 비롯된다. 시장을 신뢰하는 보수는 세금을 많이 거두게 되면 시장의 효율이 떨어진다고 본다. 기업에게 세금을 많이 거두게 되면 투자가 위축되고 노동자에게 세금을 부과하면 할수록 근로의욕이 감퇴한다는 것이다. 시장을 불신하는 진보는 시장 실패가 주기적으로 발생하고, 사회구성원들 사이에 소득 격차가 벌어지며, 무엇보다도 인간의 존엄성을 지킬 수 없는 수준 이하로 떨어지는 사람들이 양산되고 있는 현실에 주목한다. 그러므로 정부의 적극적 역할은 필수적이고 따라서 세금을 많이 거둬서 재분배 내지 복지를 강화해야 한다고 주장한다. 여기에다 증세론은 고소득자에게 세금을 많이 징수해서 저소득층에게 혜택을 주면 소비가 늘어나고 이것은 다시 투자를 유인하는 이른바 '소비와 투자의 선순환'이 가능하다는 주장을 덧붙이는 것도 잊지 않는다. 이처럼 감세론과 증세론은 시장을 바라보는 기본 시각과 정부의 역할, 그리고 그것을 뒷받침하는 경제학적 논리가 다르기 때문에 둘 사이의 대화는 평행선을 달리는 경우가 대부분이다. 그러나 증세-감세 논쟁에서 양자 사이에 공통점 하나가 있다. 그것은 양자 모두가 일반물자와 토지의 차이점 또는 독자성을 간과한다는 점이다. 토지세를 비롯한 모든 세금은 최소로 하는 것이 좋다고 생각하는 감세론이나, 토지세를 비롯한 모든 세금이 높아야 한다고 보는 증세론 모두 토지를 일반물자와 똑같이 본다.

필자는 아래에서 증세와 감세의 한계를 뛰어넘는 방안, 즉 토지를 증세의 대상으로 삼고 다른 세금을 감세 대상으로 삼는 조세대체를 하나의 대안으로 제시하려고 한다.* 이를 위해서 다른 세금과 전혀 다른 토지세의 효과에 대해서 논한다. 그리고 바람직한 조세원칙을 통해 증세 전략, 감세 전략, 조세대체 전략을 평가해 본다. 그리고 조세대체의 구체적인 원칙과 방법, 그리고 예상 효과에 대해서 논하고, 마지막 결론으로 글을 마친다.

---

* 논의를 좀 더 단순하게 하기 위해서 감세 전략은 소득세, 법인세, 토지세를 감면하는 것으로, 증세 전략은 이 세 가지 세금 모두를 높이는 것으로, 조세대체 전략은 토지세는 증세하면서 소득세와 법인세는 감면하는 것으로 정의한다.

놀라운 세금, 토지세

사람이 만든 일반물자에 부과하는 모든 세금은 생산 활동을 위축시킨다. 물론 이에 동의하지 않는 이도 있을지 모르나, 세금 징수가 열심히 일하는 행위, 열심히 저축하고 투자하는 행위 등 사회적으로 바람직한 행위의 동기를 위축시킨다는 사실을 부인하긴 어렵다. 그런데 이런 세금과 전혀 다른 세금이 있으니 그것이 바로 토지세다.* 그러면 토지세가 어떤 면에서 다른 세금과 다른지 살펴보자.

첫 번째로, 다른 세금은 전가되지만 토지세는 전가가 불가능하다. 즉 토지 소유자가 토지세를 부담하게 된다는 것이다. (직접세/간접세로 구분하는 세금의 행정적 분류는 납세자와 세금부담자가 동일한가, 아닌가로 나뉘는데 직접세는 납세자와 세금부담자가 같고 간접세는 다르다고 본다.) 모든 경제학 교과서가 이구동성으로 지적하는 것처럼 모든 세금은 전가의 문제가 발생하는데 토지세는 그렇지 않다는 것이다. 흔히들 토지세를 거두면 지주가 임차인에게 세금을 전가한다고 생각하지만, 그렇게 할 수 없다. 일단 이것에 대해서 경제학의 시조 격인 아담 스미스와 리카도의 말을 들어보자.

> 이 조세(토지세–인용자)는 생산물의 양을 감소시키는 경향은 없기 때문에 가격을 인상시키는 경향을 가질 수 없다. 이 조세는 국민들의 근면을 해치지 않으며 납세하는 불가피한 불편 이외에는 지주에게 일체 불편을 끼치지 않는다.[1]

---

* 토지세는 크게 보유세와 양도세로 나뉜다. 그리고 보유세는 지가(land price)를 과표로 하는 지가세와, 지대(land rent)를 과표로 하는 지대세로 나뉜다. 여기서 말하는 토지세는 지대를 과표로 하는 보유세를 의미한다.

지대에 대한 조세는 지대에만 영향을 미칠 것이다. 그것은 전적으로 지주들이 부담할 것이며 또 어떤 부류의 소비자들에게도 전가될 수 없을 것이다.[2]

세금이 자유로운 선택을 방해한다는 이유를 들어 반대했던 밀턴 프리드먼(Milton Friedman)도 다음과 같이 말한다.

어느 것이 가장 나쁜 덜 나쁜 세금일까? 내 생각에, 가장 덜 나쁜 조세는 미개량 토지 가치에 부과하는 재산세이다. 그것은 오래전에 헨리 조지가 주장했던 것이다.[3]

여기서 "가장 덜 나쁜 세금"이라는 것은 결국 '가장 좋은 세금'이라는 뜻이다. 왜냐하면 프리드먼은 모든 세금을 싫어했기 때문이다. 프리드먼이 이렇게 말한 까닭은 바로 토지세는 전가가 불가능하기 때문이다.

세금의 전가는 가격에 따라서 수요량과 공급량을 조절할 수 있는 재화에서나 가능하다. 예를 들어 연필을 생산할 때마다 세금을 부과한다고 해보자. 그러면 이 연필 생산업체는 이윤감소에 직면하게 되고 결과적으로 연필 생산을 줄인다. 이렇게 공급이 줄면 가격이 올라가게 되어 연필 소비자들은 평소보다 더 비싼 가격에 연필을 구입하게 된다. 이렇듯 일반물자에 부과하는 세금은 결국 공급자와 수요자가 나눠서 부담하게 된다. 그러면 연필 생산자와 소비자 중 누가 세금을 많이 부담할까? 그것은 가격 변화에 민감한 쪽이 덜 부담하게 된다. 만약 연필 소비자들이 연필의 가격 변화에 민감하다면, 즉 가격이 조금만 올라도 연필이 아닌 다른 필기구를 구입한다면 연필 생산업체가 더 많은 세금을 부담하게 된다는 것이다.

그러나 토지는 가격에 따라 그 양을 조절할 수 없기 때문에, 다른 말로 하면 토지는 공급이 완전 비탄력적이기 때문에 토지세를 부과하면 토지 소유자가 이를 부담할 수밖에 없다. 만약 다른 상품처럼 토지세 부과가 토지의 공급을 위축시킨다면 지난 참여정부에서 토지세 강화의 방법인 종합부동산세를 신설했을 때 대한민국 영토는 줄어들었어야 한다. 그러나 우리가 잘 알고 있듯이 대한민국 영토는 한 뼘도 줄어들지 않았다.

하지만 토지 공급이 완전 비탄력적이라는 데에 반론을 제기하는 사람들도 많다. 산을 개간해서 밭을 만들면 농지가 더 많아지고, 농지를 택지로 전환하면 택지가 증가하는데, 공급량이 고정되어 있다는 건 말이 안 된다는 것이다. 그러나 용도가 전환된 토지는 특정 지역의 토지와는 전혀 다르다. 인간이 만든 자본*의 가치는 서울에 있으나 부산에 있으나 동일하지만, 서울의 토지와 부산의 토지는 전혀 다르다. 서울에서 강남의 토지와 강북의 토지도 다르다. 강남에서도 방배동의 토지와 압구정동의 토지 역시 다르다. 토지의 가치는 '위치'가 결정하기 때문이다. 참여정부 시절에 강남 대체를 위해 판교의 농지를 택지로 전환해 택지 공급을 늘렸지만, 강남이라는 특정 지역의 공급은 현재 불변이다. 이에 대해서 혹자는 도시 용지라는 관점에서 보면 공급이 늘었다고 주장할 수 있다. 그러나 토지 전체에서 보면 공급량은 고정되어 있다. 농지가 줄어든 만큼 도시 용지가 늘어났기 때문이다. 그렇기 때문에 모든 토지에 동일한 세율로 부과하는 토지세는 전가가 일어날 수 없다.

그런데도 '이론은 그렇다고 하더라도 현실에서 떠넘기지 못하

* 여기서 자본이라 함은 "생산된 생산수단"을 의미한다.

는 세금이 어디 있겠어!' 하고 생각할 수 있다. 이런 의문에 대한 해명 차원에서 완전경쟁시장과 현실시장을 구분하여 자세히 설명해 보자.

먼저 완전경쟁시장에서는 토지세 전가가 불가능하다. 우선 토지 소유자와 토지 사용자가 같은 경우를 생각해보자. 그런데 이 경우에 토지세를 부과하면 소유자가 사용자에게 전가시킨다는 말은 의미가 없다. 이럴 경우에는 당연히 소유자가 부담한다. 그러면 두 번째로 소유자와 사용자가 다른 경우, 즉 토지 이용자가 토지 소유자에게 임대료를 내고 사용하고 있는 경우를 생각해 보자. 이럴 경우 토지 소유자가 토지세만큼 임대료를 올려 받을 수 있을까? 그럴 수 없다. 만약 받을 수 있다면, 자기 토지를 직접 사용하는 사람은 토지세만큼 손해가 된다. 자기 토지를 사용하는 사람이 손해를 안 보려면 노동의 결과인 생산물에 토지세를 붙여서 팔아야 한다. 하지만 이것은 가능하지 않은 일이다. 왜냐하면 시장에서 생산자는 가격 결정자(price setter)가 아니라 가격 수용자(price taker)이기 때문이다. 만약 생산물 가격에 토지세를 반영시키면 가격 경쟁에서 불리해진다. 잘 팔리지 않게 되면 결국 가격을 내릴 수밖에 없게 된다. 마지막으로 남은 것은 자기 토지 사용자가 부과되는 토지세만큼 피고용인의 임금을 덜 주는 것이다. 그러나 임금이라는 시장의 가격도 토지 소유자가 마음대로 결정할 수 있는 것이 아니다. 그것은 경쟁의 원칙에 의해서 불가능하다.

그러나 현실 시장은 토지 또는 상품의 독과점이 존재하기 때문에 토지세가 얼마간 전가될 수 있다. 토지 이용자 겸 토지 소유자가 토지 생산물 시장에서 독과점적 지위를 누린다면, 토지세의 일부를 수요자에게 전가할 수 있다. 물론 가격이 오르면 수요가 줄어서 이윤도 줄겠지만, 토지세를 모두 떠안는 것보다 낫다고 판단하면 토지세를 어느 정도 전가할 것이다. 또 하나는 토지 소유자와 이용자가 다른 경우이다. 이때에도 토지 소유자의 힘이 클 경우에는 이용자에게 토지세의 일부를 전가할 수 있다. 이용자가 토지세 전가를 피하는 방법은 토지 사용을 포기하고 다른 장소로 이전하는 것밖에 없다. 그런데 이전 비용도 만만치 않고 이전 가능한 곳의 소유자도 동일 토지소유자라면 이용자는 결국 토지세의 일부를 떠안는 걸 선택할 것이다. 요컨대 토지 소유자의 시장지배력이 얼마만큼 크냐에 따라서 전가의 정도가 결정된다고 할 수 있지만, 토지세가 토지 소유자의 시장지배력을 약화시키기 때문에 결국에 토지세 전가의 정도는 낮아질 것이다.[4]

두 번째로, 토지세는 토지 투기를 억제하는 데 큰 도움이 된다. 투기는 심심해서 하는 것이 아니라 매매차익인 토지 불로소득을 노리고 하는 것이다. 그런데 토지세를 강화하면 토지에 대한 보유 부담이 커지게 되고, 이것은 투기용 토지 소유자들로 하여금 토지를 시장에 내놓도록 유도하여 결국 지가를 떨어뜨리는 결과를 낳게 된다. 다른 말로 하면 매매차익인 토지 불로소득을 기대할 수 없게 된다면 토지 투기는 가라앉을 수밖에 없다. 따라서 토지세를 강화하게 되면 가장 비생산적 경제행위라고 할 수 있는 토지 투기가 사라지게 되고, 평소 같으면 이쪽으로 흘러갈 자금들도 고용량과 산출량을 높일 수 있는 생산적인 곳으로 유입되게 된다.

세 번째, 토지의 효율적 사용을 촉진한다. 이것은 다른 말로 하면 단위 토지당 노동과 자본의 투입량이 커진다는 것을 의미한다. 토지가 효율적으로 사용되면 토지를 방만하게 사용한다는 증거인 도심지 공동화 현상과 도시의 무분별한 확산이 억제된다. 토지세를 강화하면 도시 내 노는 토지나 저사용(under-use)되는 토지, 예를 들어 고층건물이 즐비한 곳에 있는 흉물스런 저층건물은 증축되거나 리모델링을 하게 된다. 이렇게 도시 중심지가 효율적으로 이용되면 도시가 외곽으로 무분별하게 확산되는 것을 막을 수 있게 된다. 이처럼 저층 건물을 증축하고, 건물을 깨끗하게 관리하며, 노는 토지를 효율적으로 사용하는 이유는 그렇게 해야 이익이 되기 때문이다. 토지세를 강화해서 토지 불로소득을 환수하면 토지 소유자가 돈을 벌 수 있는 방법은 토지의 효율적 이용밖에 없다.* 그리고 이렇게 토지가 효율적으로 이용되면 도시의 무분별한 확산 때문에 어쩔 수 없이 들어가는 도로 설치비용, 하수구 설치비용, 공공시설 설치비용 등도 절약할 수 있게 된다.

　네 번째, 토지 사용의 민주화에 대한 가능성, 다시 말해서 토지가 많은 사람들에게 개방될 가능성이 높아진다. 토지 가격, 즉 지가(地價)는 일반적으로 고가(高價)이다. 그도 그럴 것이 지가라는 것 자체가 미래에 발생할 모든 지대를 현재 가치로 할인해서 더한 것인데, 여기에다 투기까지 일어나면 지가는 더 올라간다. 이런 이유 때문에 누구나 토지를 이용할 수 있다고 하지만, 현실에서는 전혀 그렇지 않다. 그러나 토지세를 계속 강화해서 지가가 하락하면 더 많은 사람들이 토지에 접근할 수 있게 된다. 게다가 토지세를 강화하면 투기 목적으로 놀고 있는 땅도 생산에 개방되기 때문에, 토지 접근 가능성은

---

* 이것이 바로 토지가 다른 일반물자와 큰 차이를 보이는 부분이다. 예를 들어서 자본인 대패의 경우에는 대패가 제공하는 생산성을 향유하지 못하면 대패를 소유하려고 하지 않는다. 그러나 토지의 경우에는 생산성을 뜻하는 지대를 사유화하지 못하면 결국 토지를 가장 효율적으로 이용하게 된다. 왜 그럴까? 인간은 토지가 없이는 어떤 활동도 할 수 없기 때문이다. 토지 위에서 활동하는 인간은 사회가 만든 토지의 생산성을 향유하지 못하게 되면, 토지를 꼭 필요한 만큼만 소유하게 되고 소유한 토지를 알뜰하게 이용하게 된다. 대패는 대패가 주는 이익이 있어야 소유자가 효율적으로 사용하나, 토지는 소유자체가 주는 이익, 즉 불로소득이 없어야 소유자가 효율적으로 이용하게 되는 것이다.

한층 높아진다. 이에 대해서 노벨 경제학상 수상자인 프랑코 모딜리아니는 다음과 같이 말한다.

> 지대를 정부 수입의 근원으로 존속시키는 것은 중요한 문제다. 땅을 훌륭하게 사용할 수 있는 사람들인데도 토지 매입 가격을 지불할 돈을 모을 수 없는 경우도 있다. 매년 지대를 징수하면 신용 대부를 받기 어려운 사람들도 땅을 사용할 수 있게 된다.[5]

토지 사용 장벽이 낮아지고 수많은 사람들에게 개방된다는 것은 구체적으로 무슨 뜻일까? 그것은 더 많은 사람들이 저렴한 비용으로 주택을 소유할 수 있도록 해 준다는 것이고, 더 많은 사람들이 자기의 재능과 실력을 발산할 수 있는 기회, 신규 기업의 시장 진출 기회를 넓혀 준다는 것을 뜻한다.

마지막으로 토지세 강화는 토지 불로소득 때문에 발생하는 빈부격차를 시정한다. 토지를 가진 사람이 토지 불로소득을 얻었다는 것은 그만큼 토지 없는 사람의 노력소득이 줄어들었다는 뜻이다. 따라서 토지세 강화는 '노력한 사람이 더 잘 사는 사회'라는 상식적인 사회로 더 다가갈 수 있는 좋은 방안인 것이다.

이상의 것을 요약하면 토지세 강화는 다른 세금과 달리 전가가 일어나지 않으며, 토지 투기를 억제하고, 토지의 효율적 사용을 촉진하며, 지가를 하락시켜 토지 사용의 민주화를 가져오고, 토지 때문에 발생하는 빈부격차를 시정한다. 이것은 다른 말로 하면 토지 문제가 초래한 수많은 문제들―따지고 보면 이 문제들이 거대한 복지수요의 주된 원인이다―을 사전에 예방할 수 있다는 것이다.

각 조세전략에 관한 비교검토

조세원칙을 통한

비교검토 앞서 말했듯이 증세 전략과 감세 전략은 각각 나름대로의 논리를 가지고 있기 때문에 논쟁 시에 절충(compromise)은 가능해도 통합(synthesis)은 어렵다. 이런 것을 보면 세금과 관련해서 우리는 길을 잃었다고 해도 과언이 아니다. 이럴 때는 어떻게 해야 할까? 각자가 가진 논리를 더 정교하게 다듬고 그것의 구체적인 예를 찾아내서 다시 토론해야 하나? 필자는 이런 종래의 방법으로는 통합의 지점을 찾아내기 어렵다고 생각한다. 이럴 때는 모두가 동의하는 조세원칙으로 돌아가 어떤 세금을 어떻게 거두는 것이 원칙에 부합하는지를 살펴보고, 이런 관점에서 증세 전략과 감세 전략을 평가한 후 바람직한 조세원칙으로 이행하는 구체적인 전략을 수립하는 것이 최선이라고 본다.

아담 스미스는 바람직한 조세원칙으로 공평의 원칙, 확실의 원칙, 편리의 원칙, 경제성의 원칙 이렇게 네 가지를 제시했다. 필자는 확실의 원칙과 편리의 원칙을 세무행정상의 원칙으로 묶어 공평의 원칙, 경제성의 원칙, 세무행정상의 원칙 세 가지로 정리한다.

여기서 공평의 원칙에는 두 가지 하위 원칙이 있다. 첫째는 정부나 사회로부터 받은 서비스에 비례해서 세금을 납부해야 한다는 편익원칙(benefit principle)이다. 둘째는 납세자가 가진 경제적 능력에 따라 부담을 지우는 능력원칙(ability-to-pay principle)이다. 이 중에 필자는 능력원칙보다 편익원칙이 우선해야 한다고 본다. 왜냐하면 편익원칙 적용은 불로소득 환수의 성격이 강하고, 능력원칙의 적용은 노력소득 환수의 성격이 강하기 때문이다. 그러므로 먼저 편익원칙에 따라 불로소득을 환수한 다음 능력원칙에 따라 노력소득에 대해서 소득이 많을수록 더 많이 부담하도록 하는 것이 공평의 원칙을 제대로 구현하는 것이라 생각한다.

경제성의 원칙이란 세금을 부과할 때 경제에 부담을 주지 않는 방향에서 징수해야 한다는 것을 말한다. 세금 징수도 좋지만, 기왕이면 경제를 위축시키지 않고 경제에 활력을 불어넣는 세금이 좋다는 것이다. 그리고 세무행정상의 원칙이란 세제에 대해 납세자들이 쉽게 이해할 수 있고, 그 징수도 편리하며 부정부패의 개연성도 적어야 한다는 것을 뜻한다. 세금체계가 쉽게 이해할 수 있을 정도로 단순해야 자의성이 개입할 여지가 없어지고, 납세업무도 효율화될 수 있다.*

이런 원칙에 비춰 보면 토지세는 조세원칙에 가장 잘 부합한다는 걸 알 수 있다. 먼저 토지세는 공평의 원칙에 잘 부합한다. 밀(John Stuart Mill)이 말했듯이 자신의 노력이 아닌 사회경제적 변화에 의해서 가치가 증가한 것은 결국 사회로부터 혜택을 입었다는 의미이다. 다른 말로 하면, 그 혜택을 사유화하는 것은 불로소득이다.** 그러므로 그에 상응하는 만큼 세금을 지불하는 것은 공평하다고 할 수 있다. 또한 토지세는 앞에서 다뤘듯이 경제성의 원칙도 충족시킨다. 토지세 징수 자체가 경제에 부담을 주는 것이 아니라 오히려 경제 효율을 높이기 때문이다. 그리고 토지세는 세무행정상의 원칙도 충족시킨다.

---

* 바람직한 조세 3원칙에 대해서는 남기업의 『공정국가: 대한민국의 새로운 국가모델』, 개마고원, 2010, 86~89쪽을 약간 수정했다.

** 밀은 토지를 통해서 이익을 얻는 것은 불로소득이라는 점을 다음과 같이 분명히 지적했다. "지주들은 일하지 않고도, 위험을 감수하지 않고도, 혹은 절약하지 않고도 잠자는 가운데도 더 부유해진다. 전 사회의 노력으로부터 발생하는 토지 가치의 증가분은 사회에 귀속되어야 하며 소유권을 갖고 있는 개인에게 귀속되어서는 안 된다"(이정전 외, 『국가균형발전을 위한 토지정책 방향 연구』, 한국토지공사, 2005, 97쪽에서 재인용).

토지는 가격이 공시되어 있고, 어디에 숨길 수도 없기 때문에 확실히 징수하는 인력만 있으면 되고, 세무 당국의 횡포와 부패, 납세자의 탈세와 사기의 가능성이 거의 없다.

이에 비해 소득세나 법인세 등은 공평의 원칙, 경제성의 원칙, 세무행정상의 원칙과 많은 면에서 충돌한다. 먼저 이 세금들은 생산 활동에 부과하기 때문에 '필연적으로' 경제에 부담을 주게 된다. 따라서 경제성의 원칙과 충돌한다. 또한 세무행정상의 원칙에서 보더라도 난점이 있다. 예컨대 소득세의 과표는 총수입에서 그 수입을 얻기 위해 지출하는 비용을 뺀 나머지인데, 수입 총액을 파악하는 것부터가 쉽지 않다. 특히 모든 지출액 중에서 어느 것이 '그 수입을 얻기 위해 지출된 비용'인지를 판별하는 것은 당사자에게도 어려운 작업이며, 더구나 제3자인 세무당국이 이를 정확하게 판별하는 것은 불가능하다. 예컨대 우리는 주위에서 개인사업자들이 지출을 늘려 잡기 위해서 사적으로 지출한 것도 회사 지출로 잡는 경우를 흔하게 본다. 물론 누진적 구조의 소득세나 법인세가 공평의 원칙에 부합한다고 할 수 있지만, 앞서 다룬 경제성의 원칙과 충돌할 수밖에 없다.

이렇게 보면 조세원칙에 가장 충실한 조세전략은 토지세를 많이 거두는 대신 법인세와 소득세를 감면하는 조세대체임을 알 수 있다. 기존의 감세 전략은 감세 목록에 토지세까지 넣는 것이 문제이고, 증세 전략은 소득세와 법인세까지 증세 대상에 포함시킨 것이 조세원칙에 맞지 않는다.

감세 전략과 증세 전략에 대한

경제적 평가 그렇다면 기존의 감세 전략과 증세 전략이 어떤 경제적 결과를 낳는지 경제주체인 기업, 가계, 정부의 입장에서 검토해 보자.

① 감세 전략 검토

먼저 토지세·법인세·소득세에 대한 감세가 기업 활동에 어떤 영향을 주는지 살펴보자. 이미 시장에 진입한 기업에게 감세는 투자확대를 유도할 가능성이 높다. 법인세를 감면해 주면 투자를 늘릴 것이고, 거기에다 법인이 부담하는 사회보장 기여금까지 깎아 주면 고용이 더 늘어날 것이다. 또한 소득세 감면도 법인의 투자 증가에 긍정적 영향을 준다. 하나는 소득세 감면이 가계의 소비증가로 이어지기 때문이고, 또 다른 하나는 소득세를 감면하면 노동의 임금상승 압력이 덜하기 때문이다.

그러나 토지세 감면은 기업에게 토지 투기를 통한 불로소득 추구에도 관심을 갖게 만든다. 토지세를 감면하면 기업은 토지 소유에 대한 부담이 준다. 거기에다 앞으로 그 토지를 통해서 더 많은 불로소득을 향유할 수 있다고 예상되면 그 기업은 고용량과 산출량을 늘리는 생산적 투자보다 토지 투기라는 비생산적 투자에 마음을 쏟게 된다. 기업의 입장에서는 기술을 개발해서 이익을 남기는 것보다 토지를 사놓고 기다리는 것이 훨씬 쉽고 안전하기 때문이다.

한편 토지세 감면은 투자 불균형을 낳기도 한다. 투자는 크게 설비투자와 건설투자로 나뉘는데, 한 나라가 정상적으로 성장하려면 설비투자와 건설투자가 균형을 이뤄야 한다. 그런데 토지세를 감면하게 되면 아무래도 토지 투기가 일어날 확률이 높고, 따라서 투자 중에 토지 불로소득을 직접적으로 누릴 수 있는 건설투자에 치우치기가 쉽다. 간단히 이야기해서 매입한 토지 위에 아파트를 짓는 건물건설과 토목사업을 하는 토목건설에 지나친 투자가 이뤄진다는 것이다. 토지 투기가 일상화된 한국의 경우 2000년대 후반 GDP에서 투자가 차지하는 비중이 29%인데 거기에서 18%가 건설투자이고 나머지

11%가 설비투자다. 이런 건설투자의 규모는 선진국의 두 배 수준이고, 제조업이 발달한 독일과 일본의 1980년대 수준보다도 높은 편이다. 그리고 무엇보다도 선진국들이 건설투자와 설비투자가 균형을 이룬 것과 크게 대비된다.[6] 요컨대, 토지세 감면은 투자 불균형을 낳아 경제구조를 왜곡시키는 데도 영향을 줄 수 있다.

이 지점에서 우리는 현재 한국처럼 법인세를 감면해도 고용량과 산출량이 크게 늘어나지 않는 현상의 원인 중 하나를 발견하게 된다. 기업은 법인세 감면에도 영향을 받지만, 토지세 감면에도 영향을 받는다. 개별 기업이 수익성과 안정성을 종합하여 투자 대상을 결정할 때 법인세 인하 효과보다 토지세 완화 효과가 더 크다고 평가하면 생산적 투자가 아니라 비생산적 투기를 하게 된다. 이것은 한마디로 말해서 법인세·소득세 감면의 긍정적 유인을 토지세 감면의 부정적 유인이 상쇄시키는 것이다. 그렇지만 분명한 것은 토지 투기, 즉 토지 구입에 들어가는 거대한 기업의 자금은 아무런 생산적 역할을 하지 않는다는 점이다.

그리고 토지세 감세의 또 다른 폐단이 있다. 그것은 신규 기업의 시장 진출을 더욱 어렵게 한다는 것이다. 그 이유는 토지세 감세가 초래하기 쉬운 토지 투기가 지가앙등을 초래해 지가라는 진입장벽을 더욱 높게 쌓아올리기 때문이다. 어디 그뿐인가. 기존에 기술이 더 떨어지거나 경영 능력이 모자라는 회사도 시장에서 퇴출되지 않고 남아있을 수 있게 된다. 한마디로 보수가 애지중지하는 시장의 역동성이 둔화되는 것이다.

다음으로 가계의 입장에서 감세의 효과를 살펴보자. 소득세 감면의 직접적 효과는 가계의 가처분소득액을 높인다. 법인세 감면 또한 일자리를 늘리기 때문에 일자리가 필요한 가계에 도움이 된다. 그러나 토지세 감면은 다르다. 이것은 고액의 부동산을 소유한 가계일수록 유리하고 그렇지 않을수록 불리하게 작용한다. 토지세 감면은 투기 분위기를 낳아 지가폭등을 초래하기 쉽다. 이렇게 되면 무주택 소유자들의 주거비 부담은 급증한다. 다시 말해서 무주택 소유자의 경우에는 소득세 감면으로 늘어난 소득이 주거비로 지출될 수 있고, 심지어는 소득세 감면보다 더 많은 돈이 주거비로 들어가게 되어 실질소득은 오히려 더 줄어들 수 있다. 한마디로 감세 전략은 주택을 소유하지 못한 하위계층의 삶을 더 고통스럽게 만들 수 있다는 것이다.

반면에 고소득층, 주로 부동산을 많이 가지고 있는 상위계층에게 감세 전략은 매우 유리하다. 소득세 감면도 그렇거니와 토지세 감면은 소유하고 있는 부동산 가격을 더 높이기 때문에 노력소득과 불로소득을 합친 전체 소득은 크게 늘어난다. 그러나 이들의 소비지출 성향은 하위계층보다 훨씬 낮기 때문에 소비와 투자의 선순환 효과는 크지 않다. 그뿐 아니라, 이들이 가진 돈은 국민경제와 별로 관계없는 명품 구입과 해외 여행, 자녀 유학에 들어가기 때문에 오히려 국민경제를 왜곡시키기까지 한다.

한편 토지세 감면은 가계의 토지 투기를 부추기는 결과를 낳기도 한다. 토지 투기를 통해서 돈 버는 것이 직장 생활을 하는 것보다 훨씬 쉽게 큰돈을 벌 수 있기 때문이다. 직장 생활을 해서 악착같이 벌어도 1년에 1,000만 원을 모으기가 어렵지만, 부동산 투기로 제대로 한방만 터트리면 몇 천, 심지어 몇 억 원도 벌 수 있기 때문이다. 이렇기 때문에 '부동산'이 직장인들 사이의 주된 화제가 되는 것이다.

그리고 감세는 가계의 노후 준비 부담을 가중시킨다. 감세하게 되면 아무래도 정부가 제공하는 노후복지 수준은 낮아지기 때문이다. 이렇게 되면 토지 투기에 대한 가계의 집착은 더 커질 수밖에 없다. 상가 건물 하나 사 놓고 계속 커지는 임대료를 받으며 노년을 보내는 것이 노후를 가장 편안하게 보낼 수 있는 방법이라는 생각이 확산되는 것이다.

마지막으로 정부 입장에서 감세는 사회갈등을 예방하고 저소득층에게 복지를 제공하는 본연의 임무를 감당하기 어렵게 만든다. 왜냐하면 주된 정부 수입원인 세수가 줄어들기 때문이다. 지금까지 감세론자들은 세금을 낮추면 경제 영역이 확장되어 결국에는 세수가 증가할 것이라고 하지만, 그런 일은 한 번도 일어나지 않았다.

게다가 토지세 감세는 정부가 토건에 더 많은 지출을 하도록 유도하여 정부 운영을 더욱 어렵게 만드는 경향이 있다. 대표적인 토건국가인 한국의 SOC에 대한 재정 지출은 선진국의 두 배 정도 되고, 최근에는 세 배 가까이 된다. 왜 그럴까? 이에 대해서 두 가지 원인이 있을 수 있다. 먼저 한국의 토지 가격이 지나치게 높기 때문일 것이다. 도로를 설치하거나 신도시를 건설하려면 개인이 소유한 토지를 보상해 주어야 하는데 땅값이 비싸면 비용이 많이 들 수밖에 없다. 또 한 가지 이유는 도로·공항 등을 건설하거나 대규모 주택단지를 개발하게 되면 해당 토지 소유자는 엄청난 불로소득을 향유할 수 있기 때문이다. 이런 기대가 있기 때문에 토지 소유자들과 토건업자들이 정부가 개발 사업을 필요 이상으로 집행하도록 각종 로비와 압력을 가하는 것이다. 이들은 비록 소수지만, 언론권력과 정치권력에 막대한 영향을 주고 있다는 것은 주지의 사실이다. 요컨대 감세는 정부 수입을 감소시킬 뿐만 아니라 토건 지출을 과다하게 만들어 정부 본연의 역할을 하지 못하도록 한다.*

* 정부 수입이 부족하면 국채를 발행할 수 있으나, 국채는 언젠가 갚아야 할 빚이고, 또 이것은 민간경제활동을 위축시키는 부작용도 낳는다.

② 증세 전략 검토

그러면 이번에는 토지세·법인세·소득세 증세 전략에 대해서 검토해보자. 기업은 법인세 강화에 어떻게 반응할까? 기업은 법인세의 일부는 자신이 담당하고 일부는 상품가격에 전가한다. 그런데 문제는 둘 다 경제를 위축시킨다는 점이다. 법인세를 기업 스스로 감당하면 투자가 줄고, 상품가격에 전가하면 소비가 위축된다. 그리고 법인세 강화는 한계기업을 시장 밖으로 밀어내기도 한다. 물론 징수한 법인세를 저소득층의 복지에 투입하면 법인세 증세가 초래한 부작용을 만회할 수도 있지만, 복지전달 과정에서 어쩔 수 없이 발생하는 비효율과 물가상승이라는 나쁜 결과는 피할 수 없다.

또한 기업에게 사회보장 기여금을 더 부담시키면 어떻게 될까? 그러면 기업은 사람을 고용하기보다 사회보장 기여금을 내지 않아도 되는 기계를 더 많이 도입한다. 다시 말해서 이 방법은 기업으로 하여금 노동절약적 투자를 하도록 유도한다는 것이다.

가계의 입장에서 소득세 증세도 마찬가지다. 소득세를 강화하면 일단 가계의 가처분소득액은 줄어든다. 물론 강화된 소득세로 보육, 교육, 의료, 노후에 대한 복지 수준을 높이면 소득세 더 내는 것보다 더 많은 혜택을 받는 하위계층의 가처분소득액은 더 높아진다고 할 수 있다. 그러나 이것 역시 복지전달 과정에서 발생하는 비효율이라는 대가를 지불하지 않으면 안 된다.

또한 소득세 강화는 기업에게도 큰 부담을 준다. 소득세는 노동자들이 다 부담한다고 생각하지만 실상은 그렇지 않다. 노동자들은 세전(稅前) 소득이 아니라 세후(稅後) 소득을 기초로 해서 고용주와 협상한다. 따라서 소득세의 상당부분은 기업에게 전가될 수밖에 없다. 이런 상황에 직면한 기업은 사회보장 기여금의 경우와 마찬가지로 노동절약적 투자를 하거나 그 부담을 상품가격에 전가시키기 때문에 앞서 다룬 법인세 증세와 동일한 문제가 발생한다.

그러면 토지세 증세는 어떨까? 여기서 기존의 증세 전략이 토지세 증세에 그렇게 큰 비중을 두지 않는다는 것을 지적할 필요가 있다.* 증세 대상 1순위는 소득세이고 2순위는 법인세, 3순위는 토지세다. 요컨대 토지세 증세의 필요성과 중요성에 대한 인식이 대단히 낮고 지나치게 소극적이다. 이렇게 되면 경제가 조금이라도 확장될 것이 예상되고, 거기에다 금리까지 낮으면, 토지 투기 분위기가 금방 조성되어 경제 전체에 부담을 주게 된다.**

마지막으로 증세 전략은 정부에 어떤 영향을 줄까? 이 전략은 시장의 실패, 즉 소득격차 문제, 실업 문제, 주거 문제, 노후 문제, 교육 문제, 의료 문제 등을 정부가 해결해야 한다는 생각에서 나온 재정조달 방법이다. 그러나 이런 방법은 '증세 → 경제 부담 증가 → 복지수요 증가 → 증세 ……'라는 악순환에 빠지기 쉽다. 이는 정부에 큰 부담이 된다.

요약해 보면 증세 전략은 기본적으로 소득이나 자산이 많은 계층에게 더 많은 세금을 거둬서 복지재정에 충당하자는 것이다. 이렇게 하면 소득격차는 완화되고 사회가 더 안정될 수 있다. 하지만, 증

---

* 한국의 증세론자들, 즉 복지국가론자들은 토지세(부동산세)는 이명박 정부가 후퇴시킨 보유세를 회복하는 선에서 멈춰야 한다는 것이 중론이다(홍헌호, "진보진영 증세안 평가 및 대안적 증세방안 모색", 〈복지비용, 누가 내야 하나〉, 민주노동당 복지 토론회 발표문, 2011. 3. 24.). 심지어 혹자들은 북유럽 복지국가들의 부동산 보유세 비중이 우리보다 낮다는 근거를 들어 토지세 강화에 반대하기도 한다.

** 한국보다 GDP의 10%p 이상의 조세부담률을 보이고 있는 북유럽 복지국가들(스웨덴·핀란드·노르웨이)에서 1980년대 말~1990년대 초에 부동산 거품 붕괴로 인한 금융위기가 발생했다는 것은 증세를 토대로 하는 복지국가론자들이 생각해 보아야 할 지점이다.

세가 초래하는 비효율, 즉 고용량과 산출량의 하락은 피하기 어렵고, 결과적으로 정부의 부담은 커지기 쉽다.

조세대체 전략과 예상 효과

조세대체의

원칙 조세대체는 지금의 조세부담률을 유지한 상태에서 토지세를 강화하는 대신 소득세와 법인세를 감면하는 것이다. 그것의 구체적 원칙은 다음과 같다.

첫 번째는 건물이 아니라 '토지'에 세금을 부과한다. 만약에 토지뿐만 아니라 건물에도 세금을 증가시키면 건물을 짓는 생산 활동이 위축되기 때문이다. 개인이 노력해서 만든 건물에 세금을 부과하는 것은 비효율적이고 정의롭지 않다. 건물이 튼튼하거나 고급일수록 세액이 많아지기 때문에 결국 건물세는 건물의 신축·개조 활동을 억제하는 나쁜 영향을 초래한다. 이런 이유로 노벨 경제학상 수상자인 윌리엄 비크리(William Vickrey)는 "부동산 보유세는 '최선'의 세금 중 하나인 토지보유세와 '최악'의 세금 중 하나인 건물보유세가 결합된 세금"이라고 한 것이다.[7] 혹자는 건물과 토지를 분리해서 평가하기가 어렵다고 하는데, 그것은 간단하다. 건물 전체 가격에서 건물의 잔존가치만 빼는 비용차감법을 사용하면 된다.

두 번째, 거래가 아니라 보유에 세금을 부과한다. 거래세는 거래를 위축시키는 반시장적인 세금이고 보유세는 거래를 촉진시키는 시장 친화적인 세금이다. 거래세를 낮추고 보유세를 높이면 토지를 효율적으로 이용할 주체가 소유하기 더욱 쉬워진다.

세 번째, 토지보유세 강화 대신에 다른 세금을 감면한다. 정의롭고 효율적인 토지보유세를 강화하면서 비효율을 초래할 수밖에 없는 소득세와 법인세는 감면한다.

이 원칙들을 종합하면 토지세를 강화하는 대신 건물세를 인하하고, 보유세를 강화하는 대신 거래세를 인하하고, 기업이 소유한 업무용/비업무용 토지에 세금을 강화하는 대신 법인세를 깎아 주고, 가계가 소유한 주택이나 상가 토지에 세금을 강화하는 대신 소득세를 깎아 주는 것으로 정리할 수 있다. 아래에서는 토지세 증세와 법인세·소득세 감세를 나누어서 살펴보도록 하자.

토지세

증세 전략　토지세를 강화하기 위해서는 먼저 과표를 지가(land price)가 아니라 지대(land rent)로 바꿀 필요가 있다. 인간이 만든 재화의 가격은 '과거'에 투입한 비용을 중심으로 가격이 형성된다. 그렇기 때문에 투기가 일어나지 않고 시간이 지날수록 가격은 하락한다. 반면에 지가는 '미래'에 발생할 지대를 모두 더한 값이기 때문에(지가 = 2011년의 지대 + 2012년의 지대 + 2013년의 지대 +……. 이 공식을 보면 매년 발생하는 지대에 대한 환수비율을 높이면 지가는 경향적으로 하락하게 되고, 지대를 모두 환수하면 이론적으로 지가는 '0'이 된다.) 요컨대 지가는 매우 불안정한 개념이다. 가령 어떤 지역의 개발계획이 발표되면 지대엔 변동이 없는데도 지가가 폭등하는 것을 우리는 종종 경험한다. 또 그린벨트 지역은 어떤가? 실제 지대는 형편없이 낮은데도 땅값은 개발에 대한 기대 때문에 엄청 올라 있다. 농지도 마찬가지다. 농지의 현실 지대는 상당히 낮지만, 지가는 용도 변경에 대한 기대 때문에 엄청 비싸다. 이렇게 지대와 지가 사이에는 엄청난 괴리가 있다. 따라서 거품이 잔

뜩 낀 지가를 과세표준으로 삼게 되면, 그 땅을 이용해도 수입이 별로 없는데 토지세를 많이 내야 하는 불공평이 발생한다. 따라서 당해 연도의 토지 가치를 나타내는 지대를 과세표준으로 하는 것이 합리적이고 안정적이다.

두 번째, 토지세를 국세인 '국토보유세'와 지방세인 재산세로 재편한다. 현행 보유세는 지방세인 재산세와 국세인 종합부동산세로 되어 있으나, 종합부동산세는 현재 있으나 마나한 세금이 되었다고 해도 과언이 아니다. 2008년에 헌법재판소가 세대별 합산에 대한 위헌 판결을 내린 후 주택분 종합부동산세 대상자는 31만 명(2008년)에서 절반인 16만 명(2009년)으로 줄었고, 세수입도 2조 1,000억 원(2008년)에서 1조 2,000억 원(2009년)으로 줄었다.[8] 보유세를 국세로 징수한다는 정신을 살리고, 또 토지에 집중한다는 의미에서 종합부동산세라는 이름을 버리고 국토보유세를 신설하는 것이 명실상부(名實相符)하다고 생각한다. 국토보유세는 주택분 토지와 나대지를 합쳐서 계산하고, 사업용/비사업용을 구분하지 않고 일정한 토지 가치 이상의 토지에 보유세를 부담시키는 것을 골자로 한다.

세 번째, 토지세를 앞으로 10년 동안 지대의 50%를 징수하는 것을 목표로 한다. 2009년 현재 한국의 토지 가격은 3,464조 원이고, 재산을 소득으로 환산하는 비율로 현재 보건복지부에서 정하는 수준인 5%를 적용하면 2009년 임대가치(지대) 총액은 173조 원이 된다. 지대의 50%를 징수한다면 86조 원을 징수할 수 있게 된다. 그런데 2009년 현재 부가세(surtax)까지 합친 부동산보유세는 9조 6,773억 원이고 여기서 순수 토지세를 추산(부동산보유세액 × 0.8)하면 7조 7,386억 원이 된다. 즉 2009년 현재는 지대의 4% 정도만 징수하고 있다. 이것을 매년 4.6% 씩 높여서 앞으로 10년 동안 토지보유세(국토보유세 + 재산세) 실효세율을 지대의 50%로 강화하는 것을 추진한다.

넷째, 10년 이후에는 이자 공제형 보유세를 부과하여 지가를 고정시킨다. 지대의 50%를 부과하면 지가는 50% 하락한다. 그런데 거기에서 멈추게 되면 토지 투기는 언제든지 재발할 수 있다. 미국이 한국보다 보유세 실효세율이 여섯 배 정도 높지만 서브프라임모기지 사태와 같은 투기를 겪은 것을 보면 알 수 있다.

땅값은 항상 올라간다는 것을 당연하게 생각하는 우리에게 지가가 고정된다는 것은 선뜻 이해하기 어려워서 좀 더 자세히 설명해 본다. 이자 공제형 보유세가 지가를 고정시키는 원리는 다음과 같다. 예컨대 땅값이 2억 원인 토지에서 지대의 50%를 환수하면 지가는 1억 원이 된다. 그런데 아래 〈그림 4-1〉에서처럼 앞으로는 지가 1억 원의 이자에 해당하는 부분인 500만 원(이자율 5%로 가정)만 개인이 소유하도록 하고 나머지는 모두 정부가 환수한다면 앞으로 그 토지에서는

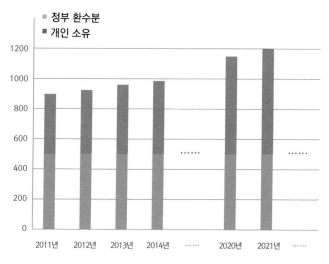

그림4-1 **이자 공제형 보유세가 지가를 고정시키는 원리**

매년 500만 원만 생기므로 지가는 1억 원으로 고정된다.*

이렇게 지가가 고정되면 토지 투기는 근절되므로 양도소득세, 개발이익 환수제와 같은 불로소득 환수장치가 불필요해진다. 지가가 고정되면 양도소득세의 존재 의의가 상실되고, 농지를 산업단지로 바꾸거나 재개발·재건축 과정에서의 용도 변경으로 땅값이 상승했을 때 필요한 개발이익 환수제 역시 불필요해진다. 그리고 토지 가치는 계속 증가하므로, 즉 정부가 환수할 수 있는 금액은 계속 커지므로 경제에 부담을 주는 다른 세금을 더 많이 감면해줄 수 있는 여유가 생긴다.

소득세·법인세

감세 전략 조세대체 전략의 한 축인 감세는, 소득이 많을수록 더 많은 세금을 부담해야 한다는 '수직적 형평성'을 유지하면서 추진해야 한다. 한국의 법인세의 경우 수직적 형평성은 크게 훼손되고 있는 것이 현실이다. 위평량·채이배가 수행한 기업규모간 실효 법인세율 분석[10]에 따르면, 대기업과 중소기업의 실효 법인세율의 격차는 거의 없는 것으로 나타났고 오히려 2004년부터는 중소기업의 실효 법인세율이 대기업보다 높게 나타나는 것으로 분석되었다. 기업에 제공하는 각종 세금감면 혜택을 대기업이 독식하고 있기 때문이다. 따라서 법인세 감면의 원칙은 다음과 같다.

첫째, 오늘날 대기업 등에게 일방적으로 혜택이 돌아가는 세금 감면 정책은 전면 재조정한다. 둘째, 수직적 형평성을 제고하는 차원

---

* 예컨대 매년 500만 원의 고정수익이 생기는 기계가 있다고 하고, 은행 이자율은 5%라고 가정하자. 그러면 이 기계의 가격은 얼마나 될까? 그것은 고정수익을 이자율로 나눈 결과에 의해 결정된다. 즉 500만 원 ÷ 0.05 = 1억 원이 되는 것이다.

에서 현재 2억 원을 기준으로 두 개 구간으로 되어 있는 법인세 구조를 2억 원 위에 새로운 구간을 신설한다. 셋째, 전체 세율은 낮춘다.

소득세 역시도 조세의 수직적 형평성을 제고하는 동시에 감세가 추진되어야 한다. 이를 위해서는 현재 8,800만 원 이상으로 되어 있는 최고세율 구간 위에 새로운 구간을 신설하여 소득이 많을수록 더 많은 세금을 부담하도록 해야 한다. 그리고 이와 동시에 세율은 전반적으로 낮춘다.

조세대체의

예상 효과   조세대체가 각 경제주체에게 어떤 영향을 주는지 검토해 보자. 앞서 다뤘듯이 기업의 입장에서 보면 법인세 감세는 더 많은 투자를 유도하고, 이것은 일자리 증가로 이어진다. 법인이 부담하는 사회보장 기여금을 낮춰 주는 것 역시 기업의 고용 친화적 투자를 유도한다. 그런데 여기서 중요한 것은 토지세 증세로 법인이 생산적 투자에 집중하도록 유도한다는 것이다. 다시 말해 토지세 증세는 법인이 불필요하게 소유하고 있는 토지를 처분하도록 유도하거나 토지를 좀 더 효율적으로 이용하도록 만든다. 즉 단위 토지를 더욱 밀도 있게 사용하도록 유도한다는 것이다. 조세대체는 같은 토지 위에서 증세 전략이나 감세 전략보다 더 많은 일자리를 만든다는 것을 뜻한다. 또한 토지 불로소득을 얻을 기회가 점차 차단되기 때문에 기업은 기술개발에 집중하게 된다. 이것은 기업의 공급능력 향상에 크게 도움이 될 것이다.

한편 토지세 증세는 토지 가격의 지속적 하락으로 신규 기업의 시장 진입을 더욱 용이하게 만들고, 새로운 산업 영역을 개척하는 데도 크게 도움이 되며, 기술력이 안 되는 기업을 시장에서 퇴출시켜서 시장의 역동성을 더욱 강화하는 역할을 한다.

두 번째로 조세대체를 가계의 입장에서 생각해 보자. 가계의 입장에서 소득세 감면은 가처분소득액을 높여 준다. 이것은 소비와 투자의 선순환 고리를 더욱 튼튼하게 만드는 역할을 한다. 한편 여기서 주목해야 할 것은 조세대체를 하게 되면 주로 1주택 소유자나 무주택자들을 일컫는 하위계층의 소득 수준은 더욱 향상되는 반면에 부동산을 과다하게 보유하고 있거나 주택 과소비를 하는 상위계층의 소득 수준은 정체되거나 낮아질 가능성이 높다는 점이다. 1주택 소유자들은 토지세가 늘어나지만 그만큼 소득세는 줄어든다. 무주택자들의 경우에는 주택 가격의 하향 안정화로 주거비가 낮아지는 동시에 소득세 부담도 줄어들기 때문에 실질소득은 더욱 늘어나게 된다. 반면에 부동산 부자들의 부담은 더욱 커져 소득 수준이 하락할 가능성이 높다. 이들은 감면받는 소득세보다 토지세를 훨씬 더 많이 내는 것은 물론이거니와 부동산 가격 하락으로 누릴 수 있는 토지 불로소득의 규모도 줄어들기 때문이다.* 이렇게 하위계층의 삶은 좋아지고 상위계층의 소득은 줄어드는 상태에서 소비 증가는 국가경제의 기초를 튼튼히 하는 데 크게 도움이 될 것이다.

마지막으로 조세대체를 정부의 입장에서 생각해 보자. 먼저 조

---

* 이와 관련해서 박성욱(2007a; 2007b)의 연구는 눈여겨볼 필요가 있다. 이 연구들은 소비자를 순자산기준을 중심으로 자산(부동산)을 소유하지 않은 하위계층과 소유한 상위계층으로 나눈 상태에서 근로소득, 사업소득 및 토지보유에 대한 세금을 늘렸을 때 각 집단의 소비자후생이 어떻게 변화하는지를 모형을 만들어 분석했고, 그것을 통해서 근로소득 및 자본소득에 대한 증세는 두 소비자집단의 후생수준을 모두 감소시키지만 토지보유에 대한 증세는 상위집단의 후생수준은 낮추는 반면 하위집단의 후생수준은 높이는 효과가 있다는 결론을 내리고 있다.(박성욱, "부동산에 대한 과세의 거시경제적 효과", 『금융 경제 연구』, 제 285호, 한국은행, 2007; 박성욱, "조세종류별 후생효과 분석", 『금융 경제 연구』, 제301호, 한국은행, 2007)

세대체는 실업 문제, 주택 문제, 소득불평등 문제 등을 상당부분 해소할 가능성이 높아져 정부의 부담은 크게 줄어들 것이다. 또한 토지 불로소득 때문에 발생했던 재정낭비도 줄일 수 있고, 꼭 필요한 도로, 공항, 항만과 같은 인프라 건설에 드는 비용도 낮출 수 있다. 이것은 복지재정을 조달하기가 훨씬 수월하다는 뜻이기도 하다.

조세대체는 무엇보다 토지 투기 문제를 깔끔히 해결한다. 토지 투기는 고용량과 산출량을 늘리는 생산적 투자에 방해가 되고, 신규 기업의 시장진입을 어렵게 만들 뿐만 아니라 기술력이 떨어지는 기업의 시장퇴출도 어렵게 한다. 그리고 노동자의 주거비를 높여서 소비를 위축시킨다. 그렇다면 토지세 증세가 가져오는 경제 확장·실업 문제 해소·빈부격차 완화는 거대한 복지수요를 크게 줄인다고 할 수 있다.

인간은 토지 위에서 산다!

아담 스미스는 토지를 둘러싼 이해관계의 대립을 경제학의 중심 주제로 다룬 첫 번째 학자이다. 이 흐름은 데이비드 리카도, 존 스튜어트 밀, 그리고 헨리 조지에게로 이어졌다. 이들은 토지가 다른 생산수단과 구별되는 것임을 명확히 인식했고, 정도의 차이는 있지만 토지를 통해서 돈을 버는 것은 명백한 불로소득이므로, 경제에 전혀 부담을 주지 않는 토지세를 강화해야 한다고 주장했다.

그런데 이런 상식적인 흐름은 마르크스주의와 신고전주의, 그리고 케인즈주의 하에서 끊어졌다. 이 학파들은 토지를 자본의 하나로 보거나, 토지의 중요성이 산업사회로 오면서 크게 줄어들었다고 간주한다. 토지 문제로 고통을 겪고 있는 상식 있는 일반인들의 시각으로 보면 참으로 어처구니없는 일이 아닐 수 없다.

인간은 토지 위에서 살아간다. 생산 활동을 하든, 쉬든, 운동을 하든 토지를 사용해야 한다. 그런데 토지는 재생산이 불가능하고, 더구나 토지 가치는 사회 전체의 노력에 의해서 만들어졌기 때문에 이것을 세금으로 환수하는 것은 언제나 정당하다. 그리고 그렇게 해야 토지를 좀 더 효율적으로 사용하게 되어 생산량과 고용량이 늘어나고, 토지 때문에 발생하는 빈부격차를 제거할 수 있다. 거기에다가 경제에 부담을 주는 다른 세금까지 감면하면 경제는 더욱 확대되어 국가의 복지 부담은 크게 줄어든다.

요컨대, 현대 사회가 안고 있는 수많은 문제를 제대로 파악하기 위해서는 인간이 토지 위에서 생활한다는 단순한 사실, 토지는 일반 물자와 구별된다는 사실, 토지 불로소득을 많이 환수할수록 경제는 더욱 확장된다는 사실을 상기하기만 하면 된다. 그런데 오늘날 진보와 보수 모두 이것을 놓치고 있다.

앞서 다뤘듯이 기존의 감세 전략은 토지 투기를 부채질하는 토지세까지 감세 목록에 포함시켜서 시장 참가자로 하여금 토지 투기에 관심을 갖도록 만들고, 금융기관의 자금들도 생산적 투자가 아니라 토지 투기로 흘러가도록 부채질한다. 한편 증세 전략은 서구 복지국가도 토지세를 많이 거두지 않았다는 것을 근거로 삼아 들어 토지세 강화에 소극적이고 소득세와 법인세 강화에 적극적이다. 이렇게 하면 물가가 상승하고 경제가 축소되어 정부의 부담이 늘어나는 문제를 피하기 어려워진다.

결론적으로 증세와 감세의 한계를 극복할 수 있고 조세원칙에 부합하는 조세대체 전략으로 가야 한다. 이렇게 하면 부동산 부자들과 토지를 엄청나게 소유하고 있는 재벌들,* 이윤추구보다 토지 불로소득 추구에서 재미를 봤던 기업들의 부담은 커지면서 그들이 누렸던 토지 불로소득의 규모는 크게 줄어든다. 반면에 토지에 짓눌렸던 하위계층, 즉 1주택 소유자들, 무주택자들, 실업자들의 삶은 주택 가격이 하향 안정화되고 신규 기업의 진출기회가 늘어나며 일자리가 증가하기 때문에 크게 좋아질 것이다.

* 경실련("15대 재벌의 총자산, 토지 자산, 사내유보금, 설비투자 추이 분석결과 발표", 보도자료, 2011. 3. 24.)에 따르면 2010년 자산총액 기준 15위 내에 속해 있는 재벌그룹의 토지자산은 83.7조 원에 달하는 것으로 조사되었다.

제 5 장

토지와 분배 문제

경제는 성장하고 있지만,
분배 상태는 악화되고 있다

우리나라를 비롯한 대부분의 나라들은 최근 몇 십년간 꾸준히 경제
성장을 이루었다. 〈그림 5-1〉은 우리나라를 비롯한 미국과 영국의
1990년에서 2009년까지의 1인당 총소득의 변화를 보여 준다. 우리
나라는 1990년 1인당 총소득이 6,000달러 정도였지만, 2009년에는 1
만 7,000달러에 이르고 있다. 약 20년 사이에 1만 달러, 우리나라 돈
으로 환산하면 약 1,100만 원이 증가하였다. 4인 가구를 기준으로 생
각해 본다면, 가구당 연간 소득이 1990년에는 약 2,640만 원, 2009년
에는 7,480만 원 정도가 된다. 미국과 영국의 경우에는 우리나라보다
더 많이 증가하였다. 미국은 1990년 2만 2,000달러에서 2009년 4만
5,000달러, 영국은 1990년 1만 7,000달러에서 2009년 3만 6,000달러
로 각각 미국은 2만 3,000달러, 영국은 1만 9,000달러가 증가하였다.

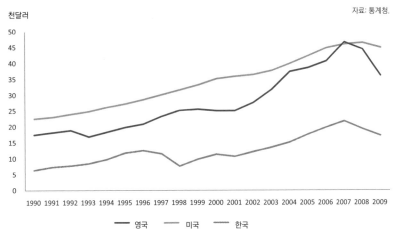

자료: 통계청.

천달러

50
45
40
35
30
25
20
15
10
5
0

1990 1991 1992 1993 1994 1995 1996 1997 1998 1999 2000 2001 2002 2003 2004 2005 2006 2007 2008 2009

── 영국   ── 미국   ── 한국

그림 5-1 **우리나라 · 미국 · 영국의 1인당 총소득(1990~2009)**

그렇다면 경제성장의 과실은 기여한 정도에 따라 모든 국민들에게 골고루 분배되고 있을까? 최근 미국 보스턴컨설팅그룹(BCG)의 '전세계 부 보고서'에 따르면 지난 2010년 전 세계 가구의 1%에도 미치지 못하는 가구가 지구촌 부의 39%를 차지하고 있는 것으로 나타났다.[1] 그런데 이 수치는 지난 2009년 조사 때보다 2%포인트 증가한 것으로서 분배의 불평등도가 악화되었음을 말해 준다.

전 세계적으로, 국가적으로 경제 발전이 이루어졌음에도 불구하고 위의 보고서처럼 분배의 상태는 오히려 악화되고 있는 것이다. 우리나라도 그럴까? 만약 그렇다면 경제가 성장함에도 분배 상태가 나빠지는 원인은 무엇일까? 그 원인은 정의로운 것인가? 정의롭지 않다면 그러한 원인을 제거할 수 있는 정책은 있는가? 이 모든 물음에 대한 답을 하나씩 하나씩 찾아보기로 하자.

분배 평가를 위해 필요한
몇 가지 기본 지식

분배 상태를 평가하기 위해 알아야 할 몇 가지 기본 지식이 있다. 이를 간단히 살펴보기로 한다. 분배의 불평등도를 측정하는 방법은 다양하다. 여기서는 일반적으로 많이 이용되는 로렌츠곡선(Lorenz curve)과 지니계수(Gini coefficient)에 대해 알아보기로 한다.* 신문과 방송에서 로렌츠곡선과 지니계수라는 말을 한번쯤은 접해 보았을 것이다.

로렌츠곡선은 소득의 크기에 따라 사람들을 정렬한 뒤, 소득이 낮은 사람부터 수평축에서는 인구를 누적하고, 수직축에서는 소득을 누적함으로써 그린 곡선을 말한다. 〈그림 5-2〉는 이러한 로렌츠곡선을 보여 주고 있다. 그림에서 횡단 축은 소득이 낮은 사람에서 가장 소득이 높은 사람까지 정렬한 인구의 누적분포를 나타내고, 종단 축은 인구의 일정 비율이 소유한 소득의 누적분포를 의미한다. 따라서 로렌츠곡선이 대각선에 가까울수록 평등한 상태이고 떨어질수록 불평등한 상태이다. 대각선은 모든 사람의 소득이 동일한 완전 평등 상태를 나타낸다. 그래서 이 대각선을 동일소득선(line of identical income)이라고 한다. 그리고 한 사람이 가진 소득이 전체소득인 경우는 직각선이 된다. 이 선을 완전불평등선이라고 한다. 현실에서는 양 사이의 곡선 형태를 가지게 될 것이다.

로렌츠곡선은 그림으로 보이기 때문에 분배 상태를 비교하기에

---

* 불평등 지표뿐만 아니라 분배와 관련된 이론 및 실증적 논의에 대해 좀 더 자세히 알고자 하시는 분에게는 이정우,『불평등의 경제학』, 후마니타스, 2010과 이준구,『소득 분배의 이론과 현실』, 다산출판사, 1992을 추천해 드린다. 다만 뒤의 책이 앞의 책보다 좀 더 전문적인 내용을 담고 있어, 입문서로는 전자를 먼저 권해드린다.

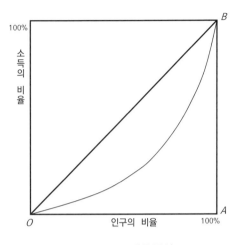

100%

소득의 비율

인구의 비율   100%

그림 5-2 **로렌츠곡선**

편리하다. 국가 간이나 측정 시점이 다른 자료 간에도 분배 상태를 시각적으로 쉽게 비교 평가할 수 있다는 유용성이 있다. 그러나 비교의 기준이 되는 로렌츠곡선이 서로 교차할 경우에 어떤 분배 상태가 더 평등하고 불평등한지 평가하기가 쉽지 않다는 단점이 있다.

지니계수는 이탈리아 통계학자인 지니가 개발하였다. 지니계수를 표현하는 형식에는 여러 가지가 있지만, 로렌츠곡선에 의해서도 쉽게 계산될 수 있는 방법을 간략히 알아보기로 하자. 〈그림 5-2〉에서 대각선과 로렌츠곡선 사이 초승달 모양의 면적을 대각선 아래의 전체 면적, 즉 삼각형의 면적으로 나눈 비율이 그 방법이다. 이와 같은 지니계수(G)의 형식을 식으로 표현하면 아래와 같다.

$$G = \frac{\text{◖}}{\text{◺}}$$

이러한 식에 의하면 완전 평등한 분배 상태의 경우에는 값이 0이 되고, 완전 불평등한 분배 상태에서는 값이 1이 된다. 따라서 지니계수의 범위는 0에서 1사이의 값을 취하게 된다.

소득과 자산으로 보는 불평등의 모습

소득의 불평등

흔히들 "분배가 불평등하다", "양극화가 심각하다"라고 말할 때 그 분배의 대상은 대부분 소득을 일컫는다. 그러나 물질적 분배가 어떻게 이루어지고 있는지 평가할 때는 소득뿐만 아니라 소비, 부(자산) 등 다양한 변수가 그 대상이 될 수 있다. 그러면 왜 대부분의 분배 평가에서는 소득이 그 대상이 될까?

일반적으로 소득에 비해 소비나 부 등의 자료를 구하기가 쉽지 않기 때문이다. 부(자산)나 소비관련 자료를 이용하기 어려운 이유는 주로 부와 소비를 소득에 비해 측정하기가 어렵기 때문이다. 그러나 부와 같은 경우는 과세자료만으로도 실제 분배에 근접한 값을 추정해볼 수 있지만, 무슨 까닭인지는 몰라도 그러한 정보가 잘 공개되고 있지는 않다. 현실적인 여러 장벽들이 있지만, 희망적인 사실은 최근 여러 패널조사 등이 구축되면서 부에 대한 연구 환경이 점차 좋아지고 있다는 것이다.

먼저 많은 연구가 이루어진 소득 분배의 불평등에 대해 알아보기로 하자.

〈그림 5-3〉은 우리나라 소득에 대한 지니계수의 변화 추이를 보여주고 있다. 각기 다른 세 가지 소득 유형의 그래프가 그려져 있다.

자료: 통계청, 「가계조사」.

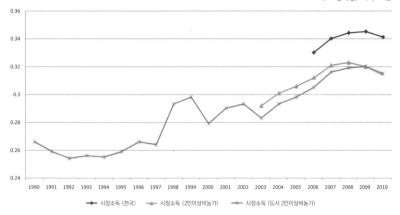

그림5-3 **우리나라 소득 분배의 지니계수 변화 추이**

모두 불평등이 악화되고 있는 모습을 나타낸다. 1990년에서 2010년
까지의 시장소득(도시/2인 이상 비농가) 지니계수는 일부 기간 급격히
상승 및 하락하는 국면도 있으나 전반적으로 계속 상승하는 모습이
다. 즉 시장소득의 불평등은 계속 나빠지고 있다는 의미이다. 특히
경제위기를 겪었던 1997년과 1998년 사이에 급격히 악화되었다. 도
시 이외의 지역을 포괄한 시장소득(2인 이상 비농가)의 지니계수는 도
시 지역만을 조사한 지니계수보다 조금 더 불평등하다는 것을 알 수
있다. 전국을 대상으로 조사한 시장소득(전국)은 앞선 두 시장소득보
다 지니계수가 약 0.02포인트 정도 높은 0.330(2006년), 0.345(2009년),
0.341(2010년)로 소득 분배가 매우 불평등하다는 걸 말해 준다.

　일반적으로 조사기관 및 조사방법에 따라 분배의 불평등도가 조
금씩 차이가 난다. 세 시장소득도 조사 대상 지역이 전국이냐 아니면
도시 지역만인가, 가구 단위도 2인 이상 가구인가 아니면 모든 가구
인가에 따라 조금씩 차이를 보인다. 세 시장소득에서 실제 우리나라

소득 분배에 가장 가깝게 추정된 조사는 당연히 전국적으로 모든 가구를 대상으로 한 시장소득 조사이다. 따라서 도시 지역 및 2인 이상 가구만을 대상으로 한 조사는 그 동안 현실의 소득 불평등을 과소평가했다고 할 수 있다.

우리나라 시장소득 분배의 지니계수는 2010년 현재 0.314~0.341이다. 이 값은 상대적으로 보면 지난 시기에 비해 불평등이 악화되었다고 할 수 있다. 그렇지만 한 시기, 예를 들어 2010년 그 자체의 값이 어느 정도 불평등한 상태인지 말할 수 있으려면 다른 국가와의 비교가 필요하다.

〈그림 5-4〉는 OECD 국가의 소득 분배 지니계수를 보여 준다. 지니계수의 범위는 상대적으로 평등한 분배인 0.232에서 가장 불평등한 분배인 0.474까지를 나타낸다. OECD 국가의 소득 분배 지니계수의 평균은 0.311인데 비해, 우리나라는 평균보다 0.001이 높은 0.312이다. 우리나라의 소득 분배 불평등의 수준은 OECD 국가들 가운데 중간 정도라고 볼 수 있다. 우리나라보다 소득 분배가 불평등한 나라들로는 가장 불평등이 심한 멕시코(0.474)를 비롯해 미국, 영국, 일본 등이 있다. 우리나라보다 소득 분배가 평등한 나라들로는 지니계수가 가장 낮은 덴마크와 스웨덴, 핀란드 등이 있다.

외국과의 비교에서 우리나라보다 분배 상태가 평등한 국가들은 복지제도가 잘 갖추어져 있는 서유럽 및 북유럽 국가들임을 알 수 있다. 우리보다 불평등한 국가들은 우리와 마찬가지로 복지제도가 미약하고, 자유주의적 시장경제를 채택하는 국가들이 다수를 차지하고 있다.

우리나라 소득의 지니계수 추이를 통해 소득 분배가 계속 악화되고 있다는 것을 알았다. 특히 1997년 경제위기 당시 급격히 악화되

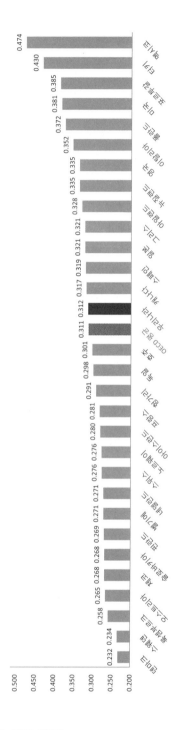

주: 소득 조사연도는 2000~2006년 사이임, 우리나라는 2006년. / 자료: OECD(2008).

그림 5-4 OECD 국가 소득 분배의 지니계수

국가	지니계수
멕시코	0.474
터키	0.430
포르투갈	0.385
미국	0.381
폴란드	0.372
이탈리아	0.352
영국	0.335
아일랜드	0.335
뉴질랜드	0.328
그리스	0.321
일본	0.321
스페인	0.319
캐나다	0.317
한국	0.312
OECD 평균	0.311
독일	0.298
호주	0.301
헝가리	0.291
프랑스	0.281
아이슬란드	0.280
스위스	0.276
벨기에	0.276
핀란드	0.271
노르웨이	0.269
체코	0.268
슬로바키아	0.268
스웨덴	0.258
룩셈부르크	0.234
오스트리아	0.232

었다. 전국 단위로 모든 가구를 대상을 한 소득 조사에서 지니계수는 2010년 현재 0.341로 소득 분배가 불평등하다는 것을 보여 주었다. 외국과의 비교를 통해서도 현재 우리나라의 소득 분배가 OECD 국가들의 평균보다 불평등한 상태라는 것을 확인하였다.

한 개인이나 가구의 경제력을 나타내는 지표로는 소득에 비해 자산이 오히려 더 나은 점이 있다. 자산은 소득의 축적이기 때문이다. 소득의 격차는 자산의 격차로 이어진다. 소득 분배의 불평등이 작아도 그러한 소득 축적이 이루어질 경우 자산의 불평등은 더욱 커질 수밖에 없다. 그래서 분배 상태를 평가하기 위한 지표로 소득보다 부가 더 나은 측면이 있다.

부(자산)의

불평등　우리나라의 부의 분배는 어떠한가? 패널조사를 통해 분석된 부의 지니계수는 대부분 0.6~0.8 사이 값을 가진다. 총자산에서 부채를 뺀 순자산 기준으로 이정우·이성림[2]의 연구에서는 지니계수가

주: 순자산 기준.

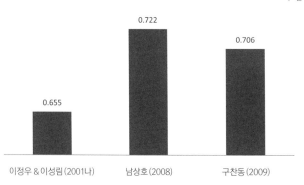

그림5-5 **우리나라 부의 분배**

0.655(1998년 기준)이고, 남상호[3]의 연구에서는 0.722(2006년 기준), 구찬동[4]의 연구에서는 0.706(2006년 기준)을 나타낸다. 이정우·이성림[5]의 연구가 후자 연구에 비해 연도 차이가 있음을 감안하면 최근의 부의 분배 지니계수는 0.6 후반대에서 0.7 초반대 사이라고 할 수 있겠다. 소득에 비해 상당히 불평등하게 분배되어 있다는 것을 알 수 있다.

부의 분배는 소득에 비해 자료가 많지 않고, 변수의 정의와 대상에 따라 상당한 차이를 보이기 마련이다. 또한 설문조사의 특성상 응답을 회피하거나 제대로 응답하지 않는 경우가 많기 때문에 신뢰성 측면에서도 아직 많은 의문이 제기되기도 한다. 그래서 표본 크기 등 조사상의 여러 장점 때문에 우리나라 통계청에서 실시한 조사 자료는 상대적으로 신뢰성이 높은 편에 속한다. 그러나 일반인에게 부의 분배가 어떻게 이루어져 있는지에 대해 상세한 정보를 제공하고 있지는 않다. 최근 통계청에서는 가계의 자산을 세부적으로 조사하

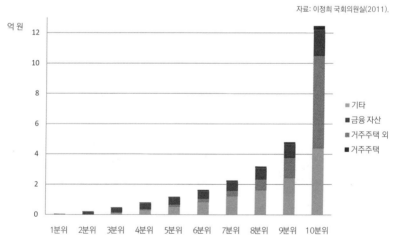

자료: 이정희 국회의원실(2011).

그림 5-6 **우리나라 부(자산)의 10분위**

는 '가계금융조사'를 실시하고, 그 결과를 발표하였다. 소득별 부의 5분위별 분포로 부의 분배를 가늠해 볼 수는 있다. 그러나 5분위별 분포만으로 분배의 편중도를 알아보는 것은 한계가 있을 수밖에 없다. 민주노동당의 이정희 국회의원실에서는 이러한 한계점을 극복하기 위해 10분위별 분포로 재분석하여 발표하였다. 그 결과가 〈그림 5-6〉이다.

우리나라의 부의 10분위별 분포를 보게 되면, 앞선 부의 분배 조사와 마찬가지로 매우 양극화되어 있음을 알 수 있다. 상위 10% 해당 계층의 자산총액은 약 12억 6,000만 원으로 상위 20% 계층의 자산총액보다 약 2.6배 이상 되는 금액이다. 자산의 구성은 부동산이 다수를 차지하고 있다.

다른 나라 부의 불평등은 어떠할까? 〈그림 5-7〉은 주요 국가 부 분배의 지니계수를 보여준다. 대부분 0.6~0.8 사이에 위치하고 있는

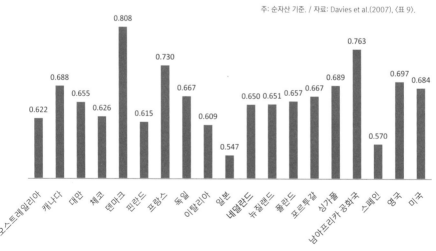

주: 순자산 기준. / 자료: Davies et al.(2007), 〈표 9〉.

그림5-7 **주요 국가의 부(자산) 분배 지니계수**

데, 우리나라의 부의 분배와 비슷한 불평등도를 나타낸다. 일본의 경우 0.547로 가장 낮고, 다음으로 스페인 0.570, 이탈리아 0.609의 순이다. 덴마크가 지니계수가 가장 크고, 남아프리카공화국(0.763), 프랑스(0.730), 영국(0.697)의 순으로 낮아진다.

부의 불평등의 주요 원인은 부동산이다

우리는 앞에서 소득 분배의 불평등보다 부 분배의 불평등이 더욱 심각하다는 것을 확인하였다. 그런데 부의 구성 중 우리나라의 경우 부동산 자산의 비율이 매우 높은 수준이다. 〈그림 5-8〉은 앞선 부의 10분위 자료를 이용해 부의 구성을 백분율로 나타낸 것이다. 그림에서 알 수 있듯이 부 상위계층으로 갈수록 부동산 자산의 비율이 높아지고, 상대적으로 금융 자산의 비율이 낮아지고 있다. 1분위에서 부동

자료: 이정희 국회의원실(2011).

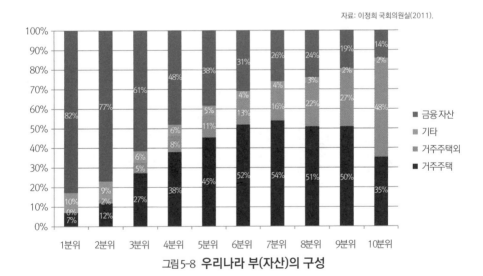

그림 5-8 **우리나라 부(자산)의 구성**

산 자산의 비율은 7%에 불과하지만, 상위 계층으로 갈수록 점점 높아져 5분위에서는 56%로 총자산의 반 이상을 차지하고 있다. 10분위에서는 부동산 자산이 총자산의 83%나 차지한다. 또한 특이한 점은 부동산 자산 내에서 거주주택 외의 자산 비율도 급증하고 있다는 것이다. 1분위의 경우 거주주택 외의 자산은 없는 것으로 나타났다. 5분위까지는 약 10% 미만의 비율을 보인다. 그러나 7분위에서 16%를 넘기면서 거주주택 자산의 비율이 줄어들기 시작한다. 그러다 10분위에서는 거주주택 외의 자산이 거주주택 자산 비율보다 더 커지는 비율 역전 현상이 일어난다.

자산 상위 계층의 자산 구성이 어떻게 이루어져 있는지 엿볼 수 있는 또 하나의 방법은 상속재산을 알아보는 것이다. 〈그림 5-9〉는 2010년 상속재산의 구성을 보여 준다. 토지가 40.8%로 비율이 가장 높고, 건물 27%, 금융 자산 15.6%, 유가증권 10.5%, 기타 6.1% 순이다. 토지와 건물을 합친 부동산 자산이 전체 상속재산의 70%에 이르

자료: 국세청, 『국세통계 2010』.

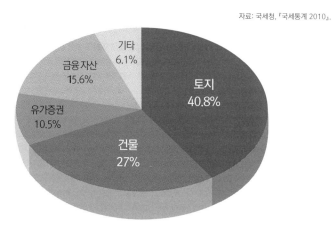

그림5-9 **상속재산 구성**

는 67.8%이다. 상속재산의 구성을 통해서도 부동산 자산의 비율이 매우 높음을 확인할 수 있다.

그렇다면 외국의 부 구성은 우리나라 부의 구성과 차이가 있을까? 〈그림 5-10〉에서 외국 부의 구성을 보게 되면, 국가별로 차이가 난다. 금융 자산 비중이 높은 곳이 있는가 하면, 주택 자산 비중이 높은 국가들도 있다. 미국과 영국, 네덜란드, 남아프리카 공화국, 덴마크, 대만, 캐나다 등은 금융 자산이 총자산의 50% 이상을 차지하고 있다. 반면 스페인, 폴란드, 뉴질랜드, 이탈리아 등은 주택 자산이 50%를 넘고 있다.

일부 선진국을 포함한 대부분의 개발도상국들이 주택 자산의 비중이 높다. 금융 자산에 비해 토지 및 주택 자산의 비중이 높은 까닭

주: 2000년 기준. / 자료: Davies et al.(2007), 〈표 2〉 변형.

그림 5-10 **외국의 부(자산) 구성**

은 주요 산업이 농·임업인 것, 금융제도의 미성숙, 인플레이션의 위험 등으로 설명될 수 있다. 금융 자산의 비중이 높은 국가에는 주요 선진국이 다수 포함되어 있다. 금융시장이 발달된 나라일수록 금융 자산의 중요성이 커진다고 할 수 있는데, 영국과 미국이 이에 해당된다.[6]

우리나라 부의 구성을 살펴본 결과, 우리나라의 부자는 외국과 달리 현금이나 다른 자산에 비해 부동산을 아주 많이 갖고 있다. 그런데 문제는 실제 사용하지 않는 부동산을 많이 갖고 있다는 것이다. 즉 실제 거주하지 않는 주택과 사용하지 않는 토지를 뜻하는 거주주택 외 자산의 비율이 10분위에서는 총자산의 약 50%를 차지하고 있기 때문이다.

왜 우리나라 부자들은 부동산 자산을 더 많이 소유하려고 하는가? 우리나라의 일반 성인이라면 누구에게나 상식적인 문제이다. 사실 '왜 우리나라 사람들은 부동산 자산을 더 많이 소유하려고 하는가'라고 묻는 것이 더 맞을 듯하다. 주기적으로 반복되는 집값 상승으로 인해 부동산은 자신의 부를 부풀리기에 가장 좋은 자산이기 때문이다. 그래서 누구나 돈이 있다면 부동산을 사려고 한다. 이타적인 인간관을 고려하지 않는다면 현 한국 사회에서는 부동산을 가능한 많이 가지고 있는 것이 가장 합리적인 선택이다. 하지만 부동산은 누구나 쉽게 구매할 수 있는 자산이 아니다. 주식, 자동차 등에 비해 토지, 집의 가격은 매우 비싸기 때문이다. 그렇기 때문에 부동산의 양극화는 더욱 심화될 수밖에 없는 악순환에 빠지게 된다.

자산 중 토지만을 떼놓고 본다면 토지 분배의 불평등은 매우 우려할 만한 수준이다. 〈표 5-1〉은 우리나라 토지의 10분위 분포를 보여주고 있는데, 토지 소유 상위 10% 계층이 전체 토지의 76.3%를 차지하고 있다. 9분위까지 합치면, 상위 20% 계층이 토지의 90.3%나 소

표5-1 **우리나라 토지 소유 현황**

10분위	76.3	90.3
9분위	14	
8분위	5.9	
7분위	2.4	
6분위	0.75	1.41
5분위	0.29	
4분위	0.14	
3분위	0.1	
2분위	0.08	
1분위	0.05	

자료: 통계청, 『토지 10분위별 소유세대 현황』.

자료: 국세청, 『국세통계 2010』.

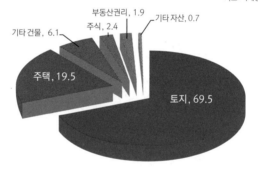

그림5-11 **자산 종류별 양도차익 신고 건수**

유하고 있다. 1분위에서 6분위까지를 다 합치더라도 1.41% 밖에 되지 않는다. 매우 심각한, 극단적인 분배 상태라 아니할 수 없다.

　우리나라에서 부동산을 소유하려는 것에는 거주하려는 목적 이외에 매매 차액을 통해 이득을 얻으려는 또 다른 목적이 있다는 것은 자명한 사실이다. 그렇다면 어느 정도의 이득을 보기에 이렇게 부동산을 소유하려 드는 것일까? 국세청 자료에 따르면 양도차익 신고 건

주: 양도차익률 = 양도차익/양도가액. / 자료: 국세청, 『국세통계 2010』.

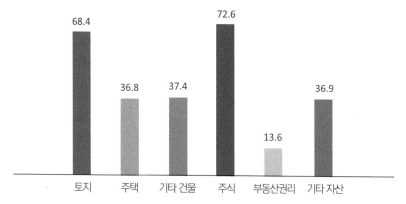

그림5-12 **자산 종류별 양도차익률**

수 가운데 토지의 비율이 69.5%, 주택 19.5%, 기타 건물 6.1% 등으로 부동산 자산이 총 신고 건수의 95.1%를 차지한다(〈그림 5-11〉).

자산 종류별 양도차익률을 보게 되면, 주식이 72.6%로 가장 높고, 다음으로 토지 68.4%, 기타건물 37.4%, 기타 자산 36.8%, 주택이 36.8%이다(〈그림 5-12〉). 주식이 부동산 자산보다 양도차익률이 높지만, 부동산의 양도가액이 주식의 양도가액보다 크기 때문에 양도차익에서는 큰 차이를 보일 것이다.

〈그림 5-13〉은 지역별로 양도차익 및 양도차익률을 보여 준다. 이 그림을 통해 지역별로 양도차익 및 양도차익률의 차이가 크다는 걸 한눈에 확인할 수 있다. 2010년 양도차익률이 가장 높은 지역은 충남 지역으로 62.6%이다. 다음으로 경기가 59.8%, 서울이 51.9%로서 서울을 포함한 수도권 지역의 양도차익률이 높았다. 충남 지역의 경우는 세종시 건설의 영향으로 양도차익률이 가장 높았던 것 같다.

양도차익을 보게 되면 매우 심한 불균형이 있음을 알 수 있다. 서울 지역의 양도차익은 약 180조 원에 육박한다. 전국 양도차익 약

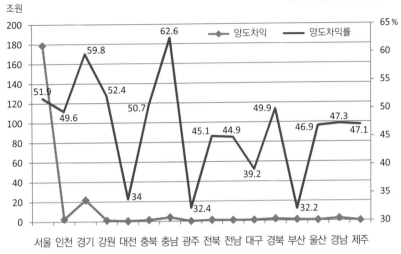

자료: 국세청, 『국세통계 2010』.

그림5-13 **지역별 양도차익 및 양도차익률**

222조 원의 약 81%나 되는 큰 금액이다. 다음으로 경기 지역이 22 조 원으로 전체의 약 10%이다. 즉 수도권에서 전체 양도차익의 91% 를 가져가고 나머지 지역이 양도차익의 9%를 나눠가진다는 것이다.

이것은 같은 부동산 자산을 가지고 있더라도 수도권 지역에 있는 사람들이 상대적으로 큰 매매차익을 얻는다는 것을 말해주고 있다.

부동산의 양도차익률이 높다는 것은 부동산을 살 때보다 팔 때 의 가격차가 다른 자산에 비해 크다는 것을 말한다. 다른 말로 하면 부동산 가격이 다른 자산의 가격에 비해 많이 오른다는 것이다.

〈그림 5-14〉는 1987년에서 2011년까지의 우리나라 지가 변동 률을 분기별로 보여 준다. 전국 평균 지가 변동률이 대부분의 기간에 서 0보다 높다. 총 68분기 중에서 15분기를 제외하고는 0보다 높았 다. 즉 지가는 거의 항상 상승해 왔다는 것을 말한다. 지가가 하락한 경우에도 하락폭이 상승폭에 비해 그리 크지 않다. 물론 외환위기 여

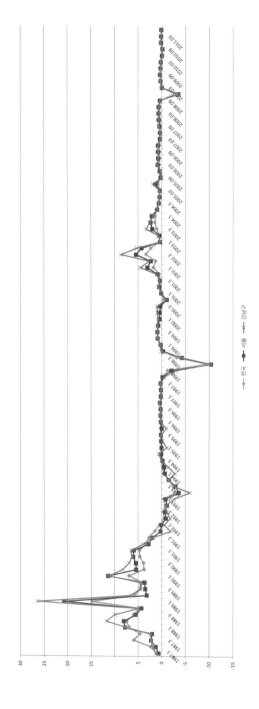

자료: 통계청, 지가변동률.

그림 5-14 우리나라 지가 변동률(1987~2011)

전국 ─── 서울 ─■─ 대구 ─×─

파로 -1.12까지 내려간 적도 있지만, 평균적으로는 상승폭에 비해 낮다. 전국 평균 지가 변동률은 지가 폭등 시기인 1989년도에 최고 14.8까지 올라갔으며, 최근 2002년에도 3.33까지 올라갔다.

이 그림을 통해 알 수 있는 분명한 사실은 땅값이 오를 때 전국 평균에 비해 서울 땅값이 상승하는 폭이 크다는 것이다. 서울 내에서도 강남 땅값이 서울 평균에 비해 더 가파르게 상승한다. 1989년 1분기에는 강남구(26.42) 〉서울(20.71) 〉전국(14.83)으로, 강남구는 서울보다 5.71, 전국보다 11.59 높다. 1990년경과 2002년경에도 마찬가지이다. 물론 하락할 때도 전국, 서울, 강남 순으로 하락폭이 컸지만, 상승할 때만큼 그 폭이 크진 않다. 산이 높으면 골이 깊다고 하지만, 지가 상승률에는 이 말이 적용되지 않는 것 같다.

주택 매매가격 지수 변동률도 마찬가지 사실을 확인할 수 있다.

주: 2008년 12월 = 100 기준 지수. / 자료: 통계청, 유형별 주택 매매가격 지수.

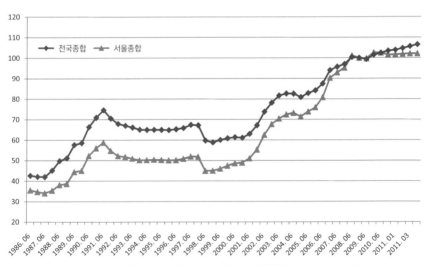

그림5-15 **우리나라 주택 매매가격 지수 변동률(1986~2011)**

몇 번 하락하는 시기도 있지만 주택 가격 지수도 1986년부터 최근까지 지속적으로 상승해 왔다. 1986년 6월의 가격 지수 약 43에서 2011년 3월 현재 약 107까지 64 정도 올랐다. 주택 지수 역시 서울 지역이 전국 평균에 비해 상승률이 높았다. 서울 지역 주택 지수는 1986년 6월 약 36에서 2011년 3월 현재 약 102까지 66 정도 올라 전국에 비해 약 2 정도 높다.

토지 불로소득의 사유화는 정의롭지 못하다

물질적 분배의 불평등을 발생시키는 원인은 다양하다. 먼저 개인의 능력이 있다. 어떤 사람은 남들보다 뛰어난 지적·신체적 능력을 가지고 있어서 더 많은 소득을 벌 수 있을 것이다. 빌 게이츠나 스티브 잡스 같은 사업가나 현재 마라도나의 재림이라 칭송받는 축구선수 메시나 호날두, 우리나라의 박지성 선수 등을 들 수 있을 것이다. 세계 최고 갑부 중의 하나인 빌 게이츠의 재산은 약 62조 원이라고 하는 천문학적인 금액이다. 축구선수 메시의 2010년 연봉은 약 490억 원이라는 어마어마한 금액으로서 일반적인 사람은 평생 모을 수도 없는 큰돈이다. 빌 게이츠의 재산과 메시의 소득은 다른 원인에 의한 결과일 수도 있지만, 상당 부분은 타고난 지적·신체적 능력에 의한 것임을 부인할 수 없을 것이다.

또한 남들보다 더 나은 성취동기와 근면성을 갖고 있다면, 이 역시 그렇지 못한 사람에 비해 더 나은 소득을 얻게 될 것이다. 이러한 대표적인 예로 같은 클럽 내 선수들에 비해 기술적인 부분은 조금 부족할지 몰라도 성실성 측면에서는 칭찬받는 박지성 선수가 있다.

가정환경도 중요한 요인이다. 부유한 가정에 태어난다면 향후 소득을 더 얻을 가능성도 높아진다는 연구도 있다. 특히 우리나라의 재벌가에 태어난다는 것은 장차 젊은 나이에 한 기업의 CEO가 될 수 있다는 것을 보증하는 것이기도 하다. 그 외 정부의 사회복지정책, 조세정책 등도 개인의 소득 및 재산에 영향을 미친다. FTA 등과 같은 국제관계도 중요하다. 또한 지금은 많이 시들해졌지만, 한때 우리나라에서 최고 407억 원이라는 당첨금이 터지기도 했던 로또복권 등과 같은 우연적 요소에 의해 자산이 증가될 수도 있다.

이처럼 분배에 영향을 미치는 원인은 참으로 다양하다. 이러한 여러 가지 원인을 노력, 능력, 운 등 세 요인으로 단순화해 보자.[7] '노력'은 개인의 선택이 분배 결과에 미치는 요인이고, '운'은 개인의 선택과 상관없이 '우연적으로' 분배 결과에 미치는 요인이다. '능력' 요인은 우연적 요소라 할 수 있는 천부적 원인에 의한 경우와 노력에 의

출처: 김윤상(2009: 50).

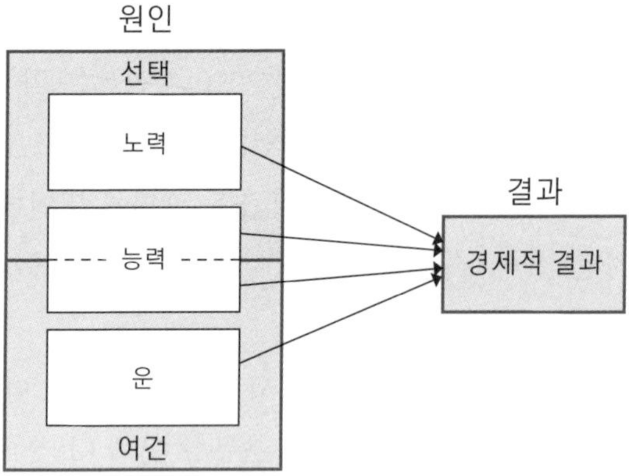

그림 5-16 **분배의 원인과 결과**

해 영향을 받는 후천적 원인이 혼재되어 있다. 결국 분배 결과에 영향을 미치는 요인은 크게 개인의 '선택' 영역과 개인의 선택과는 상관없는 '여건'의 영역으로 구분할 수 있다. 그리고 분배 원인은 사회제도 및 정책에 의해 분배 결과에 미치는 영향력이 달라진다.

개인의 선택과 관계없는 원인이 분배의 결과에 영향을 미치는 것은 정의로운 것인가? 선천적으로 더 뛰어난 능력을 갖고 태어나 그로 인해 더 많은 소득을 버는 것, 부유한 가정에 태어나 남들보다 좋은 기회를 갖는 것이 공정한 것인가? 이러한 물음에 누구나 머리를 끄덕일만한 답을 내놓기가 쉽지만은 않다. 여전히 논쟁적인 철학적 문제이기 때문이다. 누군가는 공정하다고, 다른 누군가는 공정하지 않다고 주장할 수 있다.

그러나 부동산을 소유함으로서 얻는 토지 불로소득을 사유화하는 것은 정의롭지 못하다. 토지 불로소득이란 자신의 생산적 노력과는 무관하게 단지 토지 소유자라는 자격만으로 이익을 얻는 경우, 그러한 이익을 말한다. 경제학적으로 완전경쟁시장이 아닌 현실의 사유재산제도에서는 필연적으로 토지 불로소득이 발생하게 된다.* 앞서 살펴본 부동산 가격 상승에 의한 매매차익은 사실상 모두 불로소득이다. 현대 사회에서 토지 소유자의 노력으로 땅값이 상승하는 경우는 거의 없다. 사회가 발전할수록 토지 수요는 증가하지만, 토지는 거의 고정되어 있기 때문에 땅값이 오를 수밖에 없다. 그리고 지하철

---

* 엄밀하게 얘기하자면 토지 불로소득은 토지 소유자가 토지를 매매 또는 보유함으로써 얻는 수입에서 매매 또는 보유에 드는 비용을 뺀 금액이다. 즉, 토지 불로소득은 토지를 보유하고 있는 동안의 지대와 이자 차액만큼 발생하고 토지를 매각할 때 매매 차액만큼 발생한다. 토지 불로소득에 대한 자세한 내용은 김윤상, 『지공주의: 새로운 토지 패러다임』, 경북대학교출판부, 2009, 213~218쪽 참조.

역이 생기는 곳에는 으레 땅값이 오르기 마련이다. 아파트 광고에서 가장 중요한 문구 중의 하나가 "○○역에서 5분 거리"가 아니던가. 그리고 요즘 삶의 질을 중시하면서 공원의 인접 여부 등도 땅값에 영향을 미친다. 즉 지하철역, 공원 등이 가까워 편리하고 안락한 생활이 가능한 곳은 다른 지역보다 땅값이 높다. 당연히 누구나 살고 싶어 하는 곳이기 때문이다.

이와 같이 전국의 다른 지역보다 서울 지역의 땅이 비싼 이유도 우리나라가 급속한 경제발전을 겪으면서 모든 사회적·경제적 자원이 서울에 집중되어 왔기 때문이다. 그리고 1970년대 강남 개발로 서울의 중심 기능이 강남으로 이동하면서 강남의 집값 상승을 불러일으켰다. 서울 땅값, 강남 땅값이 비싼 이유는 전 국민의 노력으로 일구어 낸 경제성장과 정부의 계획적인 도시계획 등에 의한 것이다. 그렇지만 서울과 강남의 땅주인이라는 이유만으로 모든 국민이 노력한 결과의 부산물 전부를 독식한다.

최근 2005년에서 2006년 사이에도 부동산 가격 폭등이 있었다. 특히 서울 강남과 수도권 신도시에 있는 아파트값의 급격한 상승이 있었다. 그 결과 짧은 기간 안에 지역과 주거형태에 따라 자산 격차가 크게 벌어졌다. 한 예로, 평균소득이 거의 같은 두 사람이 비슷한 시기에 비슷한 가격으로 집을 구매했다고 하자. 한 사람은 아파트, 다른 사람은 빌라를 구매했다는 차이와 지역 차이만으로 2006년에는 집값의 차액이 6억 이상이 돼 버렸다(〈그림 5-17〉 참조). 차액 6억 원은 직장인 B씨가 자신의 연봉 3,000만 원을 한 푼도 쓰지 않고 20년을 모아야 하는 돈이다. 한순간의 선택이 어쩌면 평생 넘을 수 없는 자산 격차를 만들어 버렸다.

이와 같은 사례는 집값이 크게 상승할 때마다 반복되어 왔던 일

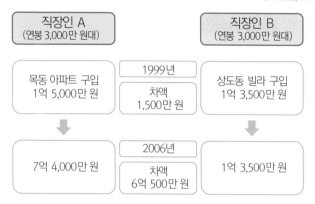

자료: 『한겨레신문』 (2006. 11. 24).

그림5-17 **부동산 가격 폭등이 가져온 집값 차이**

이다. 앞선 예는 서울 내에서의 차이를 보여 주지만, 서울과 지방 간의 차이를 비교해 보면 더욱 커진다. 물론 무주택자와의 비교는 말할 것도 없다.

두 직장인 사례와 같은 일이 반복되면 될수록 사람들은 더욱더 부동산 투기에 매달리게 되고, 부동산 가격은 비정상적으로 치솟는다. 주택 가격의 적정성을 평가하는 기준으로 PIR(Price to Income Ratio)이라는 게 있다. 연소득 대비 주택 가격 비율로, 연소득으로 주택을 사기 위해서는 몇 년의 기간이 걸리는지를 나타내는 것이다. 기간이 길어질수록 PIR 값은 커질 것이다.

우리나라의 2008년도 PIR 값은 6.26이다. 연 평균소득으로 집을 사기 위해서는 6.26년이 걸린다는 뜻이다. 이에 반해 일본은 3.72, 미국은 3.55이다. 우리나라는 일본과 미국에 비해 집을 사는데 2.5~2.7년이 더 걸린다. 그런데 서울의 아파트만을 대상으로 하면 그 기간은 더욱 늘어난다. PIR 값이 12.64로 12년 이상이 걸리는 것으로 나타난다(〈그림 5-18〉).

자료: 산은경제연구소(2010).

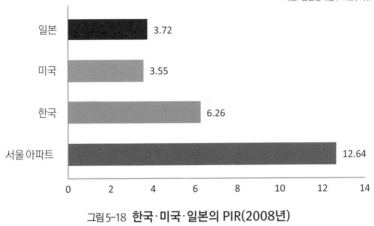

그림 5-18 **한국·미국·일본의 PIR(2008년)**

앞서 말했듯이 개인의 선택과 관계없는 원인, 선천적 능력, 가정 환경 등에 의해 분배의 결과에 영향을 미치는 것이 정의로운지 아닌지를 판단하는 것은 매우 어려운 일이다. 일반인뿐만 아니라 학자들 사이에서도 각기 서로 다른 주장을 펼치고 있어서이다. 그러나 부동산을 소유했다는 이유만으로 토지로부터 발생하는 소득을 모두 독차지한다는 것은 정의롭지 못하다고 분명히 말할 수 있다. 사회주의는 말할 것도 없이, 롤즈와 같이 자유와 평등을 모두 강조하는 자유주의(liberalism)는 물론, 극단적 자유를 강조하는 최대자유주의(libertarian-ism)에서도 공정하지 못하다고 본다. 말하자면 사상적 측면에서 가장 오른쪽에 위치한 노직조차도 정의롭지 못하다고 한다. 노직의 주장을 간략히 살펴보자. 노직에 따르면 어떤 자연물을 사유화하기 위해서는 그 소유권에서 배제된 사람들에게 보상해야 한다. 그 보상의 기준은 a) 개량되지 않은 토지의 가치인 지대 수입(rental income), b) 본래 장소에 그대로 있는 원재료의 가격(price), c) 과거 a)와 b)에 의해 축적된 현재 부(wealth)로서 a)와 b) 그리고 c)의 합으로 측정된다.[8]

노직의 보상기준 a), b), c)는 사실상 천부적 자원의 가치이다. 선천적 능력과 환경이 분배의 결과에 영향을 주는 것도 정당화된다고 말하는 노직에게도 토지 가치의 사유화만은 부정의한 것이다.

공정한 분배를 위해서는 토지 불로소득을 환수해야 한다

지난 수십 년, 아니 수백 년 동안 우리나라뿐만 아니라 전 세계적으로도 지속적인 경제발전이 이루어져 왔지만, 지금까지 살펴본 것처럼 물질적 분배는 매우 불평등하며 점점 더 심화되고 있다.

지금으로부터 100여 년 전, 똑같은 의문을 품고 "사회가 눈부시게 발전하는데 왜 빈곤이 사라지지 않는가?"라는 수수께끼에 대한 해답을 찾으려고 한 이가 있었으니, 그가 바로 사상가이자 재야 경제학자인 헨리 조지이다.

헨리 조지는 토지 가치의 발생에 어떤 기여도 하지 않는 지주가 그 가치를 전부 차지하기 때문에 빈곤이 발생한다고 보았다. 따라서 토지의 사적 소유는 부정의하다고 보았다. 왜냐하면, 토지의 본질적 성격은 노동의 결과가 아니라는 점과 인간의 노력은 물론 인간 자체와도 무관하게 존재한다는 점 때문이다.[9]

그래서 헨리 조지는 토지 사유제를 거부한다. 노동의 생산물에 대한 사유의 정당성이 인정된다면 곧 토지에 대한 사유는 부인된다. 부의 소유를 인정하면 노동에 대한 적절한 대가를 보장함으로써 모든 사람에게 평등한 조건이 부여되지만, 토지의 사유를 인정하면 노동하는 자에 대한 자연의 대가를 노동하지 않는 자가 취할 수 있게 함

으로써 인간의 평등권이 거부된다고 보았다.[10]

따라서 토지 불로소득을 환수하기 위해 헨리 조지는 토지의 공유화를 주장한다. 그러나 헨리 조지의 토지 공유화는 토지의 모든 권리에 대한 전면적 공유화가 아닌 토지의 가치 이외의 권리를 보장하는 토지 가치공유제를 제안하는 것이다.[11]*

최근 우리나라 사회에서 공정이라는 말이 화두가 된 적이 있었다. 최소한의 공정한 분배를 위해서는 토지를 소유한다는 이유만으로 얻는 소득을 환수해야 한다. 그럴 때에만 공정한 사회를 위한 첫걸음을 내딛게 될 것이다.

---

* 헨리 조지가 제안한 제도에 대해서는 김윤상, 『지공주의: 새로운 토지 패러다임』, 경북대학교출판부, 2009 참조.

토지 불로소득 환수로
사회갈등과
복지 문제를 해결한다

토지 문제는 국가의 쇠락과 사회갈등의 핵심에 있다.
사회갈등을 해결하려면
그 원인인 토지 불로소득을 환수하는 것이 지름길이다.
불로소득을 환수하면 '재분배 없는 사회보장'도 가능하고,
최적의 도시계획을 위한 열쇠라고 할 수 있는
공공토지임대제도의 도입도 훨씬 수월하다.
3부에서는 토지 문제와 사회갈등, 복지, 도시계획과의 관계를 다룬다.

이태경 · 김윤상 · 반영운

제 6 장

토지와 사회갈등

토지 문제로 인해 발생하는 사회갈등은
토지 문제 해결로 풀어야 한다

사회가 고도화되고 복잡해질수록 사회에서 발생하는 갈등의 원인과 양상도 다양해지기 마련이다. 후기 자본주의 사회로 접어든 한국 사회도 복잡다단(複雜多端)한 사회갈등들과 직면하고 있다. 민주국가에서 사회갈등의 발생은 피할 수 없는 일이다. 실로 상이하기 이를 데없는 출신, 이념, 계층, 학력, 직업, 산업, 지역, 종교를 가진 구성원들이 어우러져 조직된 사회에 허다한 갈등이 발생하는 것이 오히려 당연한 일일 것이다. 관건은 민주국가에서 발생하는 사회갈등들을 정치의 틀 내에서 건강하게 해소할 수 있는가 하는 점이다. 정치의 역할이 중요한 것은 바로 그 때문이다.

　　물론 사회갈등 모두가 필요불가결한 것은 아니다. 발생하지 않을수록 사회적 후생이 증진되는 사회갈등도 있다. 대표적인 것이 토

지 문제로 인한 사회갈등이다. 토지 문제로 인해 발생하는 사회갈등
은 사회적 편익은 없이 사회적 비용만 발생시키는 갈등 유형 중의 으
뜸이라 할 것이다. 토지 문제—더 정확히 말해 토지의 소유 및 처분
시에 발생하는 불로소득의 사유화—로 인해 발생하는 사회갈등은 토
지 소유자 및 토건자본, 이들과 함께 개발이익을 향유하는 관료 및 과
점언론, 학자 등을 제외한 전 국민을 피해자로 만들고, 사회갈등으로
인해 발생하는 비용을 사회가 지불하도록 강요한다. 따라서 토지 문
제로 인해 생성되는 사회갈등은 토지 문제의 해결을 통해 발생을 억
제하는 것이 최선이다.

　다음으로는 토지 문제로 인한 사회갈등이 한때 천하를 호령하던
제국들의 몰락과 혁명의 발생에 적지 않은 역할을 했다는 역사적 사
실을 살펴볼 것이다. 그리고 토지 문제로 인한 사회갈등 때문에 엄청
난 사회적 비용을 지불하고 있는 한국 사회의 현실을 관찰해 볼 것이
다. 끝으로 사회갈등의 중요한 원인이 되고 있는 토지 문제의 해결을
위해 어떤 방법들이 있는지를 살펴보기로 한다.

제국들의 몰락과 혁명의 배후에는
토지를 둘러싼 격심한 갈등이 있었다

역사 속에 명멸했던 제국들은 토지 소유를 둘러싸고 벌어진 사회갈
등 때문에 골머리를 앓았다. 그리스 같은 경우는 기원전 6세기경에
소수의 귀족들에게 토지 소유가 집중돼 사회갈등이 극심해지고 심각
한 사회불안이 야기되자, 솔론(Solon)과 페이시스트라토스(Peisistratos)
가 토지개혁을 시도하기도 했다. 물론 이 같은 토지개혁은 성과가 미

미했을 뿐 아니라 토지 대부분을 소유하고 있던 귀족들에 의해 금방 백지화되었다. 자영농들의 숫자가 줄어들고 토지 소유가 소수에게 집중되자 토지가 없는 자들은 자립할 수 있는 경제적 기반이 붕괴되었다. 그중 상당수는 노예 신분으로 전락하게 되었다. 자영농의 몰락은 필연적으로 조세기반을 약화시키고 군사력의 토대를 흔들어 국가를 쇠락의 길로 인도한다.

흔히 팍스 로마나라고 불리는 세계제국을 건설한 로마를 내부적으로 갉아먹은 것도 다름 아닌 토지로 인한 사회갈등이었다.* 기원전 73~71년의 스파르타쿠스(Spartacus) 노예반란은 적지 않은 기간 동안 지속되며 로마를 공포에 떨게 했다. 그 배후에는 대토지 소유제도에 의해 강제로 토지를 잃은 농민들의 지지가 있었다. 기실 로마가 보잘것 없는 도시국가에서 출발해 카르타고를 꺾고 지중해의 패권을 장악할 수 있었던 원동력 가운데 하나가 자영농에 기반을 둔 강력한 군사력이었다. 그런데 로마가 서유럽, 발칸반도, 북아프리카, 아르메니아, 메소포타미아 등으로 영토를 넓혀감에 따라 역설적으로 자영농

---

* "그 이후 토지 문제는 항상 로마인들을 괴롭혔다. 이탈리아의 영세 농민들은, 북아프리카의 식민지에서 들어오는 밀 가격이 훨씬 싸진 기원전 1세기 동안 강제로 자신들의 토지를 처분해야 했다. 기원전 90~88년에 있었던 이탈리아 본토에서의 전쟁으로 '노예가 운영하는 대농장이나 대규모 목장으로 영세 토지 소유자들이 대규모로 이주하게'되었다(Arthur D. Kahn, *The Education of Julius Caesar: A Biography, A Reconstruction*, New York: Schocken Books, 1986, p. 34). 카이사르의 스승이자 기원전 87년 집정관이 된 킨나(Cinna)가 곡물 지원과 함께 상징적인 토지개혁을 실시했다. 곡물 지원은 아마도 독재자 술라(Sulla)와 군사적 대결을 벌일 당시 대중적인 지원을 얻게 했을 것이다. 술라가 기원전 82년 전쟁에서 승리하고 공포정치를 계속했을 때, 토지는 독재자의 군대에게 보상할 수 있는 좋은 수단이 되었다. 이 과정에서 수만 명의 농부가 토지를 약탈당했다. 칸은 '로마 공화국의 몰락을 촉진한 사회적 혼란에 중대한 역할을 담당한 것은 토지였다'(Kahn, 1986: 94)고 지적한다"(존 파월슨, 『세계토지사』, 정회남 역, 한국경제신문사, 1998, 90쪽).

은 몰락하고 라티푼디움(노예제 대농장)이 그 자리를 대신하게 되었다. 자영농의 몰락은 로마의 최대 강점이던 군사력의 쇠락을 불러왔고, 무적 로마군의 신화는 역사 속으로 사라지게 되었다. 또한 로마 제국 당시 가장 중요한 생산수단이던 토지가 일부 특권층의 손에 집중되자 사회통합은 불가능하게 되었고, 대토지 소유자들은 넘치는 부를 주체 못해 타락의 길을 걷게 되었다. 사회의 정신과 윤리를 책임져야 할 지도층은 도덕적으로 타락하고 사회의 생산과 국방을 맡아야 하는 근로대중이 붕괴한 사회가 장기 지속할 수는 없는 일이다. 천년제국 로마 역시 예외일 수는 없었다.

토지 문제는 혁명의 도화선이 되기도 한다. 대표적인 사례가 제정(帝政) 러시아다. 제정 러시아는 인구 대부분이 농민이었다. 왕실과 귀족들이 토지의 거의 대부분을 소유하고 있었기 때문에 농민들은 절대빈곤에 신음할 수밖에 없었다. 사회가 불안정해지고 혁명의 기운이 감돌자 알렉산더 2세가 1861년에 농노해방을, 1906~1916년 사이에 표트르 스톨리핀(Pyotr Stolypin)이 토지개혁을 각각 단행했으나, 미봉책에 불과했던 개혁조치들은 별다른 성과를 거두지 못했다. 1차 세계대전에 참전한 러시아는 거듭된 패전과 막대한 군비지출로 재정과 경제가 파탄지경에 빠졌다. 결국 볼셰비키들이 10월 혁명을 일으켜 제정 러시아를 무너뜨리고 사회주의 국가를 수립하기에 이른다. 볼셰비키들이 혁명을 통해 권력을 장악할 당시 내걸었던 구호 가운데 하나가 "토지를 농민에게"라는 것이었다. 비록 볼셰비키들이 혁명 당시 자신들이 표방했던 구호를 지키지는 않았지만, 농민들이 절박하게 원하는 것이 무엇인지 정확히 간파했다는 점을 간과해서는 안 될 것이다. 러시아의 농민들은 자신들이 경작해서 살아 갈 수 있는 토지를 간절히 원했던 것이다. 농민들의 간절한 소망을 외면했던 러시아 왕실과 귀족들은 혹독하기 그지없는 대가를 치러야 했다.

이처럼 토지 문제는 영원할 것 같았던 제국이 쓰러지는 원인 가운데 하나가 되기도 하고, 세계에서 가장 넓은 영토를 차지하고 있던 왕조가 혁명의 폭풍 속에서 흔적도 없이 사라지게 만드는 계기로 작용하기도 했다.

행정수도 이전, 용산, 그리고 4대강 사업

토지 문제와 이로 인한 사회갈등이 국가나 사회에 미치는 악영향은 참으로 심대하다. 토지 문제와 그에 수반되기 마련인 사회갈등이 다른 나라나 과거의 일이면 좋으련만, 불행히도 그렇지가 못하다. 오히려 대한민국이야말로 토지 문제와 이로 인한 사회갈등이 첨예한 나라 가운데 하나이다. 그리고 토지 문제와 여기서 파생되는 사회갈등은 현재진행형이다. 근래 한국 사회를 뒤흔들었던 행정수도 이전 사태와 용산 참사, 그리고 숱한 비판과 여론의 반대 속에 강행되고 있는 4대강 사업이 이를 생생하게 증거하고 있다.

행정수도 이전의 배후에
숨어 있는 괴물 2002년 대선 당시 고(故) 노무현 전 대통령이 대선공약으로 행정수도 이전을 천명한 이래 행정수도 이전(移轉) 이슈는 한국 사회의 뜨거운 감자였다. 대선에서 승리한 노무현 전 대통령이 '신행정수도의 건설을 위한 특별조치법'이라는 이름의 특별법을 여야 합의로 제정해 행정수도 이전을 추진하려고 하자, 행정수도 이전 이슈는 첨예한 대립과 갈등을 노정했다. 급기야 2005년 헌법재판소가 '신행정수도의 건설을 위한 특별조치법'에 대한 헌법소원 심판사건에서 우리나라의 수도가 현재 서울이라는 것은 일종의 관습헌법이며 따라서 수도를 변경하기 위해서는 헌법 개정을 해야 하는데, '신행정수도의 건설을 위한 특별조치법'에 대해서 헌법 개정 없이 수도를 이전하려고 하였다는 이유로 위헌결정을 내렸다. 이에 따라 참여정부가 국가 균형발전의 상징으로 추진했던 행정수도 이전은 좌초되고 말았다. 헌재의 결정이 있기 전 행정수도 이전을 둘러싸고 벌어진 찬반의 축은 서울을 중심으로 한 수도권과 지방을 중심으로 전개되었다. 서울을 필두로 한 수도권은 헌재 결정이 가까워옴에 따라 행정수도 이전에 반대하는 여론이 높아졌다. 물론 지방은 일관되게 행정수도 이전 지지 여론이 높았다. 행정수도 이전이 헌재에 의해 좌절되자 참여정부는 헌재의 결정을 존중해 원안보다 크게 후퇴한 행정중심복합도시(행복도시)법을 제정해 사업을 추진하려고 했다. 이조차 정부의 정책에 반대하는 사람들이 제기한 헌법소원에 부닥쳤다. 이번에는 헌재가 행정중심복합도시법에 대한 헌법소원을 기각해 사법적 분쟁에 종지부를 찍었다.

　그러나 '행복도시'의 수난은 여기에서 끝나지 않았다. 행정중심복합도시 건설을 차질 없이 추진하겠다고 호언했던 이명박 정부가 대선에서 승리하자 슬그머니 입장을 바꿔 이를 백지화시키려고 나선 것이다. '행복도시' 건설을 계획대로 추진해야 한다는 여론이 비등하고 유력한 대선주자인 박근혜조차 "약속은 지켜져야 한다"는 입장을 표명하자 이명박 정부는 어쩔 수 없이 행복도시 건설 백지화 방침을 철회한다. 우여곡절 끝에 '행복도시'는 '세종시'라는 이름으로 건설이 진행되고 있다. 행정수도 이전이라는 창대한 목표를 가지고 출발했던 것에 비하면 초라한 성과지만 그조차도 숱한 고비를 넘겨야 했다.

세계 최고 수준의 수도권 과밀화 및 비대화에 의해 수도권은 수도권대로 숨이 막혀 가고, 지방은 내부 식민지라는 오명을 들을 만큼 낙후된 채 신음하고 있다는 사실을 부인하는 사람은 그리 많지 않을 것이다. 이 같은 이중의 고통을 해소하기 위해서는 특단의 조치가 필요하고, 행정수도 이전이 국가 균형발전이라는 헌법적 가치를 실현할 수 있는 최적의 수단이라는 점도 합리적인 상식을 가진 사람이라면 동의할 수 있을 것이다.

그런데도 행정수도 이전 이슈가 그토록 첨예한 대립과 사회갈등을 낳았던 까닭은 무엇일까? 서울 강남에 거주하는 기득권층이 행정수도 이전에 극력 반대한 이유는 서울을 정점으로 해서 구축된 중앙집권적 질서와 가치체계가 해체되는 것에 대한 두려움과 반감 때문이라고 할 수 있을 것이다. 물론 서울 일극(一極) 체제의 최대 수혜자는 기득권층이었다. 그리고 그 이면에는 수도권 집중화로 인해 기득권층이 막대한 토지 불로소득을 축적해 왔다는 사실이 엄존한다.

서울 중심의 수도권에서 행정수도 이전에 반대하는 여론이 높았던 것도 토지 등의 부동산을 중심으로 사고하면 이해가 쉽다. 즉 수도권에 부동산을 소유하고 있는 사람들은 행정수도 이전으로 인해 수도권 과밀화가 해소돼 수도권의 땅값과 아파트값 등이 떨어질 것이 너무나 두렵고 싫었던 것이다. 행정도시와 혁신도시가 예정대로 추진되면 수도권에서 충청·영남·호남으로 이동하는 인구가 대략 100만~200만 명에 이를 것으로 추정된다는 분석이 있었다. 그만큼 수도권에 부동산을 소유한 사람들의 근심이 근거 없는 것은 아니었다. 행정수도 이전 지역 주변의 부동산 가격 상승에 대한 기대감 때문에 행정수도 이전에 적극적으로 찬성했던 사람들도 공익보다는 사익에 이끌려 행동했다는 비판에서 자유로울 수는 없을 것이다. 이들의 기대는 헛되지 않아 행정도시 예정지인 연기군의 땅값이 2004년과 2005년에 걸쳐 45%이상 상승한 것을 비롯해 대전·공주·논산 등 충청권 일대의 부동산 가격도 가파르게 상승했다. 행정수도 이전에 찬성하는 측과 반대하는 측이 행정수도 이전을 둘러싸고 지지부진한 논쟁을 벌인 것은 토지 불로소득이라는 본질을 애써 외면했기 때문이다.

행정수도 이전은 수도권 과밀화 해소와 국가 균형발전을 실현하기 위해서 꼭 필요한 조치였다. 서울 일극화 현상과 지방의 식민화 현상이 존속하는 한 대한민국의 미래는 밝지 않다. 하지만 토지 불소소득과 이를 둘러싼 수도권과 지방 간의 격렬한 갈등은 행정수도 이전이 지닌 공익적, 헌법적 가치를 사장시키고 말았다. 대한민국의 미래가 토지 문제와 거기에서 기인하는 사회갈등에 발목을 잡힌 셈이다.

용산은 아직도
불타고 있는가? 2009년 1월 19일은 대한민국 역사에 오점을 남긴 날로 역사에 기록될 것이다. 용산 역세권 주변 개발사업과 관련해 적당한 보상을 요구하며 남일당 빌딩에서 농성을 하던 철거민 다섯 명이 경찰특공대의 과잉진압 과정에서 발생한 화재로 인해 사망한 사건이 발생한 날이기 때문이다. 경찰특공대원 한 명도 진압과정에서 숨졌다.

용산 참사는 국민의 생명과 재산 보호를 일차적인 의무로 하는 국가의 역할에 대해, 목적 달성을 위해 폭력적인 수단을 사용할 수 있는 국가권력의 정당성에 대해, 공익(公益)의 정의에 대해, 공익에 부합하는 지속가능한 도심재생사업에 대해 깊은 생각을 하게 만든 충격적인 사건이다. 그도 그럴 것이 도심재생사업의 추진과정에서 강제로 축출될 처지에 놓인 사람들이 적정한 보상을 요구했고, 건물을 불법 점거하는 방식으로 자신들의 요구를 관철시키려 했다는 이유 하나만으로 국가권력에 의해 경찰특공대로 무자비하게 진압당했을 뿐 아니라 일부 목숨마저 잃은 것이 바로 용산 참사이기 때문이다.

용산 참사가 지닌 사회적 의미를 연구할 때 놓쳐서는 안 되는 것 가운데 하나가 이 비극이 발생하게 된 원인이다. 용산 참사의 배후에는 용산역사 주변 정비사업을 통해 발생하는 천문학적 토지 개발이익이 존재한다. 용산역세권 국제업무지구 개발사업은 무려 28조 원의 사업비가 투입되는 대역사이다. 행정복합도시 건설에 소요되는 사업비가 총 15조 원에 달하는 것에 비교해 보면 얼마나 거대한 프로젝트인지를 알 수 있다. 강남을 대체할 만한 입지를 자랑하는 용산 개발의 걸림돌인 미군기지가 이전한데다 천문학적 비용을 들여 개발을 추진하니 땅값이 천정부지로 뛰는 것은 당연지사다. 2001년 용산특별계획구역 개발사업 발표 당시 평당 700만 원 정도 하던 땅값이 2008년에 그 열 배인 평균 8,000만 원으로 상승한 것은 약과다. 심지어 평당 1억 원을 훌쩍 넘는 곳도 생겼다. 사정이 이렇다 보니 개발지구 내에 토지를 소유하고 있는 조합원들과 개발에 참여하는 건설업체들은 말 그대로 천문학적 개발이익을 얻게 되었다. 어림잡아 메이저 건설사들은 각 1조 원의 개발이익을, 토지를 소유하고 있는 조합원들은 1인당 6억 원에 가까운 개발이익을 얻는 것으로 추정된다.

토지 불로소득이 넘쳐나는 용산 재개발 현장에도 명암이 있게 마련이다. 개발 지구 내에 토지를 소유하고 있는 조합원들과 건설업체들은 천문학적 토지 개발이익을 얻을 생각에 흥이 난 반면, 사업지구 내에 주거가 있던 임차인들과 영업활동을 영위하던 세입상인들은 궁지에 몰리고 말았다. 그나마 사업지구 내에서 주거를 목적으로 살던 주택임차인들은 보증금을 받아서 다른 곳으로 이사를 할 수 있겠지만, 장사를 하던 세입상인들은 일체의 권리금을 받지 못하고 축출당할 처지에 놓였다. 참사가 발생한 용산 4구역도 다른 구역과 상황이 같았다.

피땀 흘려 이룩한 삶의 터전이 송두리째 날아갈 위기에 처한 용산 4구역 세입상인들이 적정한 보상을 요구하며 철거에 불응하자, 재개발조합 및 메이저 건설업체들과 용역계약을 체결한 철거용역업체의 폭력과 횡포가 극심해졌다. 이를 견디다 못한 사람들이 남일당 빌딩으로 올라가 농성을 시작했다. 남일당에 올라간 사람들에게 다른 선택을 할 여지는 없었다. 재개발조합과 메이저 건설업체들이 철거용역들을 동원해 퇴거에 불응하는 사람들을 하루라도 빨리 쫓아내려고 혈안이 된 이유는 시간이 지날수록 재개발사업으로 얻을 수 있는 개발이익이 줄어들기 때문이었다. 천문학적 개발이익을 얻을 수 있음에도 불구하고 조합과 건설업체는 철거민들에 대한 보상과 배려를 통해 문제를 해결하기보다는 철거용역들을 동원하는 방법을 택했다.

여기까지의 상황 전개만 놓고 보면 용산 참사도 기왕에 있었고 지금도 벌어지고 있는 도심재개발 사업의 진행과정과 별반 다를 것이 없었다. 도심재생사업을 통해 개발이익을 얻는 조합과 건설업체 등이 적정한 보상을 요구하는 세입자들을 철거용역들을 동원해 폭력적으로 축출하는 일은 익숙한 풍경으로 자리 잡은 지 오래다. 그런데 무슨 영문인지는 정확히 몰라도 경찰이 철거민 진압에 즉각 그것도 매우 위험하고 폭력적인 방식으로 나섰다. 그 결과 생떼 같은 목숨들이 사라지는 참사가 발생하면서 용산의 상황은 다른 재개발 현장에서 벌어지는 갈등과는 사뭇 달라졌다. 용산 참사는 토지에서 생기는 개발이익을 토지 소유자와 건설업체 등이 독식하고 그 밖의 사람들은 폭력적인 방식으로 배제되는 지금과 같은 도심재생사업이 더 이상 지속될 수 없음을 증거로 보여주는 징후적 사건이다.

　　용산 참사만 보면 도심재생사업 과정에서 발생하는 갈등과 투쟁이 조합 및 건설업체 등과 세입자 사이에만 발생하는 것처럼 오해하기 쉽다. 그러나 도심재생사업 과정을 자세히 살펴보면 토지에서 발생하는 개발이익을 둘러싸고 벌어지는 갈등의 축이 매우 복합적이고 중층적임을 알 수 있다. 소유자 및 건설업체 등과 세입자 간에만 첨예한 갈등과 투쟁이 벌어지는 것이 아니다. 조합원 상호 간, 조합과 건설업체, 세입자 상호 간에도 살벌하기 그지없는 갈등이 발생하고, 그 갈등은 일쑤 폭력적인 방식으로 해소되곤 한다. 용산 참사는 토지에서 발생하는 개발이익을 둘러싸고 벌어지고 있는 한국 사회의 추악한 갈등의 양상을 날것 그대로 보여준다. 지금과 같이 토지 개발이익을 토지 소유자들과 건설업체 등이 독식하는 구조가 온존하는 극심한 사회갈등은 지속될 수밖에 없을 것이다. 그 갈등은 때로 회유와 불충분한 보상을 통해, 때로 피와 살이 튀는 방식으로 해결될 수밖에 없을 것이다. 용산 참사는 용산에만 있는 것이 아니다. 토지 불로소득이 있고 그 불로소득을 소수가 독식하는 곳이라면 어디라도 용산이 될 수 있고 참사의 현장으로 변할 수 있다. 남일당을 태웠던 불길은 아직도 꺼지지 않았다.

멀쩡한 강을
파헤치는 이유　천혜의 절경이 사라지고 있다. 공기를 단축하려고 밤낮 없이 공사를 진행하다 보니 근로자들이 목숨을 잃는 사고가 꼬리를 물고 발생하고 있다. 장마철이 아닌데도 강물이 범람하고, 가뭄이 아닌데도 마실 물이 없다. 복지에 사용되어야 할 천문학적 규모의 국가재정이 애꿎은 땅을 파고 보를 설치하는 데 탕진되고 있다. 대관절 왜 이런 일들이 발생하는 것일까? 새삼 강조할 필요도 없이 이명박 정부가 초지일관 밀어붙이고 있는 4대강 사업 때문이다. 한반도 대운하 건설을 공약으로 내건 이명박 정부는 집권하자마자 이를 추진하려고 했다. 문제는 이에 대한 반대 여론이 매우 격렬했다는 사실이다. 한반도 대운하 건설이 사실상 어렵게 되자 이명박 정부는 한반도 대운하 건설을 포기하는 대신 4대강(한강·낙동강·금강·영산강) 살리기 사업을 하겠다고 선언했다. 정부가 4대강 살리기 사업을 추진하면서 내건 정책목표는 '한국형 녹색 뉴딜'을 통한 일자리 창출 및 경기 활성화, 하천 복원을 통한 수질개선 및 홍수·가뭄에 대한 대비, 지역별 관광명소 마련 등이었다.

그러나 정부가 4대강 사업을 추진하면서 야심차게 발표했던 목표들 가운데 사업타당성이 있거나 공익에 부합하는 것을 찾기는 어렵다. 정부는 녹색 뉴딜 운운하지만 토건사업의 특성상 양질의 일자리가 창출되었을 리 만무하며 기껏해야 단순 노무직 일자리만 양산되었다. 하천 복원을 통한 수질개선 및 홍수·가뭄에 대한 대비를 꾀한다는 정부의 발표도 터무니없다. 4대강 본류의 수질은 양호하며 본류에서 홍수나 가뭄이 발생하는 경우도 매우 드물기 때문이다. 굳이 하천정비 사업을 한다면 지류에서 하는 것이 옳다. 지역별 관광명소를 마련하겠다는 정책목표도 현실성이 떨어진다. 인공으로 쌓아올린 제방을 구경하러 지방에 내려가는 사람들이 얼마나 될지 의문이다.

사업 타당성이라고는 찾아볼 길이 없는 4대강 살리기 사업은 국책사업을 시행할 때 마땅히 지켜야 하는 절차들도 모조리 생략한 채 추진되고 있다. 국책사업은 기본구상 – 예비타당성 조사 – 타당성 조사 – 기본계획 – 기본설계 – 실시설계 – 사업시행 등의 절차를 거쳐야 하며, 사업구간 10㎞ 이상과 사업비 500억 원 이상일 경우 반드시 예비 타당성 조사와 환경영향평가를 받게 되어 있다. 하지만 정부는 사업 타당성에 자신이 없었는지, 하루라도 빨리 사업을 시작하고 싶어서였는지 공사 구간을 4~6㎞, 공사비도 500억 원 이하로 나눠 별도 사업인 양 등록하는 꼼수를 써 위와 같은 과정들을 모두 피해 갔다.

반대하는 여론이 압도적이고 사업의 타당성이 전혀 검증되지 않았는데도 정부는 아랑곳없이 4대강 살리기 사업을 추진하고 있다. 그런데 4대강 사업에 찬성하는 여론도 일부 감지된다. 대체로 4대강 살리기 사업이 추진되는 지역의 지자체, 토건업체, 토지 소유자 등이 4대강 살리기 사업에 우호적이고 이를 강력히 지지하고 있는 것 같다. 4대강 사업이 비용 대비 편익 면에서 편익보다 비용이 크다 해도, 훼손된 자연이 복원되는 데는 천문학적 비용과 많은 시간이 소요되고 때로 복원이 불가능한 경우도 많다는 사실도, 막대한 국가재정이 낭비되고 있다는 지적도 4대강 사업을 통해 편익을 취하려는 세력과 사람들에게는 아무런 영향을 미치지 못하고 있다. 4대강 사업을 적극 옹호하는 사람들이 이 사업을 통해서 얻게 될 경제적 이득은 다양한 형태로 나타날 것이다. 지자체는 세수가 늘어날 것이고, 토건업체는 매출과 이익이, 토지 소유자는 지가상승으로 인한 토지 불로소득을 얻게 될 것이다.

이런 경제적 편익의 근저에는 무분별한 개발행위를 통해 발생하는 토지 불로소득이 가장 크게 자리 잡고 있다. 일례로 4대강 보가 설치되는 여주 이포 주변은 땅값이 사업 전에 비해 다섯 배 이상 폭등했고, '친수구역' 후보지 선정을 앞두고 여주군 일대 상업지역은 평당 100만 원을 웃돌고 있다. 충북 제천과 담양 등 충주호 주변 부동산 가격도 평당 70~100만 원을 호가하고 있다. 이들 지역의 토지 가운데 상당수가 외지인의 손에 들어간 지 오래다. 이렇듯 4대강 살리기 사업으로 엄청난 토지 불로소득을 얻게 되는 토지 소유자들이 앞에서 끌고 지자체와 토건업체 등이 뒤에서 밀며 4대강 추진 찬성 여론을 지탱하고 있다. 토지 불로소득을 다양한 형태로 나누어 가질 욕심에 눈이 먼 4대강 사업 찬성론자들은 공익을 위해 4대강 사업을 반대하는 사람들에게 증오의 화살을 쏘아대고 있다. 평지풍파를 일으킨 정부는 오불관언이다. 토지 불로소득을 미끼로 지지 세력을 규합하는 정부를 둔 국민은 불행하다.

토지 문제는 노사분규를 잉태한다

토지 문제, 즉 토지 불로소득의 사유화는 노동과 자본 간의 갈등을 첨예하게 만드는 데도 큰 기여(?)를 한다. 그 까닭은 다음과 같다. 토지 불로소득의 발생과 이의 사유화가 토지 가격의 상승을 초래한다. 이는 주거비―집값과 전·월세―의 상승을 견인한다. 노동자들은 당연히 사용자들에게 임금 인상을 요구할 수밖에 없고 사용자들이 이에 응하지 않을 경우 노동쟁의가 발생할 가능성이 높아지기 때문이다. 한국 사회가 직면하고 있는 사회갈등 가운데 대표적인 것이 노동자와 사용자, 노동과 자본 간의 갈등이라는 점을 감안할 때 토지 문제가 사회갈등의 아주 중대한 구성요소임을 알 수 있다.

아래 〈표 6-1〉을 보면 부동산 투기 및 그로 인한 토지 가격 상승과 노동쟁의 간의 상관관계를 짐작할 수 있다.

물론 노동쟁의가 발생하는 원인은 매우 복합적이기 때문에 단순히 토지 투기 및 주거비 상승만이 노동쟁의의 원인이라고 단정할 수는 없다. 그러나 위의 통계가 보여 주는 것처럼 토지 투기 및 그로

표6-1 **3차(1980년대 말) 부동산 투기와 노동쟁의**

단위: %, 건, 명, 일.

연도	땅값 상승률	집값 상승률	전세값 상승률	도시가구 주거비 상승률	도시 소비자물가 상승률	노동쟁의 발생건수	노동쟁의 참가인원	노동쟁의 손실일수
1894	13.20	–	–	5.5	2.3	113	16,400	19,900
1985	7.00	–	–	10.3	2.5	265	28,700	64,300
1986	7.30	–	–	7.8	2.8	276	46,941	72,025
1987	14.67	7.1	19.4	7.8	3.1	3,749	1,262,285	6,946,935
1988	27.47	13.2	13.2	12.7	7.1	1,873	293,455	5,400,837
1989	31.97	14.6	17.5	26.0	5.7	1,616	409,134	6,351,443
1990	20.58	21.0	16.8	22.0	8.6	322	133,916	4,487,151
1991	12.78	-0.5	1.9	20.9	9.3	234	175,089	3,271,334
1992	-1.27	-5.0	7.5	14.4	6.2	235	105,034	1,527,612
1993	-7.38	-2.9	2.4	3.2	4.8	144	108,577	1,308,326
1994	-0.57	-0.1	4.6	4.0	6.3	121	104,339	1,484,368
1995	0.55	-0.2	3.6	1.9	4.5	88	49,717	392,581

자료: 건설교통부, 통계청, 노동부. 손낙구, 『부동산 계급사회』, 후마니타스, 2008에서 재인용.

인한 주거비 상승이 노동쟁의의 원인 가운데 하나임은 충분히 추정할 수 있다.

부동산 투기가 주기적으로 되풀이되면서 우리나라 노동자 가계부에서 주거비 비중이 비정상적으로 높아지고 있다. LG경제연구원 송태정 연구원이 분석한 바에 따르면 1990년 19만 원 수준이던 노동자 가계의 주거비는 1995년 45만 원으로, 2000년에는 60만 원으로 늘어났다. 한 달 월급 받아서 주거비에 쓰는 돈의 비중도 1990년 20.5%에서 1998년 27.8%로 껑충 뛰어올랐다. 세계에서 부동산 가격이 최고로 비싸다는 일본과 비교해도 한국 노동자들의 주거비와 교육비 부담은 2~3배에 달한다. 일본 노동자 가계부에서 소득 중 주거비가 차지하는 비중이 100이라면 한국 노동자 주거비는 208로 두 배가 넘는다.[1] 주거비가 이렇게 폭증하면 노동자들은 당연히 사용자에게 주거비 상승분 이상의 임금 인상을 요구할 수밖에 없다. 이런저런 이유로 사용자가 이를 수용하지 않을 때 노동자들은 단체행동에 나설 가능성이 높아진다. 사용자가 이에 맞서 직장폐쇄 등을 단행하면 노사간의 갈등은 비등점을 넘어서 사회 통합을 위협하게 된다. 백 보를 양보해 한국노동운동이 전투적이라고 하더라도 그 이유 가운데 상당부분은 토지 문제에서 기인한다. 거리로 나앉을 처지에 놓인 근로자들이 평화적으로 자신들의 요구를 관철시키길 기대하는 것은 어리석은 일이다. 결국 토지 불로소득의 사유화와 이로 인한 토지 투기 및 토지 가격 상승은 노사갈등의 근본적인 원인 가운데 하나로 자리매김하고 있는 것이 엄연한 현실이다. 또한 격렬한 노사갈등은 사회갈등의 진앙이기도 하다.

토지 문제로 인한 사회갈등을 예방하기 위하여

지금까지 살펴본 것처럼 토지 문제로 인해 발생하는 사회갈등은 제국을 몰락시키는 원인이 되기도 하고 국가를 혁명의 소용돌이 속으로 몰고 가기도 했다. 토지 문제로 인해 발생하는 사회갈등과 비용은 과거의 것이나 다른 나라의 문제가 아니다. 용산 참사와 행정수도 이전, 4대강 살리기 사업, 격렬한 노사 대립과 같은 사례가 극명하게 보여 주듯 한국 사회는 토지 문제로 인해 야기되는 사회갈등과 비용이 임계점에 이른 상황이다. 토지 문제로 인해 발생하는 사회갈등과 비용을 근본적으로 차단하지 않고서는 정상적인 사회 발전이 어려운 지경인 것이다. 따라서 토지 문제를 해결해 비용만 발생시키는 사회 갈등을 예방해야 한다. 토지 문제를 해결하기 위해서는 토지 문제에 대한 정확한 인식, 토지 문제 해결에 대한 확고한 의지, 정교하고 종합적인 정책 패키지가 필요하다. 이에 대해서는 뒤에서 상세히 설명할 예정이니 여기서는 개요만 말하겠다.

부동산(토지) 시장에 대한
정확한 이해가 선행되어야 한다
부동산(토지) 문제를 해결하기 위해서는 부동산시장에 영향을 미치는 요인들에 대한 총체적 이해가 선행되어야 한다. 부동산시장에 영향을 미치는 요소들은 매우 다양하고 복합적이다. 먼저 부동산시장을 거시경제(금리, 환율, 무역수지, 경제성장률, 1인당 실질구매력, 실질 GDP 등)라는 기반 위에 놓인 건물이라고 이해하는 것이 필요하다. 이것을 바꾸어 말하면 부동산시장이 거시경제 지표들의 영향을 매우 강하게 받는다는 의미이다. 이런 경향은 경제의 글로벌화가 심화된 2000년대 이후 한결 강화됐다. 기실 참여정부가 부동산 문제에 관한 한 역대 정부 가운데 가장 돋보이는 철학과 정책을 펼쳤음에도 불구하고 버블세븐 지역의 주택 가격 상승을 효과적으로 제어하지 못한 까닭 가운데 하나가 바로 경제의 글로벌화 현상 때문이었다. 일례를 들자면 전 세계적 유동성 과잉 같은 것이다.

이렇듯 세계시장으로부터 강하게 영향을 받는 거시경제 지표들이 부동산시장 바깥에서 부동산시장에 영향을 미치고 있다. 한편, 부동산시장 안에서 가격에 영향을 미치는 요소들 역시 매우 다양하다. 언뜻 생각해 봐도 공급(공급량—공급 유형과 로케이션 등, 분양 방식—원가 공개, 후분양제, 청약제도 등), 수요(세제—보유세 및 양도세, 실질 주택보급률

등), 금융(주택 담보대출—LTV 및 DTI 관리), 주거복지, 개발이익 환수장치(개발부담금, 재건축 규제) 등이 있다. 부동산시장에 영향을 미치기 위해 정부가 사용할 수 있는 정책옵션은 대개 부동산시장 안에서 부동산 가격에 영향을 미치는 요소들에 한정되기 마련이다.

이런 식으로 거시경제와 미시적 부동산시장 간의 상관관계를 분석해 보면 부동산 가격의 하락을 막기 위해 이명박 정부가 부동산시장 내에서 사용할 수 있는 정책옵션들을 거의 전부 사용하고도 소기의 목적을 달성하지 못하는 이유가 분명해진다. 글로벌 경제위기에 따른 실질구매력의 하락, 미래 경제여건에 대한 불안감, 선진국 부동산시장 붕괴에 따른 학습효과, 버블세븐 지역 소재 주택 가격이 지나치게 높다는 시장 참여자들의 공감대 형성 등이 수요를 위축시키고 있고, 여기에 공급 과잉(2기 신도시 물량, 보금자리 주택 건설 등)까지 겹치니 부동산시장이 대세 하락 기조를 유지할 수밖에 없는 것이다. 과거의 경험이 말해 주듯이 부동산시장에 영향을 미치는 요소들은 매우 다양하며, 특히 거시경제 지표들의 규정력은 매우 크다.

올바른 철학과 정확한 정책목표와
이를 실현하기 위한 종합적인 정책 패키지의 도입이 필요하다

무릇 모든 일이 그렇듯 부동산(토지) 문제의 해결도 올바른 철학의 정립과 정확한 정책목표의 설정이 반드시 필요하다. 그릇된 철학에 기반을 두거나 정책목표가 불명확하면 정책수단도 잘못 설계될 수밖에 없기 때문이다. 부동산(토지) 문제에 관한 철학은 토지공개념에 입각해야 할 것이다. 토지는 자연의 선물이며 누구에게나 평등하게 주어진 것이기 때문이다. 또한 토지 불로소득의 환수, 거래 투명화, 주거복지 등은 시장 상황이나 정부의 성격과는 관계없이 일관되게 추진해야 하는 정책목표들이다.

한편 부동산(토지) 문제의 해결은 종합적인 정책 패키지의 도입 없이는 해결이 불가능함을 명확히 인식해야 한다. 수요, 공급, 금융, 주거복지 등의 정책이 총체적으로 도입돼 시너지를 발휘하지 못하면 소기의 목적을 달성할 수 없는 것이 부동산 문제이다. 따라서 수요(보유세, 양도세, 개발이익 환수, 임대소득세 등)정책, 공급(토지임대부, 환매조건부 공급, 후분양제)정책, 금융(주택 담보대출 관리)정책, 주거복지(소득별로 맞춤형 주택 공급 필요, 유형별 공공임대주택 공급 추진, 사회적 혼합 고려) 정책 등의 정책들이 패키지로 도입되어야 한다. 위에서 열거한 정책 패키지들이 최적의 조합을 이룰 때 부동산(토지) 문제의 해결이 가능할 것이다. 다른 정책들도 대동소이하겠지만 특히 부동산(토지) 문제는 종합적인 정책 패키지의 도입 없이는 정책목표를 달성하기 어려운 분야다.

제 7 장

토지와 복지
지대를 재원으로 하는 사회보장 설계[*]

사회보장을 보는 두 시각: 복지주의와 자유주의

근래 우리나라에서 복지에 대한 관심이 갑자기 높아지고 있다. 앞으로 상당 기간 복지는 가장 중요한 정치적 쟁점의 하나로 존재할 것으로 보인다. 이 글에서는 사회보장을 복지와 같은 의미로 사용하며, 사회보장이란 개인의 생계가 보장될 수 있도록 사회가 관여하는 것을 말한다.

　사회보장이 필요한지 그리고 필요하다면 어떤 수준의 보장이 적정한지에 대해서는 여러 입장이 존재한다. 한편에서는 높은 수준의 사회보장을 지향하는 적극적 입장이 있다. 다른 한편에서는 개인 문제는 개인에게 맡겨야 한다거나 사회보장이 필요하더라도 최소한에 그쳐야 한다고 보는 소극적 입장이 있다. 아래에서는 적극적인 입장

[*] 이 글은 김윤상의 "자유주의 사회보장 설계: 지대를 재원으로 하는 생존권보험"(『한국 행정 논집』, 2009, 21(3), 775~794쪽)을 일부 수정한 것임.

을 '복지주의'로, 소극적인 입장을 '자유주의'*로 부르기로 한다.

사람들은 이 세상에는 공존하기 어려운 가치가 적지 않다고 생각하는 경향이 있다. 복지와 시장도 그 하나라고 믿는 사람이 많다. 그 외에도 평등 – 자유, 형평 – 효율, 분배 – 성장 등은 물과 기름처럼 융합할 수 없어 한쪽 가치를 추구하면 다른 쪽을 희생시킬 수밖에 없다고들 생각한다. 그러나 정말 복지주의와 자유주의는 양립할 수 없는가? 자유주의 신념과 충돌하지 않는 사회보장은 불가능한가? 자유주의가 지적하는 복지국가의 문제 즉 도덕적 해이와 정부 비대화의 부정적인 측면을 복지주의 입장에서도 부인하지 않을 것이다. 현재 우리가 알고 있는 수준의 인간사회에서, 개인은 노력에 비해 더 많이 받으려는 경향이 있고 정부는 필요 이상으로 확대되는 경향이 있다는 사실을 인정할 수밖에 없기 때문이다. 또한 복지주의가 추구하는 가치, 즉 인간의 존엄성을 유지하기 위해서는 모든 사람의 기본생활이 해결되어야 한다는 것에 대해 자유주의 입장에서도 동의할 것이다. 그러므로 자유주의가 우려하는 부작용 없이 사회보장이 가능하다면 굳이 사회보장에 반대하지 않을 것이다.

이 글은, 토지가 국민 공동자산이라는 움직일 수 없는 진실을 수용하기만 하면 복지주의와 자유주의를 다 같이 충족하는 사회보장제도를 설계하는 것이 가능하다는 것을 보이는 것이 목적이다. 고정관념과 이해관계를 떠나 이성을 통해 문제를 풀어나간다면 양 극단이 갈등과 대립을 해소하고 상생과 화합으로 나아가는 길에 합의할 수 있다는 것이 이 글에서 주고 싶은 메시지이다.

---

* '자유주의'에는 여러 종류가 있으나, 이 글에서는 사회보장에 가장 소극적인 입장을 취하는 사상 즉 신자유주의(neo-liberalism), 신우파(new right), 최대자유주의(libertarianism) 라고 불리는 사상을 대상으로 한다.

자유주의자 1: 경제학자 프리드먼의 견해

자유주의의 핵심은 '선택과 시장'이다. 자유주의에서는 개인주의를 바탕으로 하면서 선택의 자유와 선택과 책임의 연계를 중시하며, 경제문제는 시장을 통해 해결하는 것이 최선이라고 본다. 재분배는 선택의 자유를 제약하고 선택과 책임의 연계를 약화시키며 도덕적 해이를 야기하지만 사회보장을 위해서는 불가피하다고 본다. 그러면서도 재분배는 정부를 확대하고 시장을 축소·왜곡함으로써 오히려 사회보장의 원인인 빈곤 해결에 지장을 준다고 비판한다.

먼저 자유주의 이론가로 프리드먼과 노직을 선정하여 사회보장과 재분배에 관한 그들의 견해를 검토하고 그에 충실한 사회보장제도를 설계해 보자. 밀턴 프리드먼은 자유주의 진영의 대표적 경제학자로서 1980년대 이래 지금까지 세계를 휩쓸어온 신자유주의 물결의 이론적 근거를 제공한 핵심 인물이며, 노직은 최대자유주의 철학자로서 가장 철저하고 논리적인 자유주의 철학을 제시한 것으로 평가받고 있다. 우선 프리드먼의 견해를 검토하고, 다음 장에서 노직의 견해를 검토하기로 한다.

기회균등과
사회보장 사회보장에 대한 프리드먼의 입장을 이해하기 위해 우선 그의 기본 철학을 알아 두는 것이 좋겠다.

> 자유주의 철학의 핵심은 개인의 존엄성에 대한 믿음이며, 자신과 동등한 행위를 하려는 다른 사람의 자유를 방해하지 않는 조건만 충족되면 각자 원하는 바에 따라 능력과 기회를 최대한 발휘할 수 있는 자유에 대한 믿음이다.

······모든 사람은 평등한 자유를 갖는다는 뜻이다.[1]

이처럼 프리드먼의 기본 철학은 '개인 자유의 확대'와 '평등한 자유'라고 요약할 수 있다. 평등한 자유란 아래 인용문에 나타나 있듯이 기회균등과 같은 뜻이다.

평등은 기회의 평등이며 이는 각자 목적을 추구하는 능력의 활용을 가로막아서는 안 된다는 뜻이다. 기회의 평등은 인격의 평등과 마찬가지로 자유와 충돌되지 않는다. 오히려 자유의 본질적 요소이다.[2]

이처럼 프리드먼은 기회의 평등은 지지하지만 결과의 평등에는 반대한다. 따라서 국가에 의한 사회보장에 대해 소극적이다.

[자유주의자는] 불운한 사람을 돕기 위한 민간의 자선행위는 자유의 정당한 표현으로 볼 것이다. ······그러나 자발적인 행위 대신 강제적인 수단을 사용한다면 이를 흔쾌히 수용하지는 않을 것이다.[3]

그러나 프리드먼은 이 세상에는 책임 능력이 없는 사람도 있으며 이들에 대한 배려가 필요하다는 사실을 인정한다.

자유란 책임 능력 있는 개인에게나 적합한 목표이다. 정신이상자나 어린이에게는 이런 자유가 어울리지 않는다고 본다. ······책임 능력이 없는 개인에게는 온정주의(paternalism)를 적용할 수밖에 없다.[4]

이처럼 국가에 의한 사회보장의 필요성을 일단 긍정하게 되면 자유주의 신념의 완벽성에 흠이 생긴다는 점도 인식하고 있다.

> 온정주의적 정부 활동의 필요성은 자유주의자에게는 여러 가지로 골치 아픈
> 문제다. 자유주의가 기피하는 '누군가 타인을 대신하여 결정한다'는 원칙을
> 받아들여야 하며, 또 이런 원칙은 그 포장이 공산주의건 사회주의건 복지국
> 가건 간에 자유주의의 주적인 집단주의의 핵심이기 때문이다.[5]

그러면서도 프리드먼은 한 걸음 더 나아가서 책임 능력 없는 사람에 대해서만이 아니라 빈곤층 전반에 대한 사회보장의 근거를 제시하기도 한다.

> [빈곤 구제를 위한] 하나의 방법이자 가장 바람직한 방법은 민간의 자선이
> 다. …… [그러나] 민간의 자선에만 의존할 수는 없다는 의견도 있다. 그 이
> 유는, 자선의 혜택은 기부자 아닌 타인에게도 돌아간다는 소위 '이웃효과
> (neighborhood effect)'가 있기 때문이다. 타인의 빈곤을 보면서 마음이 불
> 편한 사람은 빈곤이 완화되면 마음이 가벼워진다. ……즉 타인의 자선행위
> 의 혜택이 부분적으로 나에게도 돌아온다는 것이다. ……타인이 기부를 한
> 다면 나도 기부할 생각이 있고, 타인의 확약이 없으면 나도 기부를 하지 않
> 게 된다는…… 이런 근거에서, 빈곤 축소를 위한 정부 조치의 정당성을 인
> 정할 수도 있다.[6]

이상을 종합하면 사회보장의 근거로 프리드먼이 제시하는 것은 두 가지다. 하나는 자유주의 논리의 필연적 결과로서, 선택에 대해 책임을 질 능력이 없는 사람이 있다면 이들을 위한 사회보장이 필요하다. 또 하나는 논리적 필연은 아니지만, 이웃효과의 문제에 대해 공동

보조를 취하기 위한 사회보장의 가능성도 있다.

프리드먼이 제시한
사회보장은 '부의 소득세'
프리드먼은 이러한 근거에서 사회보장을 소극적으로나마 긍정하지만 기존 사회보장제도에 두 가지 치명적인 결함이 있다고 지적한다. 하나는 빈곤층 지원이 목적이라면 그 목적에 집중하면 되는데 특정 직업, 연령, 임금층, 노동조합, 산업 집단을 대상으로 하는 번잡한 프로그램이 존재한다는 것이다. 다른 하나는 가격 지지, 최저임금, 관세 등을 통해 시장을 왜곡한다는 것이다.[7]

이런 문제를 피하기 위해 그가 제안하는 구체적인 사회보장 방식은 '부의 소득세(negative income tax)' 제도이다. 부의 소득세는 일반 소득세의 대칭형이다. 일반 소득세가 면세점 이상의 소득에 일정 세율을 곱한 금액을 소득자로부터 징수하는 조세인 것처럼, 부의 소득세는 소득이 면세점 이하일 경우에 그 차액에 일정 세율을 곱한 금액을 소득자에게 지급하는 것이다. 징수하는 대신 오히려 지급하기 때문에 이를 부(negative)의 소득세라고 한다. 다른 공제액이 없고 세율이 일정하다고 가정하면 소득세액은 다음과 같다.

소득세액 = (소득 − 면세점) × 소득세율

위 수식에서 소득이 면세점 이하가 되면 소득세액이 음수가 된다. 이는 정부가 소득자에게 그 금액을 지급한다는 것을 의미한다. 예를 들어 면세점이 연 2,000만 원, 소득세율이 20%라면 소득이 전혀 없는 사람은 연 400만 원을, 연간 소득이 1,500만 원인 사람은 100만 원을 정부로부터 받는다는 것이다. 소득이 전혀 없는 사람이 받게 되는 금액을 생활에 필요한 기본생활비가 되도록 면세점을 책정하면 이걸로 다른 사회보장제도를 모두 대체해도 된다는 것이 그의 생각이다. 또한, 프리드먼은 저소득층에게 노동 유인을 주기 위해 면세점을 기본생활비보다 높게 정하는 방안도 제시하였다. 이것은 우리나라에도 근로장려세제(EITC)라는 이름으로 제도화되어 있다.

프리드먼의 제안은 간명하면서도 기본생활비와 면세점 사이의 소득자에게 노동 유인을 제공한다는 장점이 있기는 하지만, 엄격한 자유주의 신념에 비추어 보면 좋은 평가를 받지는 못할 것이다. 가장 큰 문제는 부의 소득세 역시 재분배의 하나이므로 '선택과 책임의 연계'라는 기준에 위배된다는 점이다. 책임 능력 없는 국민만이 아니라 모든 빈곤층이 수혜자가 되기 때문이다. 이런 비판에 대해 프리드먼은 부의 소득세 제도가 최선은 아니지만 이미 여러 종류의 '더 나쁜' 사회보장제도가 존재하는 현실에서는 이렇게라도 하는 게 낫다고 답한다. 현실을 감안한 차선의 선택이라는 것이다. 그가 걱정하는 정작 중요한 문제점은 부의 소득세제의 정치적인 측면이다. 다수가 소수 빈곤층을 위해 자발적으로 사회보장제를 선택하는 것이 아니라 다수의 수혜자가 소수 부유층의 부담을 늘려갈 위험성이 있다는 것이다. 그러나 이는 유권자의 자제와 양식에 기대하는 수밖에 없다고 한다.[8]

자유주의자 2: 철학자 노직의 견해

최소국가와

분배 규칙　그렇다면 재분배 없는 사회보장은 불가능한가? 사회보장을 위해서는 반드시 재원이 필요한데 재원의 성격에 따라 답이 달라

진다. 개인의 노력과 창의에 의하지 않고 창출된 상당한 금액의 가치가 존재하고 모든 사람이 그 가치에 일정한 지분을 가진 경우에는 가능할 것이고 그렇지 않다면 불가능할 것이다. 이 가능성 여부를 검토하기 위해 자유주의 철학 내에서 정당한 재산권이 무엇인지, 그리고 이런 재산권을 침해하지 않는 재원은 없는 것인지를 탐색해 볼 필요가 있다.

이를 위해, 가장 철저한 자유주의 철학자로 잘 알려진 노직의 논리를 살펴보기로 한다. 노직은 개인의 존엄성을 중시한다는 점에서 프리드먼과 공통된다. 노직이 희망하는 국가, 즉 최소국가(minimal state)는 "국민을 불가침의 개인으로 그리고 타인에 의해 수단과 도구와 자원으로 이용당해서는 안 되는 개인으로 대우하며, 개인적인 권리를 가진 인간 그리고 그 권리가 보장하는 존엄성을 가진 인간으로 대우한다".[9] 이런 전제 위에 노직은 국가의 기능을 다음과 같이 제한한다.

> 국가에 관한 우리의 핵심 결론은 다음과 같다. 첫째, 강압, 절도, 사기로부터의 보호, 계약 이행의 보장 등 좁은 기능에 국한된 최소국가는 정당하다. 둘째, 그 이상의 확대국가는 국민의 강제받지 않을 권리를 침해하므로 부당하다. 셋째, 최소국가는 옳을 뿐 아니라 감동적(inspiring)이기까지 하다. 여기에서부터 두 가지 중요한 의미가 도출된다. 최소국가는 그 권력 장치를 이용하여 일부 국민으로 하여금 다른 국민을 지원하도록 해서도 안 되고 국민이 스스로를 보호하려고 취하는 행위를 막아서도 안 된다.[10]

즉 국가는 질서 유지와 권리 보호라는 최소한의 기능 이상으로 확대되어서는 안 된다는 것이다. 이런 최소국가에서는 사회보장제도를 도입하려고 하지 않을 것이다. 최소국가는 "권력 장치를 이용해서 일부 국민으로 하여금 다른 국민을 지원하도록" 해서는 안 되는데, 사회보장을 위해서는 정부 주도의 재분배가 불가피하다고 생각하기 때문이다. 그러나 만일 재분배를 동반하지 않는다면 최소국가에서도 사회보장이 존재할 수 있다. 이것이 가능한지를 판단하려면 최소국가에서 누가 무엇을 소유하는 것이 정당한지를 정하는 분배 규칙을 검토할 필요가 있다.

최소국가에서 분배의 정당성은 다음 세 가지 규칙에서 나온다.

> 1) 취득 규칙: 소유자가 없는 물자를 최초로 소유할 때 적용되는 규칙.
> 2) 이전 규칙: 소유자가 있는 물자를 소유권 이전을 통해 취득할 때 적용되는 규칙.
> 3) 교정 규칙: 규칙 1)과 2)를 충족시키지 못한 경우에 적용되는 규칙.

세 규칙 중에서 가장 기본적인 것은 취득 규칙이다. 정당한 취득이 이루어지지 않으면 이전의 정당성도 인정될 수 없기 때문이다. 노직의 취득 규칙을 이해하기 위해 우선 로크(John Locke, 1632~1704)의 이론을 간략하게 소개한다. 노직의 취득 규칙이 바로 로크가 『통치론』에서 전개한 재산권 이론을 출발점으로 삼기 때문이다.

로크에 따르면 인간은 자신의 심신에 대한 소유권과 심신을 활용하여 이룩한 행위 결과에 대한 소유권을 가진다. 로크는 여기에서 한 걸음 더 나아가서 행위의 결과가 아닌 '토지와 같은 자연물'(이하 '토지'라고 부른다)에 대해서도 일정한 조건 하에 소유할 수 있다고 하였다. 토지에 노동을 가미하여 자연 상태로부터 분리하게 되면 "적어도 그에 못지않은 질의 충분한 양이 다른 사람에게도 공동의 것으로 남아 있는 경우에는(at least where there is enough, and as good left in com-

mon for others)"생산물은 물론이고 토지에 대해서도 재산권을 인정할
수 있고 또 인정해야 한다고 하였다. 로크가 재산권 인정의 조건으로
붙인 문구는 이후 재산권 이론에서 끊임없이 인용되어 왔으며 이를
'로크의 단서(Lockean proviso)'라고 부른다.

다른 사람을 불리하게

해서는 안 된다 로크의 단서를 엄격하게 적용하면 토지 재산권을 인
정할 여지가 매우 좁다. 로크의 입장에서 토지에 인공을 가미하여 재
산권을 취득하려면 그 토지와 비슷한 질의 토지가 충분히 존재하여
다른 사람도 원한다면 얼마든지 토지를 취득할 수 있어야 한다. 이런
가능성은 거의 없다는 사실을 우리는 너무나 잘 알고 있다. 그래서 노
직은 로크의 단서를 완화하여 "다른 사람을 불리하게 하지 않는 경
우"라고 수정하였다.[11]

그렇다면 노직이 완화한 단서는 어떤 상황에서 충족되는가? 노
직은 여기에 대해 분명한 답을 제시하지 않았다. 그러나 그의 생각
을 추측할 수 있는 언급은 있다. 우선 노직은, "어느 땅에 울타리를
친 사람이 있다면 그는 울타리 및 울타리 바로 밑의 토지만 측량할
수 있을 뿐 울타리 안의 토지에 대해서는 측량할 이유가 없다"고 하
였다.[12] 즉 토지의 사유를 허용할 수 없는 것은 아니지만 로크의 단서
를 적용할 때의 허용 범위는 극히 제한적이라는 것이다. 또 이런 예
도 들고 있다.

사막에 샘이 하나밖에 없다면 이를 독차지해서는 안 된다. 또 샘이 여럿 있
다고 해도 다른 샘은 다 말라버리고 하나의 샘에서만 물이 나올 때 그 주인
이 이를 독차지하고 마음대로 물 값을 받아서는 안 된다. 이런 불행한 상황

이 샘 주인의 잘못으로 초래된 것은 아니지만 로크의 단서에 어긋나기 때문에 재산권이 제한된다. 또 어느 해역에 섬이 하나밖에 없다고 할 때 섬 소유자는 해난 사고를 당한 자의 상륙을 막을 권리가 없다. 이 역시 로크의 단서에 어긋나기 때문이다.[13]

위의 예에서 볼 때 노직은 토지에 대한 타인의 생명을 위협할 정도의 극단적인 토지 독점은 명백하게 로크의 단서에 위배되는 것으로 보고 있다. 이런 극단적인 경우가 아니라면 노직은 '보상'을 조건으로 토지 재산권 취득의 가능성을 열어 놓았다.

> 물자를 차지함으로써 로크의 단서에 위배되는 것처럼 보이는 경우에도 보상을 하여 다른 사람을 불리하게 만들지 않는다면 그 물자를 차지할 수 있다. 그러나 다른 사람들에게 보상하지 않고 물자를 차지한다면 이는 취득에서의 정의의 원리에 어긋나므로 부당한 취득이 된다.[14]

이런 여러 가지를 종합하면, 토지 취득에 관한 노직의 분배 규칙은 다음과 같이 요약할 수 있다.

1) 극단적인 독점이 아니라면 토지의 취득이 허용된다.
2) 토지를 취득하지 못하는 다른 사람들을 불리하게 하지 않을 적절한 보상이 필요하다.

노직은 기회균등을 부정하는가?

여기에서 잠시 기회균등에 대한 노직의 생각을 짚어볼 필요가 있다. 노직은 기회균등에 대해 비판적이었다. 가장 중요한 이유는 기회균등을 위해서는 최소국가에서 허용되지 않는 재분배가 불가피하다고 보았기 때문이다.

> 기회균등을 도모하는 데는 두 가지 방법이 있다. 기회가 많은 사람의 처지를 악화시키거나 기회가 적은 사람의 처지를 개선하는 방법이다. 후자를 위해서는 자원을 사용해야 하는데 그러자면 누군가 타인의 처지를 악화시켜야 한다.[15]

이런 총론에 이어 노직은 기회균등에 대한 자신의 생각을 잘 드러내주는 사례를 들고 있다.

> 아내가 다른 사람의 구혼을 물리치고 나와 결혼한 이유 중 일부가 내 노력의 결과가 아닌 예리한 지능과 멋있는 용모라고 할 때, 지능과 용모에서 불리했던 그 구혼자가 불공평하다고 주장하는 것은 정당한가?[16]

> 어떤 어린이가 수영장 있는 집안에 태어나 매일 수영장을 이용하는 경우에, 다른 어린이에 비해 그런 혜택을 받을 응분의 이유(desert)가 없다는 이유로 불공평하다고 해야 하나?[17]

위의 사례는 천부적 자질과 생장환경에 관한 것으로서 노직은 이런 기회의 차이를 시정할 필요가 없다고 본다. 그렇다면 노직은 사회제도에 의한 기회의 차별도 인정하는가? 아닌 것으로 보인다. 그 근거는 두 가지다. 하나는 최소국가에서는 모든 인간이 평등한 불가침의 존재이며 존엄성을 가지므로 노예제도, 반상제도, 카스트제도 등 신분에 의한 기회의 차별을 둘 수 없다는 점이다. 또 하나는 로크의 단서를 노직이 재산권의 근거로 삼는다. 로크의 단서는 바로 기회

균등의 표현이라는 점이다. 이런 점을 종합하면 노직은 제도에 의한 기회의 차별에는 반대하지만 천부적 자질과 생장환경의 차이는 그대로 인정하자는 입장으로 보인다.

　　나아가서, 천부적 자질이나 생장환경 외에 개인의 선택과 무관하게 인생에 영향을 주는 요인으로는 인생살이에서 작용하는 갖가지 행운 또는 불운도 있으며, 이를 모두 묶어서 '운'이라고 표현할 수 있다. 노직은 운은 그냥 개인의 몫으로 방임하자는 입장인 것으로 보인다. 이런 연장선상에서 노직은 본인의 책임 없이 불운에 빠진 사람에 대해서도 사회보장을 할 필요가 없다는 결론에 이르게 되는데, 그 이유는 사회보장을 위해서는 재분배가 불가피하다고 보았기 때문이다. 그렇다면 노직의 논리 체계에서는 재분배가 없는 사회보장은 반드시 불가능한 것인가?

자유주의에 맞는 사회보장 재원은 지대

토지 소유의

특권과 지대　토지 취득에 대한 노직의 입장은 "극단적인 독점이 아니라면 토지 소유가 허용되지만, 토지를 소유하지 못하는 다른 사람들을 불리하게 하지 않을 적절한 보상이 필요하다"는 것이다. 이에 부합하는 토지 소유제도는 어떤 모습일까? 보통의 토지 사유제는 분명히 아니다. 원칙적으로 그것은 토지의 극단적인 독점을 금지하는 제도가 아니며, 또 금지한다고 해도 토지 소유자가 다른 사람의 불이익을 보상해 주지 않는 제도이기 때문이다. 노직의 입장에 맞게 토지의 사적 소유를 인정하려면 토지 소유자는 소유로 인해 누리는 이익, 즉 특권의 이익을 내놓고 그걸로 다른 사람의 불이익을 보상해야 한다. 토지 소유로 인해 유리해지는 정도인 동시에 토지를 소유하지 못한 사람이 불리해지는 정도를 반영하는 가격이 지대이므로, 결국 토지 소유자는 지대를 내놓고 모든 주민이 이를 나누어 가지면 보상 문제는 해결된다.

　토지 소유자로부터 지대를 징수하는 제도는 헨리 조지가 지대조세제(land value taxation)라는 명칭으로 제시한 바 있다. 이 제도는 명칭이 '세제(taxation)'이기는 하지만 지대 환수 형식이 '조세'라는 뜻일 뿐 노직이 "노동 생산물에 과세하는 것은 노동을 강요하는 것과 같다"[18]고 보아 거부하는 그런 조세가 아니다. 노직이 반대하는 조세는 '대가관계가 없는 강제 징수금'이지만, 지대는 토지시장에서 토지 임차인이 임대인에게 자발적으로 지불하는 토지 임차료와 같으므로 대가관계가 있다.*

지대기금으로
사회보장을 　지대를 징수한다면 정부 또는 어떤 공적인 기구가 지대

---

* 그런데 어쩐 일인지 노직은 지대조세제를 부정하는 것으로 보이는 표현을 한 바 있다. "왜 노동이 생산한 부가가치만이 아니라 [토지를 포함한] 대상물 전체에까지 소유권리가 확장되어야 하는가? ……부가가치 재산권에 관한 현실적이고 일관된 제도가 아직 제시되지 못했고, 어떤 제도든 헨리 조지의 이론을 무력화한 (또는 그와 비슷한) 반론에 부닥치고 말 것이다."(Nozick, Robert, *Anarchy, State and Utopia*, New York: Basic Books, 1974, p. 175) 노직이 헨리 조지 이론이 부닥치는 "반론"이 어떤 것인지 명시하지 않아서, 그가 부정적인 태도를 취하는 이유를 알기 어렵다. 아마도 노직은 지금과 같은 사유재산제에 너무 익숙한 나머지, 지대조세제야말로 취득 규칙을 완벽하게 충족시키는 제도라는 점을 제대로 이해하지 못했던 것으로 보인다. 노직 자신이 제시하는 취득 규칙에 따르면 타인에 대한 적절한 보상을 하지 않으면 토지 취득이 불가능하다. 그런데도 불구하고, 노직은 토지의 사적 소유를 지지하면서 지대 환수에는 부정적이다. 이는 노직의 딜레마이다.

를 수납하여 하나의 기금으로 만들어 관리하는 것이 간편할 것이다. 이런 기금을 '지대기금'이라고 부르기로 한다. 노직의 최소국가처럼 인간의 평등을 전제하는 국가에서는 지대기금에 대한 개인별 지분의 크기는 당연히 동일하다.

환수한 지대로 개별 국민에게 보상하는 방법에는 여러 가지가 있을 것이다. 가장 단순한 방법으로는 모든 국민에게 동일한 금액을 나누어 주는 방법이 있다. 일부에서는 이런 배분금을 국민배당금(citizens dividend)이라고 부르기도 한다.[19] 실제로 알라스카에서는 석유채굴세(severance tax) 수입을 주민에게 현금으로 나누어 주는 사례가 있다. 재원이 지대에 국한된 것은 아니지만 비슷한 예로, 모든 국민에게 일정한 최저소득을 동일하게 나누어 주자는 기본소득제(basic income)가 유럽을 중심으로 제안되고 있기도 하다.[20] 아무런 조건도 제약도 없이 모든 국민에게 일정액을 지급하는 이 방법은 소득 조사(means-test)가 필요 없다는 점에서 자유주의와 가장 어울린다.*

지대기금이 상당한 수준의 사회보장을 감당할 수 있는 금액이 될까? 2008년에 전국 공시지가 총액이 3,000조 원을 돌파했는데 지가를 지대로 환산하는 비율을 연 3% 내지 4% 정도로 잡으면 지대기

---

* 소득 조사는 소득세든 생존권보험이든 소득을 기준으로 삼는 제도에서는 불가피하지만 소득 조사에 따른 사생활이나 인격 침해 가능성을 막으려면 소득 신고제를 활용하는 방안도 고려할 수 있다. 신고제를 채택하면 축소 신고 사례가 너무 많아질 것이라는 우려가 있겠지만, 축소 신고에 따른 이익만이 아니라 손실도 발생할 수 있도록 해주면 된다. 예를 들면 병역(현역 복무, 예비군 훈련, 민방위 훈련 등), 투표 참여, 증인 출석, 배심 활동 등 일시적으로 공무를 수행하는 경우에 신고 소득으로 보상하고, 각종 손실보상과 손해배상 등에서 신고 소득을 기준으로 삼고, 소득 연계 금융대출(DTI)과 벌금 미납자에게 과하는 노역 또는 사회봉사의 일수 산정에서도 신고 소득을 반영하는 방법 등이 있다. 이와 같이 신고 소득액이 낮을수록 불리해지는 경우를 많이 만들수록 축소 신고는 줄어들 것이다.

표7-1 **2011년도 사회복지 예산**

분야	세출 예산 (일반회계 + 특별회계)	비고
기초생활보장	7조5,168억	
아동, 장애인 등	1조0,460억	
공적 연금	4억	
보육, 저출산	2조5,108억	
노인	3조7,145억	
사회복지 일반	5,269억	
보건의료	7,297억	
건강보험	4조6,471억	보험공단 총부담액은 20조 원 정도
합계	**20조9,407억**	

출처: 국회 예산정책처, 『2011년도 대한민국 재정』, 324쪽.

금의 수입은 연간 약 100조 원 정도가 된다. 국민 1인당 200만 원 꼴이며, 2011년 최저생계비가 4인 가구 기준으로 연간 1,700만 원이 조금 넘는다는 점을 감안하여 4인 가구당 연간 2,000만 원씩 나눈다면 500만 가구 즉 2,000만 명에게 나눌 수 있는 금액이다. 반면에 2011년 복지 예산은 〈표 7-1〉과 같다. 이런 통계를 보면, 사회보장 수준을 상당히 높인다고 해도 지대기금이 사회보장 재원으로 부족하지는 않을 것이다.

또, 지대를 환수하면 지대 자체가 현재보다 상승한다. 여기에 토지 지대와 다르지 않은 가치, 예를 들면 환경세, 자원세, 기타 사회가 설정하는 특권의 이익 등을 합하면 훨씬 큰 금액이 된다. 아래에서 제안하듯이 보험금 상환 의무를 부과하는 방식을 택한다면 상환액만큼 지대기금이 더 늘어난다.

그러나 지대를 모든 국민에게 동일하게 나누어 준다면 분배액이 기본생활비에 미치지 않을 수 있다. 또 지대 환수액의 일부를 사회보장 이외의 정부 비용으로도 사용한다면 부족액이 커질 수 있다. 자유주의의 이상에 따르면 시장 왜곡을 초래하는 조세를 최소화해야 하는데, 지대 환수는 시장을 왜곡하지 않으므로, 다른 조세를 줄이고 지대로 정부 경비를 조달하는 것이 바람직하다. 그렇다면 특정 조건을 충족하는 소수에게만 실제 급여가 이루어지는 보험 방식을 설계해 볼 필요가 있다.

모든 사람에게 인간다운 최저생활을 보장하기 위한 보험을 '생존권보험'이라고 부르기로 한다. 생존권보험은 모든 국민이 수태 시점에 자동 가입하는 것으로 한다. 보험의 3대 요소인 보험료, 보험 사고, 보험금은 다음과 같다. 첫째로, 보험료는 모든 국민이 자신의 지대 지분으로 지불한다. 실제로는 능률을 위해 지대기금을 관리하는 기구가 대납하게 될 것이다. 수태 전의 모든 잠재적 인간은 불우한 인생에 처할 확률이 동일하기 때문에 보험료는 사람마다 다르지 않다. 보험료는 기본생활비, 소득분포, 지대기금의 규모, 지대기금 중 사회보장에 할애하는 비율 등에 따라 다르므로 사회적 합의를 통해 정한다. 둘째로, 보험 사고는 소득이 인간다운 생활에 필요한 기본생활비에 미달하는 상태를 말한다. 기본생활비는 개인의 처지에 따라 다르게 정할 수 있다. 셋째로, 보험금은 기본생활비와 소득 간의 차액이 된다.

프리드먼이 제시한 부의 소득세처럼 기본생활비 이상의 소득을 얻는 자에게 근로 유인을 부여하는 것이 필요하다면 근로장려세제를 병행하면 된다. 또 보험 급여에 관한 세부적인 업무는 민간 회사에 맡겨도 된다. 여러 보험회사가 경쟁한다면 그만큼 국민의 선택 폭이 넓어진다. 자녀를 위해 최초로 가입할 경우에는 보험회사를 부모가 선택하겠지만, 자녀가 일정 연령 이상이 되면 본인의 판단에 따라 보험 회사를 바꿀 수 있도록 한다.

생존권보험은 현재의 사회보장 중 국민기초생활보장, 국민연금과 기초노령연금 등 사회연금, 실업급여를 바로 대체할 수 있으며 건강보험, 장기요양보험, 의료부조 등 의료 관련 사회보장, 산재보험 등도 설계하기에 따라서는 대체할 수 있다. 나아가서, 교육과 주거와 기본적인 문화생활의 보장을 위해서도 지대기금을 활용할 수 있다.

잘살게 되면 과거 수령한
보험금을 상환하도록
일반 보험과 달리 생존권보험의 보험 사고에는 특수한 면이 있다. 보험 사고 발생 여부를 판단하는 기간에 따라 판단의 결과가 달라질 수 있다는 것이다. 예를 들어 스키장 시설을 임차하여 성공적으로 운영하는 업주가 있다고 할 때 일 년간의 총소득을 보면 보험 사고가 발생하지 않지만 여름철만 보면 보험 사고가 발생한 것으로 오인할 수 있다. 또 인생에는 기복이 있기 마련이어서, 일생 동안 엄청난 소득을 버는 사람도 그중 몇 년간은 심각한 위기에 처할 수가 있다. 일생을 단위로 잡으면 보험 사고가 존재하지 않는데도 불구하고 단위 기간을 짧게 잡으면 반대의 결과가 나올 수 있다는 것이다. 따라서 기본생활비 지급 여부는 한 달 또는 일 년 정도의 단기를 단위로 판단하되, 시간 단위를 길게 잡아 그 기간의 총소득이 일정 수준 이상이면 보험 사고가 발생하지 않은 것으로 보아 과거에 지급한 보험금을 환수하는 것이 옳다. 기본생활비 이상의 소득자에게 근로 유인을 부여하기 위해 근로장려금을 지급한다면 이 금액에 대해서도 상환 의무를 부과한다. 다만 상환 의무는 양도와 상속의 대상이 되지 않는 것으로 한다.

이처럼 모든 보험금 수령자에게 상환 의무를 부과할 경우에 의무 이행을 원활하게 하기 위해 상환금 예치제도를 두어도 좋을 것이다. 상환금 예치제도란 현재 소득이 높은 사람이 앞으로 보험금을 수령할 경우에 지게 될 상환 의무에 대비하기 위해 미리 적립해 두는 제도를 말한다. 일생 동안 보험 사고 없이 사는 사람도 많을 것이기 때문에, 이런 제도에 참여하도록 하기 위해서는 적절한 유인이 필요하다고 본다. 예를 들어 노령에 이르면 후한 이자를 쳐서 적립금을 되돌려 주는 것이다. 이렇게 한다면 상환금을 예치하는 사람은 노후 생활에 대비하여 좋은 조건의 연금에 가입한 것과 같은 결과가 된다.

선택에 의한 빈곤자도
지원할 것인가?　생존권보험에서 자신의 선택에 따라 빈곤한 삶을 사는 사람을 어떻게 할 것인지에 대해서는 좀 더 생각할 점이 있다. 일반 보험에서는 보험 사고의 요건으로 우연성이 필요하다. 즉 사고에 피보험자의 고의가 개입되지 않아야 보험금을 지급한다는 것이다. 그러나 생존권보험의 목적은 인간다운 생활을 보장하는 데 있으므로 신중하게 생각할 점이 있다.

　　이와 관련하여 앞서 인용한 프리드먼의 견해를 다시 생각해 보자. "평등은 기회의 평등이며 이는 '각자의 목적'을 추구하는 능력의 활용을 가로막아서는 안 된다는 뜻이다."[21] 여기서 "각자의 목적"은 경제적 자립만을 의미하지 않고 각자 원하는 바에 따라 예술, 수양, 종교 등의 목적도 될 수 있을 것이다. 즉 인간의 기본권으로서 '인생 선택권'을 인정한다는 것이다. 그렇다면 선택에 의한 빈곤자에게도 보험금을 지급하여야 한다. 이렇게 하면 비경제적 가치를 추구하는 삶을 선택하는 자를 보호할 수 있으므로 자유주의가 중시하는 인간의 존엄성과 인생의 다양성에 기여하게 된다. 또 현행 건강보험의 경우, 스스로 건강을 챙기지 않는 사람 또는 심지어 자해를 하는 사람도 보험 적용에서 배제하지 않는데, 생존권보험에서 인생 선택권을 인정할 수 있는 하나의 참고 사례가 될 수 있다.

반면에 인생 선택권을 인정한다면 놀고먹으려는 사람이 폭증하고 경제를 해칠 것이라는 상식 수준의 비판이 제기될 것이다. 이에 관해서는 여러 상반된 견해가 있으나 자세한 언급은 생략한다.[22]

자유주의와 복지주의의 평가, 그리고 대안

생존권보험에 대해 자유주의자들과 그리고 복지주의자들이 각각 어떻게 평가할지를 생각해 보자. 평가 대상이 되는 생존권보험은 모든 빈곤층에게 보험금을 지급하되 상환 의무를 부과하며 근로장려금 제도를 두는 것을 그 내용으로 한다.

자유주의의

평가 자유주의자들 중에는 프리드먼이 제시한 부의 소득세든 이 글에서 설계한 생존권보험이든 간에 여하튼 개인의 선택과 무관하게 강제로 적용한다는 점을 비판하는 사람이 있을 것이다. 그러나 어떤 제도를 강제로 적용한다고 해서 반드시 자유주의에 위배되는 것은 아니다. 이 점을 입증하기 위해 철저한 자유주의자인 노직의 논리를 차용해 보자. 노직은 최소국가의 정당성을 옹호한다. 최소국가도 국가인 만큼 국경 내의 국민 모두에 대한 지배권을 가져야 하는데, 국경 내에 거주하지만 특정한 최소국가의 지배를 원하지 않는 사람이 있다면 어떻게 할 것인가? 이 문제를 해결하기 위한 하나의 방법으로 노직은 '보상의 원리'를 제시한다.

> 타인을 해롭게 할 수도 있다는 이유로 특정 행위 금지라는 불이익을 당한 사람은 타인을 보호하기 위해 가해진 불이익에 대해 보상받아야 한다.

위의 문장은 '보상이 필요하다'는 점을 부각시켰지만 다른 각도에서 보면 '특정한 경우에는 보상을 한다는 조건 하에 강제도 가능하다'는 말도 된다. 이런 논리에 의해 노직은 국경 내의 모든 국민을 보호하는 최소국가를 정당하다고 보았다. 이때의 보상은 다른 사람과 같은 보호라고 하였다. 생존권보험의 경우에, 강제 가입 방식을 취하지 않으면 보험 자체가 성립되기 어려워 일반 국민의 생존권을 해롭게 할 수 있다. 그러므로 가입을 원하지 않는 사람도 가입시키는 대신 그에 대한 보상을 하면 된다. 보상은 보험 혜택, 즉 생존권 보장이다.

생존권보험은 자동차 책임보험과 비슷한 점이 있다. 현재 대부분의 국가에서 자동차 소유자는 책임보험에 의무적으로 가입하여야 한다. 자동차 사고는 나기 마련이고 타인에게 심각한 피해를 줄 수 있기 때문에, 자동차 운전을 금지하지 않는 한 보험 가입을 강제하는 것이 정당화된다. 이때 원하지 않는 보험에 가입한 자에게 돌아가는 보상도 자발적인 가입자와 같은 보험 급여이다. 노직도 이러한 자동차 책임보험에 대해서는 반대하지 않을 것으로 생각한다.

이런 논리에 따라 자유주의가 생존권보험을 부정하지 않는다고 해도 최선의 대안이라고 본다는 법은 없다. 그런 의미에서 자유주의가 제시했던 사회보장제도인 부의 소득세 제도와 생존권보험을 비교해 보기로 한다.

첫째로, 부의 소득세가 재분배를 필연적으로 수반하는 데 반해서 생존권보험은 각자 자신의 지대 지분권을 행사하는 것일 뿐 다른 누구의 재산권을 침해하는 것이 아니기 때문에 재분배가 아니다. 이 점은 생존권보험의 가장 두드러진 장점이다. 생존권보험은 사회가 불운한 개인의 인간다운 삶을 보장하는 것이 아니라 각 개인이 자신의 지대 지분을 보험료로 납부한다는 점에서, 엄격하게는 '사회'보장이라기보다 개인의 자기 보장이라고 할 수 있다.

둘째로, 소득세 징수는 시장을 왜곡하지만 지대 징수는 그렇지 않다. 지대를 과표로 하고 있고 세율이 균일한 토지보유세가 가장 시장친화적인 조세라는 점은 새삼 지적할 필요가 없다. 심지어 프리드먼도 토지보유세를 "가장 덜 나쁜 세금(the least bad tax)"이라고 평가한 바 있다.[24] 나아가 생존권보험의 운영을 민간 회사에 맡길 경우에는 여러 보험회사의 경쟁을 통해 가입자의 선택폭이 넓어진다는 점에서도 시장경제에 더 부합한다.

셋째로, 부의 소득세와 생존권보험은 모두 자신의 선택에 의해 빈곤층이 된 사람에게 책임을 묻지 않는다는 문제를 공유한다. 그러나 생존권보험에서는 모든 보험금 수령자가 그에 상응하는 상환 의무를 부담하므로 도덕적 해이를 다소나마 억제한다. 상환 의무가 자신의 사망과 더불어 소멸되므로 개인이 일생 동안 자활 노력을 하지 않고 빈곤층으로 머물면 상환 의무가 무의미해진다는 반론도 있을 수 있다. 그렇지만 상환 의무가 전혀 없는 것보다는 낫다고 하겠다.

넷째로, 부의 소득세를 위해서는 소득세를 징수하는 기구가 필요하고 생존권보험을 위해서는 지대를 징수하는 기구가 필요하다. 또한 두 방식 모두 개인의 소득을 파악해야 한다는 점에 공통성이 있다. 그런데 부의 소득세를 위해서는 지대를 평가할 필요가 없으므로 생존권보험보다 정부 업무가 줄어들 수도 있다. 그러나 재산세 등 토지를 과세 대상으로 삼는 조세를 없애지 않는다면 토지 평가 업무는 그대로 존재한다.

이상의 비교를 종합하면 부의 소득세보다 생존권보험이 자유주의에 더 충실한 방식임을 알 수 있다.

복지주의의

평가 이제 사회보장을 강조하는 복지주의에서는 생존권보험에 대해 어떤 평가를 할지 예상해 보자.

우선 복지주의에서 제시하는 최저기준은 통과하는지를 보자. 최저기준의 한 예로 국제노동기구(International Labor Organization)의 기준이 있다. 사회보장의 확장과 보급을 위해 노력해온 국제노동기구는 1952년 제35회 총회에서 제102호 조약으로 사회보장의 최저기준에 관한 조약을 채택하였는데 조약에는 중요한 세 원칙 즉 대상의 보편성, 비용 부담의 공평성, 급여수준의 적절성이 제시되어 있다.

첫째로 대상의 보편성이란 국민 각계각층을 망라하여 적용한다는 원칙이다. 이 원칙에 비추어 보면 부의 소득세나 생존권보험은 모두 합격이다.

둘째로 비용 부담의 공평성 원칙이란 사회보장비용은 공동 부담을 원칙으로 하되 자산이 적은 자에게 과중한 부담이 되지 않도록 해야 한다는 원칙이다. 부의 소득세도 면세점을 너무 낮게 책정하지 않는다면 이 기준을 통과할 수 있다. 그러나 생존권보험은 국민이 소득과 무관하게 지대 지분으로 보험료를 납부한다. 이처럼 아예 아무런 적극적인 부담이 없으므로 이 기준을 당연히 통과한다.

셋째로 급여수준의 적절성이란 보험급여의 총액과 수익자의 자력을 합한 것이 최저생활이 되도록 해야 한다는 것이다. 부의 소득세건 생존권보험이건 기본생활비를 책정하기에 달려 있으므로 이 기준에 비추어서는 두 제도가 동일하게 평가된다고 하겠다. 이렇게 본다면 국제노동기구의 기준에 따라 비교해 볼 때, 두 제도는 대체로 비슷하지만 생존권보험 쪽이 다소간 나은 제도임을 알 수 있다.

이처럼 최저기준은 통과하더라도 복지주의에서는 생존권보험이 어떤 수준의 사회보장을 제공할 수 있는지에 관심을 가질 것이다. 사회보장의 수준은 부의 소득세이건 생존권보험이건 기본생활비를 어떤 수준으로 책정하는가에 달려 있다. 그러므로 이 문제는 제도 자체의 찬반과는 무관하다.

또 복지주의에서는 획일성 문제도 제기할 수 있다. 기본생활비를 일률적으로 정할 경우에 개인 사정을 배려하는 맞춤형 사회보장이 되기 어렵다는 것이다. 이는 생존권보험을 정교하게 설계함으로써 해결할 수 있다. 생존권보험의 보험금은 기본생활비와 소득 간의 차액이다. 그러므로 기본생활비를 계층별 및 개인의 생애 단계별로 다르게 책정하는 것도 생존권보험을 맞춤형으로 세련시키는 하나의 방법이다.

예를 들어 보자. 인간다운 생활을 위한 기본 영역은 의, 식, 주와 의료, 교육, 문화생활의 여섯 개로 나눌 수 있을 것이다. 이 중에서 의, 식, 문화생활 세 영역의 기본적인 해결에 필요한 비용은 사람에 따라 별로 다르지 않을 것이다. 그렇지만 주택은 지역에 따라, 의료는 건강 상태와 생애 주기에 따라 상당히 차이가 날 것이고, 교육은 일생 중 대체로 청소년기에 집중된다. 따라서 의, 식, 문화생활에 소요되는 기본생활비는 대체로 비슷하게 책정하고 나머지 영역의 기본생활비는 가입자의 사정에 따라 차등을 두면 맞춤형이 될 수 있다. 또 비용이 비슷한 의, 식, 문화생활의 문제는 생존권보험으로 해결하고 거주 지역, 건강 상태, 인생 주기 등에 따라 비용이 달라지는 기타 영역의 문제는 지대기금을 활용하되 별도의 제도를 만들 수도 있다. 예를 들어 주거는 공공주택 공급이나 주거 바우처 제공으로, 의료는 건강보험으로, 교육은 학비 대여제 등의 방법으로 해결할 수 있다.

요약과 마무리 '선택과 시장'에 대한 신념을 가진 자유주의는 재분배를 초래한다는 점에서 사회보장에 소극적이다. 그러므로 재분배를 통하지 않고 사회보장을 할 수 있다면 자유주의가 반대할 이유가 없을 것이다. 토지의 사적 소유를 인정한다면 노직이 제시한 취득의 원리에 따라 토지 소유자가 지대를 내놓고 모든 국민에게 보상하여야 한다. 또 노직의 논리에 따른다면 특정인의 노력에 의해 생산한 결과가 아닌 자연에 대해서는 모든 사람이 동등한 기회를 가지므로 모든 국민은 지대에 대해 동일한 지분을 행사할 수 있다. 즉 국민은 누구나 노동 여부와 무관하게 단지 국민이라는 이유만으로 일정한 금액에 대한 생래적 권리를 가진다는 것이다. 이런 생래적 지분으로 사회보장을 한다면 재분배는 없다.

환수한 지대를 국민 각자에게 나누어주는 방법도 있지만 그 금액만으로 기본생활비를 충당하지 못한다면 보험 방식을 도입하여 생존권보험을 둔다. 생존권보험이란 모든 국민을 수태 시점에 자동 가입시키고 소득이 기본생활비 이하로 떨어지면 그 차액만큼 보험금을 지급하는 사회보험으로서 지대를 재원으로 삼는다. 생존권보험은 재분배가 아니라는 점에서 자유주의가 제시한 사회보장제도인 부의 소득세 제도보다 더 자유주의 원리에 충실한 방식이다. 생존권보험은 국민의 합의에 의해 다양하게 설계할 수 있으므로 사회보장에 적극적인 복지주의에서도 반대할 이유가 없을 것이다. 이처럼 지대를 환수하여 생존권보험을 두는 설계안은, 복지라는 좌파의 이상을 자유주의라는 우파의 방식으로 달성하려는 시도라고 볼 수 있다. 그런 의미에서, 동양의 가치를 서양의 그릇에 담는다는 동도서기론(東道西器論)이라는 표현을 차용하자면, 이 연구는 좌도우기론(左道右器論)으로 부를 수 있을 것이다.

그럼에도 불구하고, 토지의 절대적 사유를 당연시해 온 자유주의와, 재분배는 당연한 것으로서 일반 재원으로 사회보장을 확대해도 좋다고 생각해 온 복지주의에서는 이 글의 내용을 선뜻 수용하기 어려울 것이다. 기존의 상식과 신념을 벗어나는 생소한 발상은 대체로 거부감을 유발하기 마련이지만, 오로지 이성에 의해서만 판단한다면 긍정적인 결론에 도달할 것으로 기대한다.

제 8 장

토지와 도시계획

도시계획과 도시 개발

도시계획은 도시의 건전한 발전, 공공의 안녕질서, 공공복리의 증진을 위한 토지 이용·교통·위생·산업·보안·국방·후생 및 문화 등에 관한 계획이다. 계획 내용은 구체적으로 토지이용계획, 교통계획 및 시설계획, 공원녹지계획, 공공처리시설계획, 상업업무시설계획, 교육·문화시설계획, 방재시설계획, 도시개발사업계획 등을 포함하고 있다.

　　역사적으로 많은 도시들이 산업의 발달에 따른 급격한 인구의 집중과 과밀을 경험해 왔다. 이에 따라 주택 및 처리시설 부족, 교외화와 그에 따른 도심공동화(쇠퇴), 교통 혼잡, 환경 오염, 생태계 파괴 등 다양한 도시 문제들이 발생하고 있다. 교외화 현상, 경제 및 인구사회학적 변화를 통해 종종 도시 내 특정 지역이 쇠퇴하거나 활성화됨으로써 도시 공간구조가 변화하게 된다. 따라서 도시 지역 간, 계층 간 불균형적인 부의 이동과 사회갈등이 초래되기도 한다. 이러한 도시 문제에 대응하기 위해 도시계획은 기본적으로 개인의 토지 소유, 이용, 처분 권한에 대해 규제하면서 공적 투자를 통해 조화로운 도시환경을 구축한다.

토지는 사람이 살아가는 데 필수불가결한 요소로서 햇빛, 물, 공기, 나무, 땅, 자연자원을 포함하고 있다. 토지는 사람이 생산하지 않은 것으로서, 모든 인간이 공평하게 부여받은 유일무이의 자원이고 삶의 근거라고 할 수 있다. 따라서 인간이 토지 위에서 행하는 모든 행위는 신성하며 그 결과는 개인의 소유로서 신성불가침하다고 할 수 있다. 그러나 토지 그 자체는 경제행위의 근거가 되지만 토지 소유 자체로부터 오는 모든 경제적 이익을 토지 소유자가 사유화하는 것은 정의롭지 못하다. 왜냐하면 토지의 가치인 지대(rent)는 사회 공동체가 함께 노동하여 얻어 낸 결과이기 때문이다. 따라서 헨리 조지가 말한 것처럼 토지의 가치인 지대를 회수하여 사회 공동체 운영 재정의 근본으로 삼는 것은 너무나 당연한 결과이다. 이를 위해서는 사회 내부에서 토지의 공공성에 대한 인식 공유가 필요하고, 법적, 제도적 지대 회수 방법 및 회수된 지대의 사용 방법과 용도에 대해 공동체 차원의 합의가 필요하다. 지대를 회수하는 것은 조세제도를 정비함으로써 가능하고, 아울러 회수된 지대를 공간에서 적절히 사용하는 것은 도시계획을 정비함으로써 가능하다.

그러나 현대 도시에서는 위에서 살펴본 것과는 반대로 토지를 통해 사적 이익 즉 토지 불로소득을 실현하려는 동기로 인해 도시 개발이 촉진되고, 도시 환경이 개선되며, 토지의 생산성이 향상되기도 한다. 하지만 동시에 이에 대해 적절한 사회적 협약이나 제한이 가해져야 한다. 그렇지 않을 경우 이는 도시 전체의 조화로운 발전을 저해하는 힘이 되며, 주변 환경에 대한 고려를 외면하도록 만드는 동인이 된다. 토지의 개발에 따른 불로소득을 지나치게 우선시하게 되면 해당 지역의 사회 공동체에 대한 고려가 부족해져 사회갈등이 심화된다. 또한 개발이익이 발생하지 않는 한계토지에 대해서는 투자회피가 심화되어 장기적으로 도심 공동화나 도시 쇠퇴, 교외로의 무분별한 확장 등의 문제를 촉진하기도 한다. 사유화된 토지는 주변 환경 및 정책의 변화에 따른 불로소득을 노리는 투기의 대상이 되기도 한다. 그러므로 도시계획은 토지에 대한 사적 재산권을 적절히 규제하고 균형 있는 공공 개발의 성격을 갖추어 시장의 실패를 보완해야 한다.

이 장은 토지의 사적 소유권과 도시계획이라는 공적 계획과의 상충관계 및 도시의 물리적 계획과 사회적 문제의 상관관계 등을 고찰하고, 도시계획 주요 분야별로 이러한 현상으로 인해 생기는 사회적 문제를 분석한다. 그리고 이러한 문제를 해결하기 위한 방향을 제시하면서 아울러 도시계획에 토지 공개념을 확대하기 위한 공공토지임대제도(Public Leasehold System: PLS)를 검토하고자 한다.

토지 사적 소유권과 도시계획의 관계

토지 사적 소유권과

공적 규제로서 도시계획
도시계획은 기본적으로 도시 공동체의 이익 실현을 전제로 도시 전체 공간의 조화를 구현하기 위해 개별 토지에 대한 개인의 권리, 즉 토지로부터 나오는 이익의 사유화(토지 불로소득)를 제한하게 되는 문제에 늘 직면하게 된다. 이러한 문제가 잘 드러난 사례에는 토지이용계획을 위한 도시계획 수단 중 지역지구제(zoning system)가 있다. 이러한 도시계획 수단을 정당화하기 위해 미국에서 처음 지역지구제와 같은 토지이용규제 제도가 법적 지위를 획득할 때 "경찰력(police power)"이란 개념을 근거로 제시했다. 이는 공동체의 안전과 보건, 복지, 도덕을 보호하기 위해 적절한 조치를 취할 수 있도록 국가가 해당 관할 지역에 위임하는 권한을 의미한다.[1] 이에 따라 정부, 또는 지자체는 도시계획의 필요에 따라 토지를 강제 수용할 수 있는 권리와 특정 지역 토지의 용도, 밀도, 기타 건물의 물리적 형태 등을 규제할 수 있었다. 물론 위의 사례는 토지의 사적 소유권이 유난히 강조되는 미국에서 나타난 법적 토론의 결과이다. 하지만 사회 및 경제 개혁의 이론 속에서 토지에 대한 사적 소유권이라는 개념 자체는 자주 논란의 대상이 되고 있기 때문에 도시계획의 측면에서 애초 이를 침해 불가능한 것으로 상정할 필요는 없었다.*

도시계획의 필요성에 대해 계획가들은 보통 도시라는 대상의 복잡성과 상호연관성을 거론한다.[2] 소규모 마을과 같은 공동체와 달리 도시의 개발과 관리는 복잡한 공적 의사결정과정과 대규모의 자본 투자 등이 필요하다. 더욱이 이런 도시계획상의 특정 결정은 해당 사항을 넘어 다양한 영역에 영향을 미친다. 특정한 토지 개발의 성격과 규모는 주변의 교통량을 결정하고, 이는 부지의 포장 면적, 배수관계에 영향을 미쳐 지하수와 하천 등에 영향을 준다. 또한 주변 지역의 주택 가격, 임대료 등의 지역 경제 활동에 영향을 미친다. 그리고 교

---

* 근대 개인 재산권 이론의 기반을 세웠던 계몽주의자 로크는 자연물(토지를 포함)은 애초에 자연이 제공한 것임으로 개인의 소유가 될 수 없으나, 일정한 단서를 달아 국가가 간섭할 수 없는 개인의 소유로 인정해야 한다고 했다. 그 단서는 토지가 충분히 모두에게 제공되어 있어 이에 대한 경쟁이 필요없는 상태에서는 개인이 이에 대해 노동을 가해서 얻은 것이란 전제이다. 이는 자연물에 대한 경쟁이 없는 상태가 거의 없는 현대 사회를 기준으로 할 경우는 토지 재산권을 인정할 수 없다는 결론으로 연결된다(김윤상, 『토지정책론』, 한국학술정보(주), 2002, 168쪽).

육과 기타 사회 서비스 수요를 변화시켜 지역 사회의 성격을 변화시켜 나간다. 그러므로 특정 도시계획은 기본적으로 도시 공동체 구성원들 사이에서 복잡한 이해의 충돌을 불러오며, 이로부터 정부가 공공의 이익을 위해 도시계획을 통해 개인의 토지에 대한 사적 소유권을 규제할 수 있는 정당성이 생겨난다. 만약 사적 재산권에 대한 규제 도구가 없었다면 도시계획의 범위는 극단적으로 축소될 수밖에 없었을 것이다.

> "사유지에 대한 공공규제의 발전은 계획사에서 가장 중요한 부분이다. (미국에서) 19세기 후반 이후 지방정부 소유가 아닌 토지에 대해서도 지방정부의 통제권을 인정하는 법률과 판례들이 쏟아져 나왔다. 대법원의 최종 판결은 몇 년 후에 나왔지만 1920년에 이르러서는 정부가 서로 다른 용도의 토지를 구획하는 권리가 확립되었다."[3]

도시의 물리적 계획과

공공의 이익 도시의 물리적 계획은 기본적으로 도시 공동체의 사회, 경제적 요소를 내포한다. 이는 도시계획이 사회적·계층적 갈등과 깊게 연계되는 이유이다. 토지 및 도시 공간의 이용에 대한 공적 규제와 이에 연계되는 공적 투자(도로, 공급처리시설, 공원 및 오픈 스페이스 등)는 공공의 이익을 위해 추진된다고 선언되지만 때로 사회 특정 세력의 이해에 초점이 맞추어져 있기도 한다. 초기 미국에서의 지역지구제와 같은 토지이용규제가 특정 사회적 그룹의 이익을 보존해 주기 위해 추진되었다는 것이 고전적인 예이다(217쪽 이하, 토지 불로소득 환수를 통한 공정한 도시계획 방안 - 토지이용계획 부분 참조).

사실 토지 규제가 기반하고 있다는 공공의 이익은 그 실체가 불분명하다. 공공이란 단일한 세력이나 실체가 아니라 다양한 이해를 가진 집단들의 집합체이고, 공공의 이익이란 때로 우월한 정치세력의 이해에 불과한 경우가 많기 때문이다. 또한 공공의 이익을 대변하고 있다는 정부나 지자체, 또는 유사한 공적 기관 또한 사회 공동체의 이익과 분리되어 추구하는 자기 이해관계를 갖고 있는 경우가 많다.*개발업자와 토지 소유자는 물론 지자체도 때로 저소득층 거주 환경을 보존하며 공적 투자를 진행하기보다 이들 지역 주민의 이해를 훼손하면서까지 세수 확보에 도움이 되는 상업지 및 고급 주택지 등으로 개발하려는 유혹을 느끼게 된다.**

결과적으로 도시계획은 자주 현실의 토지 소유주나 개발업자들의 이해를 대변하는 방식으로 실현되곤 한다. 특히 사회적 약자에 대한 배려가 부족하고 시장에 대한 의존도가 높으며 민주적 제도가 미비한 사회에서 더 극단적인 모습을 보인다. 이러한 사회 속에서 토지 이용의 규제는 조화롭고 쾌적한 도시 공간을 구성하고, 해당 지역의 커뮤니티를 보호하며, 거주민의 삶에 관심을 갖기보다는 해당 지역의 개발과 이에 따른 경제적 이익의 실현이라는 효율성의 관점에 치우치는 모습을 보인다.

도시의 물리적 환경 개선은 종종 그 속에 살고 있는 사람들의 문제를 해결하기보다 더 악화시키기도 한다. 대규모 주거 환경 정비가 도시의 물리적 외관을 개선시키기는 하지만, 새로운 공간에 뿌리

---

* LH의 공공성에 대한 회의적 시각을 생각해 보라.
** 이는 TIF(Tax Increment Financing)와 같은 공공 개발 재원조달 방식으로 이어진다. TIF는 공공 프로젝트에서 해당 프로젝트의 결과에 따라 발생하는 미래의 세제 확대를 개발 재원으로 조달하는 방식이다. 미국에서 이러한 방식의 재원 조달은 부동산 가격을 상승시켜 저소득층이 밀려나고 새로운 부유층이 그 자리를 차지하는 젠트리피케이션(gentrificaiton)을 발생시킨다는 비난을 받고 있다.(http://en.wikipedia.org/wiki/ Tax_increment_financing)

를 내릴 수 없는 소득이 낮은 원주민들은 새로운 불량 주거지를 찾아 떠나야 한다. 최근의 용산 재개발 과정에서 벌어진 비극은 아직도 1970~80년대의 폭력적인 재개발이 우리 사회 속에서 사라지지 않았으며, 우리 사회가 경제적 이익을 위해 지역공동체를 파괴하는 물리적 계획에 여전히 몰두하고 있음을 보여주고 있다. 이처럼 물리적 계획이 진정한 의미의 공공성을 확보하지 못하는 한 지속적으로 사회적 문제가 계속될 것이다.

토지 불로소득 환수를 통한 공정한 도시계획 방안

토지 불로소득 환수를 위한

토지이용계획　도시계획의 핵심에는 언제나 토지 이용이 있다. 토지의 이용은 이를 통해 얻게 되는 경제적 이익과 토지 관리 행위(토지제도)와 연관된다. 그러므로 도시계획 속에 공공에 의한 토지이용규제는 토지의 사적 소유권과 공적 측면에서의 계획적인 이용이라는 양자 간의 모순이 내재되어 있다. 토지이용계획은 토지 구획 및 이용 규제 등을 포함하기 때문에 기본적으로 사적 소유권을 침해하는 측면이 있으며 토지 소유자 간, 혹은 토지 소유자와 비소유자 간의 불평등을 초래하는 측면이 있다.

　　지역지구제는 도시계획에서 주거, 농업, 상업, 산업 등 특정한 기능별로 도시를 구분하고, 이 용도지역 내에서 허용될 수 있는 건축물의 종류와 활동을 규제함으로써 토지 이용을 통제하는 제도이다. 여기에는 밀도, 고도, 건축물 위치와 경관, 환경 등의 요소가 포괄된다.

도시 지역은 주로 몇 개의 기본적인 용도지역으로 구분된다. 이에 따라 각 지구의 토지와 건물들이 개발, 이용됨으로써 도시 전체의 물리적 질서를 구축하게 된다.

지역지구제의 초기 형태는 19세기 말 유럽의 도시에서 나타난다. 독일과 스웨덴의 도시들은 장기간에 걸쳐 확립된 자치권에 따라 1875년경 조닝과 유사한 규제를 적용했다. 이를 통해 이들 도시는 도심 주변의 새로이 도시화되는 토지에 건물의 높이 및 밀집도를 통제하고 인구의 과밀 문제를 해결해 나갔다. 미국에서의 지역지구제는 건축 기준과 단지계획 기준보다 토지 이용의 사회적·경제적 기능과 관련이 있다. 뉴욕에서 시작된 미국 최초의 지역지구제는 양호한 단독주택 지역에 저소득층의 공동주택이나 상업, 산업 시설이 들어서는 것을 막고 이들을 분리시키기 위한 목적으로 실시되었다. 이는 기존 단독주택 지역의 재산 가치를 보호하기 위한 주택 소유자들의 지지로 인해 성립되었다. 1916년 뉴욕의 지역지구제 법령은 토지의 용도지역을 설정하고 고도제한과 토지피복 및 최소 필지 규모 기준을 정했다.

1920년대 이후 미국의 도시들은 급속하게 지역지구제를 받아들였다. 워커(R. A. Walker)는 그 이유가 추상적인 공공의 이익이 아니라 특정한 계층의 이기주의 때문이라고 평가했다. 뉴욕 지역지구제를 계획한 바셋(E. M. Bassett)도 지역지구제의 중요한 목적이 거주지의 가치가 하락하는 것을 막기 위한 것이라고 했다. 다음 포퍼(E. Popper)의 표현 속에 그 내용이 잘 담겨 있다.[4]

"조닝의 기본적인 목표는 '그들'을 '그들'에게 어울리는 곳, 즉 외부지역에 수용하는 것이었다. '그들'이 이미 들어와 있다면 조닝의 목적은 '그들'을 한정된 지역에 제한하는 것이었다. '그들'의 정확한 정체는 전국적으로 다소 차이가 있었다. 흑인, 라틴인, 저소득층이 그 대상이 되었다. 많은 곳에서 천주교도, 유대인, 동양인들이 표적이 되었다. 공공주택에 수용되어야 하는 노인들마저도 그 대상이 되었다.[5]

1920년대 미국의 도시계획과 지역지구제 체계는 사회정의를 실현하기 위한 목적이 아니라 새롭게 건설되고 있는 새로운 교외 주거지로부터 어떻게 하면 저소득층을 배제할 수 있을까를 고려해 설계되었다. 가난한 자를 배제하기 위해 획지 분할 규제가 자주 이용되었다. 획지 분할의 최소 규모가 커지면 자연히 저소득층의 진입이 봉쇄되는 효과를 가져왔다.

특정 도시가 성장과 침체를 반복하면서 지역지구제 또한 수정되어야 했다. 이 경우 특정 지역을 어떤 지구로 지정하거나 재지정하는 문제 등을 둘러싸고 토지 소유자나 개발업자, 지자체, 거주자 간의 조닝게임(zoning game)이 진행되기도 했다.[6] 토지 소유주와 개발업자는 해당 토지로부터의 이익을 극대화하는 방향으로 지역지구제에 영향을 끼치려 했다. 지자체는 토지 소유주나 개발업자, 주민들과의 협상력을 높이기 위해 지역지구제를 이용하기도 했다.

도시 개발 및 재개발 과정에서 발생하는 갈등은 대부분 정부의 토지수용권 행사, 토지용도 및 밀도의 변화, 특정 개발 프로젝트에 대한 세금 이용 등에서 나타난다. 도시 재개발은 종종 해당 토지에서 가난한 이들, 혹은 저소득층을 강제로 이주시키고 해당 토지를 개발할 수 있는 자본과 수단을 소유한 개발업자들에게 시장 가격 이하로 제공함으로써 도시 개발을 촉진하는 정책의 일환이었다. 이러한 정책은 해당 지역에 거주하는 거주자, 토지 소유자, 사업자 등과의 이익의 균형이라는 문제에 부딪쳐 사회갈등을 유발시켜 왔다.

토지 소유주가 아닌 거주자와 사업자들에 대한 보상 문제, 혹은 사회 공동체의 가치와 문화에 대한 서로 다른 시각은 도시 내부의 지속적인 사회갈등의 원인이 되고 있다. 그러므로 때때로 도시계획은 토지 이용에 따른 다양한 세력들 간의 이익의 충돌과정에서 왜곡되어, 오히려 불합리한 도시 공간을 창출하거나 유지하는 결과를 초래하기도 한다. 혐오시설에 대한 님비 현상이나 임대주택 입지 주변 지역 주민의 임대주택에 대한 반감 등은 지역지구제에 나타난 사적 재산권의 보호를 위한 경제적 이해와 연결되어 있다. 따라서 토지 이용 시 도시의 지속 가능성을 높일 수 있는 대안이 필요하다. 즉 기존의 토지이용계획 수단인 지역지구제의 단점을 보완하거나 수정하여 토지의 공공성이 반영된 토지이용계획 방법을 고안하여야 한다. 그러한 대안으로는 절차의 투명성을 전제로 한 '토지 이용 주민합의제(토지 이용 용도를 관련 주민의 합의에 의해 결정하는 제도)' 또는 '용도 용적제(현재의 토지 이용을 고려한 지역지구제의 보완 형태)'를 생각해 볼 수 있다. 전자는 과정 및 내용의 공공성을 후자는 시장의 기능으로 인해 결정된 토지 이용의 현실성을 반영한 보완책이라고 할 수 있다. 이 두 제도에는 문제점이 있다. 전자는 집단 또는 지역 이기주의가 발동할 수 있다는 것이다. 후자는 시장이 비정상적으로 왜곡될 수 있다는 가능성이 존재한다는 것이다. 따라서 가능한 대로 시장이 정상화될 수 있도록 제도를 보완하고 지역공동체의 공적인 이익이 실현되는 토지 이용 의사결정이 되도록 투명한 시스템을 갖출 필요가 있다. 또 다른 대안으로는 'Fiscal Zoning'과 'Contractual Zoning' 등으로 불리는 '계약지역지구제'가 있다. 이는 기반시설의 공급에 역점을 둔 지역지구제이다. 즉 이 제도 하에서 민간이 공공에 토지 등의 현물을 기부하거나 시설을 준공하여 귀속케 하며, 또한 현금으로 부담할 수도 있게 하는 등 다양한 방법으로 기반시설에 대한 부담을 지우는 방법이다.

토지 불로소득 환수를 통한
주택 문제 해결 방안
주택은 토지와 건물로 이루어져 있다. 그런데 건물은 시간이 지날수록 낡고 가치가 떨어진다. 반면에 위치나 용도, 사회적 여건에 따라 다르긴 하지만 토지는 시간이 지날수록 전체적으로 가치가 상승하게 된다. 이러한 주택의 특성으로 인해 주택이 거주의 목적보다는 투기 또는 투자의 목적으로 전락하고 있다. 2008년 글로벌 금융위기가 닥치면서 주택의 투기 흐름은 조금 둔화되고 있는 것처럼 보이지만, 여전히 우리 사회는 개인의 토지 사유화에 따른 불로소득의 보장에 근거한 경제행위가 주를 이루고 있다고 해도 과언이 아니다. 주택이 많이 공급되어도 실수요자는 높은 가격의 문턱에서 늘 좌절하게 된다. 따라서 저소득층은 전세, 임대주택 등에서 살게 된다. 최근에는 전세가격이 높아져 전세 품귀 현상마저 보이고 있다. 이러한 문제를 해결하기 위해 정부는 공공주택정책을 도입하고 있다.

공공주택은 한정된 자원인 토지와 주택에서의 불평등을 공적 투자를 통해 완화시키는 수단으로서, 공공 보조금을 투입해 싸게 분양하거나, 국가, 지자체, 혹은 비영리 기관 등이 소유권을 갖고 저소득층에게 임대하는 주택이다. 19세기 후반부터 유럽 국가들은 도시의 과밀과 이에 따른 노동자계급의 주거조건 악화를 경험했다. 그 시기 유럽의 각국은 계급적, 사회갈등의 주요 원천 중 하나였던 주거 문제를 해결하기 위해 공공이 개입해야 할 필요성을 강하게 느꼈다. 도시 빈민의 열악한 임대주택 환경과 이의 해악에 대한 사회적 경고가 잇따르면서 주거 환경에 대한 법적 규제가 도입되었고, 나아가 국가 기금을 투입해 값싼 공공주택을 건설하는 한편 저소득층을 위한 금융 지원이 이루어지기 시작했다.

그러므로 서유럽에서의 공공주택은 일반 주택 시장이 해결하지 못하는 빈곤층의 주택 문제를 해결하기 위한 수단으로 도입된다. 하지만 미국은 유럽과 달리 주택 문제를 민간 시장의 공급에 맡기는 정책을 오랫동안 유지해 왔다. 한국은 상업적인 주거지 개발 프로젝트에 일정 비율 공공임대주택을 짓도록 법적으로 규제하면서 민간 시장과 공공주택 정책을 결합시키고 있다. 그렇지만 공공주택의 제공 범위는 매우 한정적이며 소극적이라고 할 수 있다. 유럽처럼 인구밀도가 높고 주거지가 부족한 우리나라는 주거지 및 주택 개발을 지나치게 시장에 의존할 경우 저소득층의 주택 문제가 심각해질 수 있다.

공공주택, 특히 임대주택의 활성화는 주택 및 주거지 개발에 투기적 요소를 억제하고 낮은 비용으로 적정한 주거 환경을 제공할 수 있다는 점에서 한국적 상황에 적합한 모델이 될 수 있다. 싱가포르와 같이 전체 인구의 82%(2008년 기준)[7] 정도가 공공주택에 거주하는 경우라면, 민간 주택 시장은 부유층을 중심으로 형성되겠지만 전반적인 주택의 투기 현상은 원천 봉쇄할 수 있다. 한국에서도 일정 정도 공공주택의 보급이 이루어지고 있기는 하다. 그렇지만 이와 더불어 주거지 개발 및 주택 보유와 관계된 세제 정책을 통해 주택 보유로 인한 불로소득을 환수하기 위한 강력한 장치를 마련하지 않는다면 주택은 쉽게 투기의 대상이 될 수 있다. 이는 결과적으로 서민층의 주거 불안정을 가중시키게 된다.

우리나라는 주택 공급율이 100%를 넘어서고 있지만 2011년 현재 국민의 40% 정도가 자기 주택을 소유하지 못하고 있다. 이는 공공임대주택이 일부 빈곤층이나 저소득층 일부에게만 한정적으로 공급되고 있고, 임대주택도 일정 기간 이후 분양 전환되고 있어 주택 시장에 미치는 공공임대주택의 영향력이 미미하기 때문이다. 또한 주택 관련 세제도 부유층의 투기를 제어할 만큼 충분히 효과적이지 못하기 때문이다. 대부분의 주택들은 개발 후 분양되는데, 이 주택들의 보유에 대한 세제 정책이 빈약해 부유층이 이것들을 투자 목적으로 구입하는 것을 방치하고 있다. 이에 따라 개발업자와 투자 목적으로 주택을 구입하는 경우가 만나 지속적인 주택 가격 상승을 부채질하고 있다. 결과적으로 주택이 시민의 주거 안정보다 재산 증식의 수단이 되면서 나아가 부의 불평등을 확대 재생산하는 원천이 되고 있다는 것을 의미한다.[8] 따라서 거주로서 주택의 안정성을 보장할 수 있는 대안 마련이 필요하다.

이러한 문제에 대한 대안으로서 '토지임대 분양주택(토임주택) 정책'[9]을 상기하고자 한다. 토임주택은 공공이 개발한 토지와 건물 중 토지는 임대하고 건물은 분양하는 방식의 주택 공급 방식이다. 토임주택은 경제적 취약계층보다는 토지임대료를 지불할 수 있을 정도의 경제력이 있는 계층에게 공급될 수 있다. 경제적 취약계층을 위해서는 공공이 영구임대주택(토지와 건물 동시 임대)을 제공해야 한다. 그러는 한편 토임주택은 토지 불로소득을 원천적으로 차단하도록 정부 또는 공공기관이 토지를 매입하여 주택을 건설하는 것이다. 그리하여 건설 주체인 공공은 토지임대료를 장기적으로 회수하여 경제성 및 공공성을 살리고, 거주자는 건물을 분양받아 잘 간수하여 건물의 수명을 늘림으로써 전체적으로 주택의 경제성 및 내구성을 높일 수 있다. 이를 위해서는 정책적인 뒷받침도 필요하다. 예를 들어 연기금의 우선 투자처를 토임주택 개발사업으로 정할 필요가 있다. 그리고 향후 지어지는 공공주도 주택개발은 '토임주택'으로 공급한다는 정책적 원칙을 선언하고 정책 로드맵을 제시하여 주택시장의 왜곡을 사전에 방지할 필요가 있다.

토지 불로소득 환수를 통한

공원녹지 확보 역사적으로 인구의 증가와 도시 집중은 도시 지역의 환경파괴 가능성을 높였다. 인구가 늘어나는 것, 대량 소비와 폐기물, 폐수의 발생, 엄청난 자동차 및 주행거리로 인한 오염, 도로 및 지표면의 포장 면적의 증가가 그것이다. 더욱이 현대 도시가 이전에는 존재하지 않았던 새로운 화학물질들을 대량으로 소비하고 배출하게 되면서, 이들 물질의 독성으로부터 발생하는 환경파괴 문제가 새로운 사회 문제로 대두되기 시작했다. 그리고 20세기 후반에 들어서면서 다양한 개발 계획에 대한 환경영향 평가가 실시되기 시작하면서 기존 도시들도 도시계획의 하위 범주로 환경계획을 수립하기 시작했다.

하지만 도시 환경에 대한 고려는 일찍이 19세기 중반 산업혁명과 급격한 경제성장의 폐해를 경험한 서구 도시들까지 거슬러 올라간다. 도시 과밀에 따른 슬럼화와 불결한 주거환경, 공해 등으로부터 주민의 건강과 공중 보건을 고려하여 도시 공원을 도입한다. 도시 공원의 확산에는 여가생활을 통한 정서적 안정 도모도 한몫을 했다. 도시 공원은 도시 내에 자연의 요소를 불러와서 자연과 도시가 완전히 분리되는 것을 보완하려는 것이다. 예컨대 19세기 후반, 20세기 초에 버니저 하워드(Ebenezer Howard, 1850~1928)의 전원도시(garden city) 또한 도시의 이런 과밀과 환경악화에 대한 대안으로 제시되었다.

이 당시 시 정부는 도시 외곽의 땅을 매입해, 주민들이 자연 속에서 휴식을 취하며 여가를 즐길 수 있는 공간을 도입하기 시작했는데, 이 공간에 차츰 스포츠 시설, 박물관, 어린이 놀이터, 시민센터 등과 같은 시설이 들어섰다. 시간이 흐르고 도시 공원의 체계가 확대되면서 도시 내부는 자연공원과 다양한 규모의 근린공원과 소공원들이 위계적으로 설치되기 시작했다. 한편 20세기 초부터 도시 외곽에 그린벨트가 설치되기 시작했다. 그린벨트는 도시의 무제한 팽창을 방지하고 도시 주변의 개발되지 않은 지역, 농업 및 자연 녹지를 보존하기 위해 지정되었다. 이는 자연 환경을 보존하고 도시의 대기 질을 증진시키며 도시민의 여가생활을 지원하기 위한 역할 등을 갖고 있어 도시 공원과 유사한 성격을 갖는다.

공유재로서의 공기와 물, 자연환경을 보호하기 위해서는 도시 내에서의 일정한 행위 제한이 필요하다. 이러한 행위 제한의 일부는 토지이용 제한 및 건축 행위 등에 대한 규제의 형식으로 이루어진다. 하지만 동시에 도시의 관리자들이나 정치인들, 개발업자들에게 도시 내 녹지는 상업적 이익과 세수 확보를 위한 개발에 유용한 자원으로 여겨지기도 한다. 급속한 도시화에 따른 개발압력으로 인한 성장 추세를 통제하고 도시 공간의 조화를 확보하기 위한 강력한 공공 통제 수단이 존재하지 않을 경우, 녹지 및 오픈 스페이스 지역을 보호하는 것은 어려워진다. 이 경우 도시는 성장과 토지 개발로부터 얻어지는 단기적 수익과 투기적 개발, 상업 발전의 촉진이 일차적인 관심사가 되며 개발압력에 직면해 있는 지역을 보호하는 문제가 무시되기 쉽다. 이들 녹지는 도시 내 개발 압력이 높아지면서 우선적으로 희생되기 쉽다. 이로 인해 도시 공간 내에서 녹지 확보는 시민의 녹지에 대한 욕구나 도시 공간의 조화를 고려하지 못하는 경우가 생겨난다. 이러한 이유로 국내 도시 공원은 시민의 생활 필요를 근거로 지정 또는 조성되기보다 개발을 통해 활용되기 힘든 땅에 국한되고 있다.

도시 개발과정에서 녹지를 체계적으로 확보하려면 그 과정에서 개발 비용이 전반적으로 상승하기 때문에, 개발 방식에 대한 적절한 규정을 가하지 않으면 민간 개발과정에서 녹지의 확보가 힘들어진다. 하지만 유럽과 같이 공공 소유 토지 비율이 높은 지역의 경우나 캔버라와 같이 전체 토지를 공공이 소유하는 경우 시장의 개발이익 등에 의한 압력에서 비교적 자유로이 녹지를 공급하여 공공의 이익을 실현할 수 있다. 또한 지대조세제(land value taxation)의 틀 속에서 땅을 독점적으로 소유하고 잘 이용하지 않은 토지에 대해서 그라운드 택스(ground tax)를 부여하는 것, 또는 녹지 및 공원으로 편입되거나 조성되는 토지에 대해서는 세금을 부과하지 않거나 약하게 부과하는 형태로 운영하는 것도 좋은 방안이 될 것이다. 좀 더 나아가서는 공원이나 녹지의 소유자에게 토지 사용의 대가로 시장가치에 맞게 공공이 일정한 보상을 할 필요도 있다. 왜냐하면 공원이나 녹지는 공공의 이익을 잘 실현하는 토지 이용이자 개발이기 때문이다. 또 하나의 방식은 이미 영국에서 시범을 보인 그린트러스트(Green Trust) 운동을 통한 특정 지역의 보존이다. 보존 가치가 높은 습지나 숲을 시민들의 힘으로 사서 영구 보존하는 것으로서, 녹지 확보의 또 다른 대안이기도 하다.

토지 임대 방식을 통한

산업단지 개발 산업혁명 시기와 그 이후로도 오랫동안 유럽이나 미국의 도시 내 산업지역(industrial park or industrial estate)은 항구나 철도 등 교통의 요지를 중심으로 형성되었다. 그리고 이들 산업지역을 중심으로 노동자계급의 불량한 주거지가 형성되었다. 반면에 부유층의 주거지는 산업지역에서 일정 정도 거리를 둔 지역에 형성되었다. 자동차와 트럭 등 교통수단이 점차 다양화되고 발달하면서 산업지역은 비교적 입지가 자유로워지기 시작했다. 초기의 지역지구제는 이렇게 비교적 자유로워진 산업의 입지로 인해 부유층이나 중산층의 주거지와 산업체가 혼합되는 것을 제어하기 위한 목적으로도 이용되었다. 오늘날 산업지역은 비즈니스 단지(business park)와 같이 사무용 공간과 가벼운 제조업이 공존하는 공간을 제외하고는 도시 중심부와 거주지에서 벗어나 도시 외곽으로 이전되는 경향을 보이고 있다.

최근 지자체에 의한 산업단지 개발이 활성화되면서, 지자체의 기업 유치가 지역발전과 관련해 중요한 이슈가 되고 있다. 이로 인해 각 지자체는 경쟁적으로 기업 유치를 위한 각종 지원책을 제시하고 있다. 하지만 산업용도의 토지를 독자적인 용도구역으로 설정하고 산업단지를 개발하는 것은 교통 접근성과 공급처리 시설 등 대단위의 기반시설을 공급해야 하며, 환경적 영향을 최소화하기 위한 다양한 조건들을 충족시켜야 한다. 따라서 그 개발 비용이 상승하는 추세에 있다. 더구나 산업용지로 사용할 수 있는 양호한 토지가 고갈되어 가는 상황에서 개발된 산업단지의 경쟁력을 갖추는 것이 어려워지고 있다.

한국의 토지 가격은 아시아의 주요 경쟁 국가와 비교할 때 비교적 높은 편이고 이는 국내 기업의 생산비 및 기업 환경에 부정적인 영향을 끼치고 있다. 이로 인해 기업들이 한국을 떠나 값싼 토지와 인건비를 제공받을 수 있는 지역으로 이전하는 추세가 지속되고 있다. 결국 산업단지, 기업도시, 과학벨트 등 관련 개발 사업의 추진과정에서 정부나 각 지자체는 파격적인 혜택을 제공하면서 기업을 유치하기 위해 애쓰고 있다.

세종시의 경우 정부는 원형지 공급 방식으로 평당 40만 원에 세종시 땅을 기업에 공급하겠다고 발표했다. 이는 최종 조성지의 조성원가인 평당 227만 원에 비추어볼 때, 원형지라는 조건을 감안하더라도 엄청난 특혜가 될 것임을 쉽게 짐작할 수 있다.[10] 더구나 기업들이 지방세나 법인세 면제 등 각종 세제혜택을 요구하고 있음을 감안한다면, 차라리 이러한 혜택 대신에 토지를 임대해 기업의 초기 투자와 위험을 분산시키는 방식으로 분양하는 것을 고려할 필요가 있다. 이는 기업이 매입한 산업용지 자산가치의 중요성보다 시장에 대한 유연하고 신속한 대응의 중요성이 높아지는 최근의 기업환경에 적합한 산업단지 개발 방식이 될 수 있다.

토지 불로소득 억제를 통한

공적 도시 재개발
일반적으로 도시 재개발은 미개발지를 개발하는 것보다 선호되지 않는다. 이는 미개발지를 개발하는 경우에 건설업자는 토지비용과 건설비용만 지불하면 되지만, 철거해야 하는 건물이 있는 토지를 개발할 경우에 건설업자가 건축물의 잔여 가치에 대한 대가도 지불해야만 하기 때문이다. 또한 보통 도시 내의 토지는 소유관계가 분절되어 있는 경우가 많아서, 개발업자들이 사업을 추진하기 위해서는 많은 토지 소유주들을 상대해야 하기 때문에 토지 소유 단위가 훨씬 큰 도시 주변지역과 비교해 사업 여건이 불리하다.

재개발 대상 지역은 도시 내 양호한 입지를 가지고 있는 경우가 많고 토지 및 건물 가격이 충분히 하락되어 있을 경우 재개발로 인한 토지 불로소득을 기대할 수 있다. 이 경우 재개발은 개발업자와 토지 및 주택 소유주의 토지 불로소득을 추구하는 방향으로 진행되며 일반적으로 철거 지역의 거주민들, 특히 세입자에게 불리하게 이루어진다. 도시 재개발 대상 지역의 세입자들은 대부분 저소득층이다. 이들은 재개발을 통한 토지 가치 상승의 혜택을 전혀 보지 못하며, 강제

이주 과정에서 기존의 친구, 친척, 근린사회조직 등과 같은 연결고리가 끊어져서 더 열악한 새로운 주거 환경을 찾아 가면서 사회적으로 해체되어 버린다. 결국 해당 지역의 물리적 환경은 재생 과정을 통해 더 좋은 환경으로 거듭나지만 해당 지역에 거주했던 저소득층은 자신들의 소득에 적합한 또 다른 주거 환경을 찾아 떠나게 된다. 최근 한국의 재개발 과정에서 기존 거주자의 재입주 비율은 20% 안팎에 불과하다. 결국 이들 지역의 주거 환경을 개선하겠다는 재개발의 명분은 물리적으로만 실현되며 해당 지역 거주민의 주거 문제는 여전히 사회적 문제로 남게 된다.

최근의 도시 재개발은 일정 비율의 저소득층을 위한 임대주택을 짓게 되어 있다. 그렇지만, 한국에서 이는 기존의 주택 시장의 아주 미미한 예외적 공간을 만드는 것에 머물고 있다. 공공 기금을 투입해 저소득층을 지원하는 개발 방식은 유럽에서 매우 적극적으로 시행되었다. 그렇지만 미국이나 한국과 같이 민간 개발이 주도하는 주택시장을 선호하는 사회 시스템 속에서는 큰 역할을 하지 못한다. 이러한 개발은 정부와 지자체의 재정에 가하는 압박 때문에 한계가 있으며, 이에 따라 공공개발의 재원도 개발 이후의 세수 확대를 기대하는 방식으로 조성된다. 최근의 뉴타운 사업 추진의 위기를 통해 토지 불로소득 사유화를 바탕으로 한 민간 개발 추진이 갖는 사업구조의 한계를 명확히 알게 되었다.[11] 즉 민간에 의한 주택 개발이 불량한 주거 환경과 기반시설 개선의 목적에서 진행된다고 하더라도, 개발 후 토지 및 주택 가격 상승을 기대하는 투기적 수요를 자극하지 않고서는 진행되기 힘들다는 것을 뉴타운 사업의 최근 상황이 명확히 드러내주고 있다. 주택 보급률이 100%가 넘고 저출산으로 인한 인구 감소가 예상되는 시대에, 그리고 불황에 따른 주택 가격의 상승 기대감

이 낮아진 상황에서 많은 뉴타운 사업지구가 착공조차 되지 못하고 사업 포기 선언을 하고 있다. 이러한 뉴타운 사업의 위기는 이제 노후한 주거지역에 대한 접근 방법이 기존의 토지 불로소득을 노리는 전면적인 재개발 사업 방식이 아니라 공적 재정 투입을 기반으로 하는 공적 개발 방식의 주거복지 차원의 주거 정비 방향으로 전환될 필요성에 대한 반증이라고 할 수 있다.

따라서 이제까지 도시 재개발 과정에서 생겨난 저소득층의 주거 문제는 결국 공공에서 책임져야 할 주거 문제를 민간에게 책임 전가하고 사회가 공동으로 창출한 토지 가치를 몇몇 개발 주체가 독점하게 한 정책에 기인한다고 할 수 있다. 도시 재개발은 노후한 도시를 일정한 개발수법을 동원하여 다시 활력을 찾게 하기 위한 처방으로서, 무엇보다 공공재인 토지 위에서 행해지면서 주거를 포함한 도시 토지이용의 효율을 높이는 장치라고 할 수 있다. 그러므로 공공의 투자를 확대를 통해 토지의 공공성을 살리면서 토지 개발이익이 지역사회 구성원에게 골고루 돌아가게 하는 정책이 필요하다.

토지 불로소득을 제거한
공공토지임대제와 도시 개발

주택단지든지, 산업용지든지, 혹은 도시의 재개발이든지 토지의 사적 소유권과 이를 통한 지나친 상업적 이익의 추구로부터 발생하는 문제를 보완하기 위해서는 도시계획과 개발을 물리적 계획의 측면에 깃들어 있는 사회적 관계와 구조에 관심을 기울여야 한다. 이를 위해서는 다양하고 효과적인 공공개발의 방법들이 개발되어 시장의 실패를 보완해 나가야 한다. 공공토지임대제도를 기반으로 하는 도시 개발은 공공 소유의 토지를 임차인과의 계약을 통해 개발하면서 이로부터 발생하는 토지 가치의 상승을 회수함으로써 토지로 인한 불로소득을 제한하는 동시에 민간 토지 시장에서 발생하는 계획의 한계를 보완하는 역할을 할 수 있다.

다음에는 에버니저 하워드의 전원도시계획과 이에 영향을 받은 호주 수도 캔버라의 공공토지임대제도를 살펴봄으로써 공공토지임대제도 기반의 도시 개발 가능성을 검토한다.

하워드의 전원도시

개발 구상 하워드의 전원도시는 19세기 영국 도시의 과밀과 열악한 주거환경을 해결하기 위한 대안으로서 구상되었다. 하워드의 전원도시는 도시와 시골의 장점을 결합해 도시의 열악한 주거환경으로 고통 받는 노동자 계급에게 제공될 대안적 도시였다. 하워드가 처음 그의 책에서 전원도시계획을 제시했을 때 그 물리적 구조는 매우 단순한 방식으로 설명되었다. 책의 1장에서 말하는 도시의 물리적 구조에 대한 핵심 내용은 몇 개의 도면과 서너 페이지에 걸친 개략적 설명이 전부였다.

하워드는 전체 6,000에이커 규모 중 약 1,000에이커의 도시 지역을 상정하고 3만 2,000명의 사람들이 거주할 도시를 구상했다. 나머지는 대부분의 농지와 녹지, 자연환경이나 경관을 해치지 않는 일부 시설을 포함하는 그린벨트 지역이었다. 도시의 중앙에 거대한 공원이 있으며 방사형의 도로가 시 외곽으로 이어지는 구조였다. 지역지구제가 등장하기 이전에 이미 하워드는 거주지역과 산업지역을 구분했으며, 풍부한 녹지와 오픈 스페이스를 도입했다.[12]

하워드는 단순히 물리적인 측면에서의 계획이 아닌 당시 노동 계급이 처한 사회적 문제와 이의 해결이라는 관점에 입각해 전원도 시계획을 수립했다. 전원도시 개발의 핵심은 무엇보다도 도시의 물리적 계획에 있는 것이 아니라 사회적 과정에 있었다는 것이다.[13] 하워드는 전원도시가 자유와 협력이라는 가치를 실현하는 공간이어야 한다고, 헨리 조지와 마찬가지로 토지 가치는 공공투자에 의한 것으로서 공공에게 그 가치가 환수되어야 한다고 생각했다. 하워드는 전원도시 건설에 필요한 토지를 구입하기 위해 이 계획에 동의하는 사람들을 중심으로 기금을 조성했다. 그는 도시가 건설된 후 입주자가 지불하는 임대료를 통해 도시 건설에 따른 부채를 상환한 후, 임대료는 시민들의 복지를 위해 사용되고 토지는 영구히 도시 공동체에 의해 소유되어야 한다고 생각했다.

실제로 최초의 전원도시 레치워스는 하워드가 세운 계획의 2/3 정도의 크기로 개발되었다. 도시 개발을 위한 전원도시 개척회사가 1902년에 설립되고 10년 후부터 이익에 대한 배당이 이루어졌다. 레치워스는 제조업 종사자들에게 낮은 세금과 낮은 임대료와 더 많은 공간을 제공했다. 그럼에도 불구하고 도시는 느리게 성장해 2차 세계대전 이후에야 원래 계획했던 규모보다 조금 작은 규모로 완성되었다. 실제의 전원도시는 애초의 개념보다 덜 완벽했지만 더 인간적인 도시를 희망하는 것이 가능하다는 것이 증명되었다.[14]

하워드의 전원도시에 투자했던 투자자들은 경제적 이익을 추구하기보다는 전원도시의 이상에 공감하던 사람들로서, 이들의 투자는 '인류애적인 토지 투기'로 불리기도 했다. 또한 원래의 계획과는 다르게 블루칼라 노동계급이 구매 가능한 주택 가격을 유지할 수 없게 되면서 초기 거주 인구는 중간계급 노동자나 이상주의자, 예술가 등의 중산계층이 되었다. 하워드는 지주가 없는 조합주의적 소유를 포기하는 등 일부 전원도시의 이상은 수정되었다.[15]

캔버라의
공공토지임대제 사례
토지의 공공 소유와 임대를 통한 도시 개발과 지대를 통한 도시의 운영이라는 하워드의 애초의 계획은 이스라엘과 홍콩, 호주의 캔버라와 같은 일부 도시 및 국가에서 시행되었다. 특히 캔버라는 하워드의 전원도시 개념에 크게 영향을 받아 설계되었으며, 동시에 헨리 조지의 사상에 깊은 영향을 받아 공공토지임대제를 도입했다. 헨리 조지는 1870년대의 캘리포니아 골드러시 시대 토지 투기를 통해 엄청난 이익을 챙기는 현상을 목격하고 이러한 소득이 토지 소유주의 노력이나 기술에 의한 것이 아니라 단순한 운이나 시장에 대한 조작 등에 기인한 불로소득이라고 보았다. 헨리 조지는 토지 독점으로부터 초래되는 이러한 불로소득과 빈부 격차의 확대라는 문제를 해결하기 위해 토지 공유제 아래 지대를 환수해 공공의 이익을 위해 사용해야 한다고 주장했다. 토지의 사유화가 완성된 곳에서는 조세를 통해 지대를 환수하는 방식, 즉 지대조세제(LVT: Land Value Taxation)를 제안했다.

캔버라가 호주의 수도로서 개발되던 시기, 헨리 조지의 사상은 호주와 뉴질랜드 등지에 널리 알려져 있었다. 캔버라의 개발자들도 헨리 조지 사상에 깊은 영향을 받았다. 그들은 캔버라 개발로 인한 토지와 건물 가치의 상승분이 개별 토지 소유주가 아니라 정부에 귀속되어야 한다고 생각했다. 이에 따라 2,332km²의 토지를 구입해, 1927년 처음 토지 임대가 시작된 이래 캔버라의 개발 과정은 매우 느린 속도로 이루어졌다. 초기 1,000명의 인구로부터 시작해 1960년대에 5

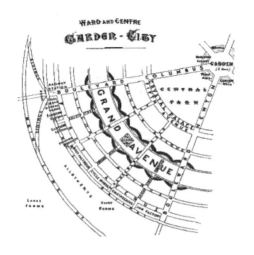

그림8-1 하워드의 전원도시 구조

만 명, 1990년에 30만 명으로 늘어났다.[16]

캔버라의 도시 지역 토지는 최대 99년까지 개인에게 경매를 통해 결정된 지대로 임대되었고, 농업용지로는 25년간 임대되었으며, 임차인은 매년 임대료를 지급했다.* 정부는 토지주로서 허용 가능한 토지 이용을 지정하고 있으며, 토지 개발은 계약된 기간 내에 이루어져야한다. 재개발을 위해서 임차인은 재개발에 의해서 발생하는 토지 가치 상승분의 75%를 지불해야 한다. 임차인은 다른 사람에게 임대권을 양도할 수 있었다.[17]

이러한 토지의 공공 소유와 토지 임대 시스템은 공공의 목적으로 사용될 충분한 양의 토지를 시 정부가 소유하고 있으며 이를 자유롭게 사용할 수 있다는 측면에서 도시계획의 가능성을 크게 확장했

---

* 매년 지대를 내도록 한 이유는 "첫째, 토지 투기 행위의 차단, 둘째 토지 가치 상승분의 환수, 셋째 신도시 건설비용의 재원 마련, 넷째 토지임대계약을 통한 질서있는 도시 개발이었다"(조성찬, "정운찬, 독일 드레스덴 말고 호주 캔버라를 보라", 『프레시안』, 2010. 2. 8.).

다. 캔버라에서의 PLS는 외부인의 대규모 투기를 효과적으로 예방하고 토지 실수요자와의 토지 임대 및 개발 계획에 대한 계약을 통해 도시계획을 단계적으로 실행해 나갔다. 이는 위 '토지 불로소득 환수를 위한 토지이용계획'에서 살펴보았던 법정 지역지구제의 경직성에 대한 비판 가운데 대안 중 하나로 제시되고 있으며, 개발협정(development agreement)에 의한 도시 개발, 계약지역지구제(contract zoning)와 유사한 유연한 토지 규제 방식과 일맥상통한다.

PLS는 도시 개발의 초기 단계에서 나타날 수 있는 전형적인 시장 실패를 예방할 수 있었다. 개별 기업인과 정착자들이 개별적인 판단 하에 투자를 하다가 개발 프로젝트가 좌초되는 위험을 극복할 수 있다. 즉 개발 참여자들의 투자를 정부가 조정, 협력하게 유도할 수 있는 위치에 서 있기 때문에 투자 위험성을 크게 낮추게 된다. 정부는 해당 지역을 개발하면서 계약 과정을 통해 정착자들과 기업인들을 일정한 기준에 맞게 선별할 수 있으며, 개발에 관한 계약 내용을 임차인이 완수하지 못할 때 이들 계약을 취소시킬 수 있기 때문에 투기를 목적으로 토지를 임대해 토지 불로소득을 노리는 행위를 제어할 수 있었다.

PLS는 또한 기업가들과 정착자들이 토지를 구매할 필요가 없기에 초기 정착 비용을 획기적으로 낮출 수 있었다. 그러므로 대규모 자본을 가진 사람에 의한 토지 독점이나 과두체제가 형성될 여지가 줄어들어 형평성이 크게 높아졌다.[18] 또한 이러한 개발 방식을 통해 시정부는 공공 목적으로 사용될 토지를 자유롭게 선택해 소유할 수 있었기 때문에 넓은 공원과 녹지 및 거주지와 조화를 이루는 질 높은 자연환경을 보전할 수 있었다. 이러한 배경 하에 도시계획 관련 당사자들은 캔버라를 쾌적하고 살기 좋은 도시 공간으로 개발할 수 있었다.

공정한 도시계획을 위해

도시계획에서 토지의 사적 소유권과 이로부터 발생하는 토지 불로소득을 제한하는 것은 지역지구제나 개발 제한 규제, 세제를 통한 개발이익 환수와 같은 수동적인 방식으로만 실현되기 힘들다. 그러므로 공공의 투자를 확대함으로써 시장의 영향력을 조절해야 할 필요성이 있다. 하지만 공공 재정 적자 문제와 같이 재원 조달의 측면에서의 어려움 때문에 최근의 도시 개발은 점점 더 민간 자본에 기대는 경향이 높다. 조세확대재정(TIF, Tax Increment Financing) 또한 세수 확대를 전제하기 때문에 개발 방향을 제한하는 역할을 할 수 있다.

도시 개발에 있어 PLS는 오히려 초기의 공공 투자를 확대하여 토지의 공공 소유를 확대하고 이를 임대 분양함으로써 토지 가치 상승에 따른 토지 불로소득을 공공이 흡수할 수 있도록 할 수 있다. 개발초기에 장기 채권을 발행하거나 국민연금기금 등을 활용하고 토지임대를 통해 장기적 수익을 실현시키는 등의 방법이 가능하다. 이를 통해 도시 운영기금을 원천적으로 공평하게 확보할 수 있다.

뉴욕의 배터리파크(Battery Park) 개발 사례에서처럼 이러한 개발방식은 지자체의 공공서비스 비용 지출을 최소화하면서 초기 투자재원에 대한 부담을 장기적으로 분산시킬 수 있다.

도시계획이 토지에 대해 적절히 사적 재산권을 규제하고 균형있는 공공 개발의 성격을 갖추어 토지 불로소득을 원천적으로 차단하기 위해서는 PLS와 같은 공공개발 방식이 다양한 영역에 다양한 방식으로 적용될 필요가 있다.

토지개혁은
통일과 대안모델 구상의
중심이다

통일 후 북한경제 재건의 속도와 내용은
어떤 토지제도를 도입하느냐에 달려있다고 해도 과언이 아니다.
가장 좋은 대안은 시장원리와 토지의 공공성을
창조적으로 결합한 공공토지임대제이다.
또한 토지를 중심에 놓아야
'역동적 시장 – 안정된 사회 – 환경보존'이 조화된 대안모델 모색도 가능해진다.
4부는 토지와 통일, 그리고 대안모델과의 연관성을 다룬다.

조성찬 · 남기업

제 9 장

통일을 대비한 북한 토지개혁 방안은 공공토지임대제 강화

통일이 된다면 북한 토지제도를 어떻게 개혁해야 할까

북한은 현재 체제 개혁을 통해 체제 붕괴의 위기를 모면할 것인가 아니면 체제 개혁을 이루지 못하고 붕괴해 버릴 것인가의 기로에 서 있다. 체제 개혁은 크게 정치체제 개혁과 경제체제 개혁이라는 두 차원으로 나뉜다. 정치체제 개혁 내용이 경제체제 개혁에 영향을 주는 것은 분명하지만, 여기서는 북한의 경제체제 개혁에 초점을 두었다.

중국의 사례를 볼 때, 경제체제 개혁의 핵심 내용은 토지제도 개혁과 국유기업 개혁이다. 그런데 국유기업 개혁 내용도 그 핵심에는 기업이 국가로부터 무상(無償)으로 사용하고 있는 토지를 유상화(有償化)하는 내용을 담고 있다. 그래서 결국 토지제도 개혁이 전환기 사회주의 국가의 경제체제 개혁에서 가장 기본적이고도 중요한 개혁

239

대상임을 알 수 있다. 문제는 어떤 토지제도로 개혁할 것인가이다. 북한 토지 전체가 국공유인 조건에서 어떻게 해야 개혁 비용을 최소화하면서도 현재의 경제문제를 극복해 나갈 수 있는가 하는 것이다.

북한 경제가 '자립적으로' 회복되고, 정치체제도 더불어 민주적인 방향으로 개혁되어 나갈 때,* 북한 토지개혁 방식은 남북한이 갈등과 통일비용을 최소화하면서 '동등한' 통일을 이루는 데 매우 중요하다. 현재 남한에는 흡수통일 전략을 지지하는 정치적 견해가 강한 것이 사실이다. 이러한 견해에 따르면, 북한 토지개혁과 관련하여 통일 후 '남한'이 북한에 어떤 토지제도를 '도입'해야 하는가에 접근하게 된다. 그러나 〈6·15 남북공동선언〉(2000. 6. 15)과 〈10·4 남북정상선언〉(2007. 10. 4)에서 남북한의 두 정상이 합의한 연합제(남) 또는 낮은 단계의 연방제(북) 통일전략의 관점에 서면, '북한'이 주체적으로 어떤 토지제도로 '개혁'해야 하는가에 접근하게 된다.**

이처럼 북한의 토지개혁은 당장 북한 경제체제 전환의 핵심일 뿐만 아니라 향후 남북한 통일과정의 핵심이기도 하다. 이러한 중요성은 독일의 통일 과정에서 '구동독 토지 사유화' 정책이 가장 대표

---

* 백종천(전 청와대통일외교안보정책실장)은 북한도 중국처럼 지도자 중심 체제에서 노동당 체제로 변화하는 과정에 있다고 보고 있다(한반도 평화포럼 주최, 한반도 평화아카데미 강의 "10·4 남북정상선언과 한반도 종전선언", 2010년 10월 18일). 실제로 『동아일보』 2011년 3월 16일자 기사 "'무기 불법수출로 정권 유지' …… 미방송 보도"에서도 2008년 8월 김정일 국방위원장의 뇌졸중 발병 이후 북한에 집단적 의사결정 체제가 등장했다고 미국의 소리(VOA) 방송이 미 의회조사국 보고서를 인용해 16일 밝혔다는 내용이 보도되었다. 이러한 변화는 북한의 정치체제 개혁의 중요한 시작으로 이해할 수 있다. 이는 정치지도자 개인 및 당의 목적만을 추구하는 것이 아니라, 북한 주민의 요구를 수용하려는 열린 자세로 바뀔 가능성이 있음을 의미한다.

** 필자는 남북한 통일 전략으로 흡수통일보다는 연합제 또는 낮은 단계의 연방제 통일이 가장 실제적이라는 생각을 견지하고 있다.

적인 실패 사례로 언급되고 있는 것에서도 확인할 수 있다. 통일 한국 역시 토지 사유화 원칙을 추진할 경우 토지 사유제 자체의 문제뿐만이 아니라 토지 사유화 원칙이 초래할 구재산권 원소유자 반환 소송이 물밀듯 일어나 통일과정의 순조로운 진행을 방해할 것이다. 따라서 통일의 관건은 남한과 북한이 토지개혁 분야에서 어떻게 통일을 준비할 것인가이다. 그 방안은 다음과 같다. 1) 북한이 현재 경제특구를 중심으로 부분적으로 실시하고 있는 토지임대 방식 조건, 2) 연합제 또는 낮은 단계의 연방제 통일방안 조건 및 3) 구재산권 원소유자 반환소송의 예방 조건이라는 세 조건을 만족시킬 수 있도록 하는 것이다. 세 조건을 만족시킬 수 있는 합의점으로 가장 중요한 것은 남한과 북한이 각자 '토지 가치(지대) 공유'를 향해 개혁해 나가는 것이다. 즉 남한은 지대조세제(토지 가치공유제)를 중점적인 토지제도로 채택하여 이를 점진적으로 강화해 나가고, 북한은 공공토지임대제를 확대·심화해 나가는 것이다.[1] 이렇게 하면 남한과 북한은 토지 가치(지대) 공유라는 원칙에서 서로 만나게 되어 통일 한국을 위한 필수적인 조건을 갖추게 된다. 다만 우선은 첫 번째 조건에 해당하는 북한의 경제체제 개혁 중 토지개혁 방향에 집중해 살펴보기로 한다.

본 글은 중요한 한계를 내포하고 있다. 북한 토지개혁의 실질 당사자가 아닌 남한의 한 연구자가 이러한 연구를 진행한다는 것이다. 이런 지적이 타당하기는 하지만, 그럼에도 불구하고 본 연구는 다음과 같은 의의가 있다. 첫째, 남한의 정부, 연구기관, 시민단체 및 시민들로 하여금 북한이 어떻게 토지개혁을 해야 하는가를 설명해 준다. 둘째, 간접적이지만 다양한 경로를 통해 북한 정부에 영향을 줄 수 있다. 셋째, 만약 흡수통일로 가더라도 남한 당국이 북한에 '도입'해야 할 토지제도 개혁 방향을 제시해 준다. 본 장은 이러한 관점에서서 북한의 실정을 검토하고 합리적인 토지제도 개혁 방향을 살펴보고자 한다.

북한이 선택해야 할 토지제도 개혁 방향

토지 소유제도의

네 가지 유형 김윤상[2]은 민법이 규정하고 있는 소유권의 세 가지 권능, 즉 사용권, 수익권, 처분권 중 어떤 권능을 사적 주체에게 귀속시킬 것인가에 따라 토지 소유제도를 구분하였다. 국가 단위에서 실제로 의미 있는 토지 소유제도로 토지 사유제, 토지 가치공유제, 공공토지임대제, 토지 공유제 네 가지를 제시하였다. 토지 소유제도에 따른 세 가지 권능의 귀속관계를 정리하면 아래의 〈표 9-1〉과 같다.

　토지 사유제는 사용권, 처분권, 가치수익권 모두 사적 주체에게 귀속되는 제도로, 남한의 자본주의적 토지 소유제도에 가깝다. 반면에 세 권능 모두 국가 또는 공공에게 귀속되는 토지 공유제는 북한의

표9-1 **토지 소유제도의 유형**

소유권의 권능	토지 사유제	토지 가치공유제	공공토지임대제[주1]	토지 공유제
사용권	사	사	사	공
처분권	사	사	공	공
가치수익권 [주2]	사	공	공	공

주1) 김윤상(2009)은 원래 토지공공임대제라는 표현을 사용하였으나, 공공이 토지를 소유한다는 것을 강조하기 위해 공공토지임대제라는 표현으로 바꾸었다.
주2) 민법에서는 원래 수익권이라는 용어를 사용하나, 김윤상(2009)은 수익권을 토지가치 수익권 즉 지대 및 지가의 수취권으로 정의한다는 점에 유의하기 바란다. 자세한 내용은 김윤상, 『지공주의: 새로운 토지 패러다임』, 경북대학교출판부, 2009, 40쪽의 〈표 2-2〉를 참고하기 바란다.
자료: 김윤상, 『지공주의: 새로운 토지 패러다임』, 경북대학교출판부, 2009, 38쪽 〈표 2-1〉.

토지 국유제에 가깝다.* 토지 가치공유제와 공공토지임대제는 가치 수익권이 공공에게 귀속된다는 점에서는 같으나, 처분권이 각각 사적 주체와 공공에게 귀속된다는 점에서 차이가 있다. 토지 가치공유제는 주로 토지 사유제의 폐단인 토지 불로소득 문제를 해결하기 위한 대안으로 제시되고 있다. 토지 소유 주체는 그대로 둔 채 지대를 조세 형식으로 환수하려는 것이 토지 가치공유제의 핵심이다. 이러한 제도를 지대조세제라고 부르기도 한다. 공공토지임대제는 토지 공유제와 시장경제 시스템을 결합하기 위해 토지 사용권을 일정 기간 개인에게 임대하고 지대를 받는 제도이다. 이러한 제도는 중국과 같이 전환기 사회주의 국가가 경제체제 개혁을 위해 실시한 토지제도이다.

북한에서 공공토지임대제로의
개혁은 필연이다

먼저 토지 사유제로의 개혁 방안에 대해 살펴보자. 결론적으로 말하면 흡수통일이 아닌 이상, 북한 정부가 나서서 토지 사유제로 개혁할 이유는 전혀 없다. 정권의 핵심 기반이 무너지기 때문이다. 따라서 토지 사유제로의 개혁은 북한이 전혀 선택할 수 없는 대안이다. 토지 가치공유제로의 개혁 방안도 토지 사유제로의 개혁

---

* 북한식 사회주의적 토지 공유제가 갖는 문제점은 다음과 같다. 첫째, 다른 자원과 마찬가지로 토지도 최선 사용의 계산에 따라 최고 가격을 지불할 용의가 있는 사람들에게 배분되었던 것이 아니라, 이데올로기와 정치권력에 따라 배분되었다. 둘째, 토지의 시장가격(임대가치)이 존재하지 않았기 때문에 계획 입안자들은 아무 비용 없이 노동 생산성과 자본 생산성의 향상을 대신할 수 있는 대체물로서 자연 자원을 사용해 왔다. 그로 인해 토지와 자연자원이 낭비되었다. 또한 토지 비용을 고려하지 않았기 때문에 외연적 투자효과가 확대되어 나타나는 왜곡이 발생하였다. 셋째, 국가가 수취한 지대 부분은 대개 계획 경제의 비효율성을 보충하는 데 허비되었으며, 나머지는 자원 배분과 소득 분배를 통제하는 관료들이 향유하였다. 전강수, "북한 지역 토지제도 개혁 구상",『통일문제연구』, 2007년 하반기호(통권 제48호), 2007, 189~190쪽.

방안과 크게 차이가 없다. 앞서 설명했듯이, 토지 가치공유제의 기본 전제가 토지 사유제를 기반으로 하고 있기 때문이다. 그러면 토지 공유제를 개혁해야 하는 북한은 결국 공공토지임대제를 선택할 수밖에 없게 된다는 결론에 이른다.

이러한 결론을 지지하는 네 가지 근거가 있다. 첫째 및 둘째 근거는 북한의 실제 상황에서 나온 것이다. 셋째 및 넷째 근거는 남한이 북한 정부의 선택을 지지할 수밖에 없는 근거이다.

첫째, 1978년 개혁·개방 이후 중국이 보인 토지개혁 선례이다. 북한과 정치면에서나 경제면에서 밀접한 관계에 있는 중국의 성공적인 선례는 북한 당국의 선택에 결정적인 영향을 미친다.

둘째, 현재 북한이 추진 중에 있는 공공토지임대제이다. 북한은 1984년 9월 8일 공포한 〈합영법〉을 필두로 경제특구를 중심으로 토지 유상 사용을 확대하는 법 제정을 꾸준히 추진하여 왔다. 현재 개성공단, 나진-선봉경제특구 및 신의주 행정특구에서 50년 기한의 토지 사용권 임대제도를 실행하고 있다.

셋째, 남북 간 상호 합의했던 통일전략이다. 김대중 대통령과 김정일 국방위원장은 평양에서 정상회담을 가진 후 2000년 6월 15일 〈6·15 남북공동선언〉을 발표하였다. 이 선언문 제2조는 "남과 북은 나라의 통일을 위한 남측의 연합 제안과 북측의 낮은 단계의 연방제안이 서로 공통성이 있다고 인정하고 앞으로 이 방향에서 통일을 지향시켜 나가기로 하였다." 이 선언은 남북한 통일전략이 흡수통일이 아닌 연합제 또는 연방제라는 대등한 통일전략을 지향한다는 점을 최초로 공식적으로 밝혔다는 데 의의가 있다. 노무현 대통령과 김정일 국방위원장이 2007년 10월 4일 발표한 〈10·4 남북정상선언〉 제1조에서 "남과 북은 6·15 공동선언을 고수하고 적극 구현해 나간다."

표9-2 **3대 시나리오별 통일비용**

유형	상황	통일까지 예상기간	예상 통일비용	비용편익 분석
급진형	북한체제 붕괴	1년	연평균 720억 달러	단기 막대한 위기관리 비용 투입 불가피. 이에 따른 대국민 설득 필요
점진형	새 북한 지도부가 체제 존립 위해 개방하고 전향적 대외관계 추진	15년	연평균 100억 달러	단계적 비용 투입. 대국민 설득 상대적 용이
혼합형	북한 체제 유지에 따라 중국·홍콩식 일국 양체제 유지	30년	남북협력기금+ 정부 예산의 3% 선에서 30년간 투자	통일비용 부담 없으나 통일 편익 발생도 지연됨

자료: 『국민일보』, "'北 급변사태 발생시 통일비용 2,525조 원'…… 당정, 3대 통일 시나리오 수립·비용 마련 착수", 2011. 2. 27.

고 밝혀, 연합제 또는 연방제 통일전략의 중요성을 재확인했다.*

넷째, 한나라당 통일정책 태스크포스(TF) 보고서가 제시한 통일 시나리오별 통일비용이다. 이 보고서에 따르면, 통일이 급진적으로 추진될 경우 연평균 720억 달러 규모의 통일비용이 필요한 반면, 연합제(혼합형) 방식으로 추진될 경우 통일비용 부담이 없다고 밝혔다. 이처럼 남한이 북한의 토지제도 개혁 방향을 지지해야 하는 이유를 통일비용에서 찾을 수 있다.

이상의 논의를 통해 북한의 토지개혁 방향은 공공토지임대제로의 개혁이라는 결론은 충분히 입증되었다고 본다. 그럼 이제 남은 문제는 구체적으로 어떤 방식의 공공토지임대제인가 하는 점이다. 북

---

* 〈10·4 남북정상선언〉 제2조 제2항은 구체적으로, "남과 북은 남북관계를 통일 지향적으로 발전시켜 나가기 위하여 각기 법률적·제도적 장치들을 정비해 나가기로 하였다."고 명시하여, 북한 제도개혁의 주체는 북한이어야 한다는 것을 밝혔다.

한도 현재 일부 지역이기는 하지만 공공토지임대제를 실시하고 있다. 그런 마당에 다시 공공토지임대제로 개혁해야 한다고 주장한다면 어딘가 어색한 구석이 느껴진다. 이는 마치 공부하는 학생에게 더 열심히 공부하라는 정도의 메시지밖에 주지 못하기 때문이다. 그런데 중요한 것은, 공공토지임대제로의 개혁 내지는 확대 실시에서 더 나아가 '어떤' 방식의 공공토지임대제를 실시할 것이냐는 점이다. 한편으로는 성공적인 시장경제로의 전환을 이루었으나 다른 한편으로는 확대되는 빈부격차와 부동산 문제 등을 겪고 있는 중국의 사례는 어떤 방식의 공공토지임대제를 실시해야 하는가를 고민하게 한다. 북한의 일부 계층만이 개혁의 과실을 누리는 식의 토지제도 개혁은 남한이 특정 계층에게 이익이 돌아가는 식의 통일을 추진하려는 것처럼 정당성이 결여되어 있으며, 전체의 지지를 이끌어 낼 수 없다. 북한이 어떤 공공토지임대제를 실시해야 하는지를 다음 절을 통해 구체적으로 살펴본다.

북한이 실시해야 할 공공토지임대제의 이론적 근거와 사례

공공토지임대제의 이론적 근거

① 헨리 조지의 공공토지임대제 이론이 가장 설득력 있다

헨리 조지는 그의 저서 『진보와 빈곤』을 통해 공공토지임대제를 가장 설득력 있게 제시하였다. 그는 먼저 다음과 같이 선언하였다.

빈곤을 타파하고 임금이 정의가 요구하는 수준 즉 노동자가 벌어들이는 전부가 되도록 하려면 토지의 사적 소유를 공동 소유로 바꾸어야 한다. 그 밖의 어떠한 방법도 악의 원인에 도움을 줄 뿐이며 다른 어떤 방법에도 희망이 없다.[3]

토지를 공유로 할 경우 토지 사용과 개량이 제대로 이루어지지 않을 것이라는 일반의 염려에 대해 헨리 조지는 "토지 사용에 필요한 것은 토지의 사적 소유가 아니라 개량물에 대한 보장이다. 토지의 경작과 개량을 유도하기 위해서 '이 땅은 당신의 것'이라고 할 필요가 없다. 단지 '이 땅에서 당신이 노동과 자본을 들여 생산한 것은 당신의 것'이라고 하면 족하다."[4]고 말하면서 토지 사용자에게 지대를 징수하더라도 개량물을 확실하게 보장하면 문제는 해결된다고 답했다. 이 방법은 또한 토지제도가 궁극적으로 도달해야 할 목적에 이르도록 한다고 말했다.

토지를 선점한 사람에게 방해받지 않는 토지 사용을 인정하면서 지대를 몰수하여 사회 전체의 이익을 위해 사용하면, 토지 개량을 위해 필요한 확실한 토지 사용권의 보장을 이룩하면서 토지 사용에 대한 모든 사람의 평등권도 완전하게 인정하게 된다.[5]

헨리 조지가 『진보와 빈곤』에서 제시하고 있는 공공토지임대제의 핵심 원칙은 다섯 가지로 요약할 수 있다. 1) 토지 사용권은 경매를 통해 최고가 청약자에게 이전, 2) 지대의 '매년' 환수, 3) 사회 전체를 위한 지대의 사용, 4) 토지 사용권의 확실한 보장, 5) 노동과 자본의 투입으로 생긴 개량물의 확실한 보호이다.

② 공공토지임대제에 기초를 둔 에버니저 하워드의 전원도시안

19세기 영국의 도시계획가 에버니저 하워드는 헨리 조지의 영향을 받아 저서『내일의 전원도시』를 통해 공공토지임대제를 핵심 제도로 하는 전원도시를 제안했다. 전원도시란 도시와 농촌의 문제를 해결하기 위해 도시의 장점인 지식·기술적 시설·정치적 협동과, 농촌의 장점인 건강·건전성·노동을 결합해야 한다는 계획이론이다. 하워드는 전원도시를 제안하면서 공공토지임대제와 관련된 핵심 원칙을 밝혔다. 첫째, 도시 자치기구가 전 도시 구역을 영구히 소유하여 통제하며 개인에게 임대하는 방법으로 토지를 분배한다. 둘째, 정해진 성장의 한계에 달할 때까지 도시의 번영과 성장으로 생기는 지대를 커뮤니티를 위하여 유보한다고 밝혔다.

하워드의 전원도시안이 갖는 의의는 크게 세 가지이다. 첫째, 공공토지임대제를 통해 도시와 농촌이 어떻게 결합할 수 있는지를 이론적으로 처음으로 제시하였다. 둘째, 재정적인 측면에서 공공토지임대제의 건설 및 운영이 가능함을 증명하였다.* 셋째, 이러한 아이디어를 기초로 하여 실제로 2011년 올해로 100주년을 맞이한 레치워스(Letchworth)**와 웰윈(Welwyn)이라는 전원도시를 런던 주변에 건설

---

* 하워드는 지대의 세입충분성을 증명하기 위해 그의 책 전원도시안에서 13개 장(chapter) 중 4개의 장을 할애하였다. 하워드가 제시하는 지대의 세입충분 이유는 네 가지로 요약된다. ① 처음부터 싼 농경지를 구입함. ② 전원도시가 갖는 매력으로 인해 전원도시 건설 및 경영에 충분한 인구와 산업이 이주하여 그만큼 지대는 충분히 상승함. ③ 농부들도 잘 계획된 하수처리 시스템, 기차와 도로에 의한 원거리 시장으로의 수송의 독자적 편의, 토지 보유조건이 최대한의 경작을 고무하기 때문에 기꺼이 상승하는 지대를 내려고 함. ④ 자치체의 지출계정에서 보상의 대가로 지주의 지대로 지출되지 않기 때문에 공공시설(도시기반시설)의 건설 비용이 절약됨.

** 레치워스를 소개하고 있는 여러 홈페이지 중 다음 주소의 홈페이지 http://www.letch-worth.com/에 가면 많은 정보들과 사진들을 얻을 수 있다.

하고 성공적으로 운영하여, 공공토지임대제의 실현 가능성을 증명하였다. 이후 하워드의 전원도시안은 세계 각국 신도시 건설의 이론적 토대가 되었다. 그러나 아쉽게도 전원도시의 핵심 원칙인 공공토지임대제는 적용하지 않는 한계를 보여 준다.

공공토지임대제 모델의
실행 원리인 지대원리의 도출
우리는 지금까지의 논의에 근거하여 공공토지임대제의 구체적인 실행 원리를 도출할 수 있는 단계에 이르렀다. 이 실행 원리를 지대원리라고 부를 수 있다. 지대원리를 도출하기 위해서는 먼저 김윤상[6]이 도출한 토지원리를 살펴볼 필요가 있다.

김윤상은 '모든 인간은 평등한 자유를 누린다'는 "평등한 자유의 공리"에 기초하여 '토지원리'를 도출하였다. 다만 "평등한 자유의 공리"는 노동의 결과가 아닌 자연물에 대한 사적 우선권의 근거가 될 수 없다는 점을 분명히 하였다. 토지원리는 다음과 같다.[7]

제1원리, 토지에 대해서는 모든 인간이 평등한 권리를 가진다.

제2원리, 사회적 필요성이 있으면 사회적 합의를 통해 사인(私人)에게 토지에 대한 우선권을 인정할 수 있다.

제3원리, 토지에 대한 사적 우선권을 인정하려면 다음과 같은 조건이 충족되어야 한다.

① 취득 기회 균등의 조건: 토지에 대한 사적 우선권을 취득할 기회를 모든 주민에게 균등하게 보장하여야 한다.

② 특별이익 환수의 조건: 토지에 대한 사적 우선권, 즉 타인을 배제하는 권리로 인해 다른 구성원에 비해 특별한 이익(지대─필자 주)을 얻는다면 그 특별이익을 공동체에 환원시켜야 한다.

③ 사회적 제약의 조건: 토지에 대한 사적 우선권은 사회적 합의에 의해 인정되는 권리이

므로 그렇게 합의한 취지에 맞게 행사하여야 한다. 즉 토지에 대한 사적 우선권의 행사는 생산물의 경우에 비해 더 강한 사회적 제약을 받는다.

위의 토지원리에 따르면, 제3원리에서 토지에 대한 개인의 사적 우선권을 인정하면서도 제1원리인 모든 인간의 평등한 토지 사용권을 만족시키기 위해, 제3원리의 첫째 조건에서 '취득 기회 균등의 조건'을 제시하고 있다. 이 때 둘째 조건인 '특별이익 환수의 조건'은 지대의 환수를 통해 '실질적인' 의미에서 평등한 토지 사용권을 만족시키는 가장 핵심적인 수단이 된다. 이러한 조건에 더해 셋째 조건에서 외부성이 강한 토지의 특성을 감안하여 토지는 도시계획에 따른 규제와 개발의 대상이 되어야 함을 강조하고 있다.

위에서 제시된 토지원리를 출발점으로 삼고, 리카도의 차액지대론 및 헨리 조지의 공공토지임대제론에 기초하여 구체적인 공공토지임대제 실천 원리인 지대원리를 제시하면 다음과 같다.* 지대원리는 뒤에서 북한 토지개혁 방향을 위한 공공토지임대제 모델 구축의 핵심 원리가 된다.

제1원리, 지대는 총토지생산물에서 임금과 이자를 제외한 나머지이다. 따라서 지대는 차액지대이며, 차액지대의 사유는 불로소득의 향유에 해당한다.

제2원리, 토지 사용권은 가장 효율적으로 이용할 수 있는 능력이 있는 사용자에게 돌아가야 한다. 따라서 시장 경쟁 방식인 경매와 입찰 등의 방법을 사용하여 토지 사용권을 분배한다.

---

* 지대원리의 도출 과정과 결론은 조성찬의 박사학위 논문, 『中國城市土地年租制及其對朝鮮經濟特區的适用模型研究』(중국 런민대학 토지관리학 전공, 2010년), 24~37쪽을 참고하기 바란다.

제3원리, 토지 사용자는 '매년' 토지 소유자인 국가나 지방자치단체에 지대를 납부해야 한다. 지대는 조세의 일종이 아닌 임대료의 일종이다.

제4원리, 정부는 지대 수입을 가장 우선적인 정부 수입으로 사용한다. 이 때 정부는 토지 사용자가 납부한 지대만큼 근로소득세와 법인세 등에서 세액공제를 실시한다.

지대 납부 방식의

중요성* 앞에서 북한은 현재의 사회주의적 토지 국유제에서 공공토지임대제로 개혁해야 함을 언급하고, '어떤' 방식의 공공토지임대제를 실시하느냐가 중요하다고 했다. 전강수는 공공토지임대제의 중요 변수로, 임대기간, 지대 납부 방식, 지대 책정, 공공의 태도, 정책 목표, 제도 운영 주체의 여섯 가지를 제시하였다.[8] 이러한 여섯 가지 변수를 어떻게 조합하느냐에 따라 다양한 유형의 공공토지임대제가 가능하다. 그런데 공공토지임대제나 〈표 9-1〉에서 제시하고 있는 토지가치공유제나 핵심 목적은 자연 및 사회발전에 의해 형성된 지대를 공공이 환수하면 개인의 평등한 토지 사용권이 보장될 뿐만 아니라, 시장경제도 건강하게 돌아간다는 것이다. 따라서 어떤 지대 납부 방식을 적용하느냐가 제도 성공의 관건이라고 볼 수 있다.

공공토지임대제의 유형은 다양할 수 있지만 실질적인 의미에서 구분할 수 있는 기준은 지대 납부 방식이다. 실제로, 공공토지임대제도를 실시하고 있는 주요 국가들의 사례를 분석한 버로사(Steven C. Bourassa)와 홍(Yu-Hung Hong)의 연구[9]에 따르면, 해당 국가들의 공공토지임대제 유형을 구분하는 핵심적인 변수는 바로 지대 납부 방식

---

* 본 장에서는 지대는 토지 사용료 또는 임대료를 의미한다. 특별한 제한 없이 혼용하여 사용하기로 한다.

이었다.* 호주 캔버라의 경우 매년 지대를 납부하는 방식에서 일시불로 변경하면서 토지 사용권은 토지 소유권화하여 제도의 취지가 무색해졌다. 중국도 지대 납부 방식 문제에서 자유롭지 못하다. 중국은 공공토지임대제를 일시불 방식의 토지출양제(土地出讓制)와 매년 납부 방식의 토지연조제(土地年租制)로 구분한다. 처음부터 일시불 방식을 시행했던 중국은 이로 인한 문제의 심각성을 인식하고 1990년대 후반 이후 토지연조제를 실험하고 있다. 자세한 내용은 중국의 사례에서 다루기로 한다.

그러면 왜 지대 납부 방식이 제도의 실패와 성공을 가늠할 정도로 중요한지가 궁금해진다. 그 해답은 니콜라우스 티드먼(Nicolaus Tideman)과 메이슨 개프니(Mason Gaffney) 등 미국 경제학자들이 4명의 노벨 경제학상 수상자들을 포함한 28명의 경제학자들의 연대서명을 받아 당시 소련의 대통령이었던 고르바초프에게 보낸 공개서한에 제시되어 있다.

이 공개서한은 먼저 소련이 시장경제로 이행하려는 노력을 높이 평가하면서도 서방 국가의 경제를 저해한 지대 사유화 제도까지 답습하려는 것에 대해 우려를 표하였다. 그리고는 입찰을 통해 토지를 민간에 불하하여 지대를 공적으로 '바로' 환수하자는 일부 주장에 대해 다음과 같이 반박하였다.

첫째, 민간에 불하할 토지가 많은 상황에서 단기간에 불하하면 제값을 받을 수 없다. 둘째, 토지 사용 능력이 뛰어난 사람도 목돈이

---

* 사례국은 호주, 네덜란드, 스웨덴, 핀란드, 이스라엘, 홍콩 등 6개국이었으며, 임대 기간, 계약 갱신권, 토지 개량물의 소유권, 임대료 납부 및 책정 방식, 재개발 조건, 토지 사용권 양도 가능성을 기준으로 분류하였다. 전강수의 논문 "북한 지역 토지제도 개혁 구상"(『통일문제 연구』, 2007, 하반기호)을 참조할 것.

없으면 불하를 받을 수 없다. 반면에 토지 가치를 매년 지대로 나누어 징수한다면 거액을 대출 받기 어려운 사람도 토지를 취득할 수 있다. 셋째, 불하 받은 토지를 전매한다면 투기꾼이 생산적 노력 없이도 큰 이익을 남길 수 있기 때문에 사회에 불평등과 불만을 야기한다. 넷째, 미래의 정치상황에 대한 불안감으로 인해 불하액이 낮아질 수 있다. 반면에 지대를 매년 징수한다면 미래에 좋은 정부 정책이 실시될 경우 그 혜택을 미래의 국민이 누릴 수 있다. 다섯째, 투자가들은 모험을 기피하는 경향이 있고 일반적으로 미래는 불확실하기 때문에 불하액이 낮아질 가능성이 많다. 그러나 미래의 징수액은 미래의 상황에 맞추어 정하도록 하면 이런 문제를 막을 수 있다. 마지막으로, 미래의 지대는 현 세대가 아니라 미래 세대에게 귀속되는 것이 정당하다. 토지 사용자에게서 매년 대가를 징수하면 그해의 지대는 그해의 국민이 차지하게 된다. 토지를 불하하여 얻는 수입도 미래의 세대를 위해 투자할 수는 있겠지만, 그보다는 토지 가치를 미리 거두지 않고 놔두는 쪽이 미래 세대를 위해 정치적으로 안전하다.[10]

　　이러한 까닭에 조지와 하워드도 그들의 공공토지임대제 이론에서 지대는 '매년' 환수해야 한다고 밝혔고, 필자도 공공토지임대제 실행 원리인 지대원리(제3원리)에서 지대는 매년 환수해야 함을 분명하게 밝혔다. 물론 이러한 방식에도 문제가 전혀 없는 것은 아니다. 매년 지대 평가로 인한 평가 비용의 증가, 정부가 초기 기반시설 투자비용을 신속하게 회수할 수 없는 사업구조, 토지 개량물의 가치가 소진된 후 개량물 제거 책임을 정부에 떠넘긴 채 자신의 재산을 포기할 가능성 등의 문제가 발생할 수 있기 때문이다. 그런데 이러한 문제는 기술적으로 충분히 극복할 수 있는 문제들이다. 다만 토지 사용 기간이 5년 이내로 비교적 짧고, 급격한 지대 상승이 예상되지 않을 경우 일

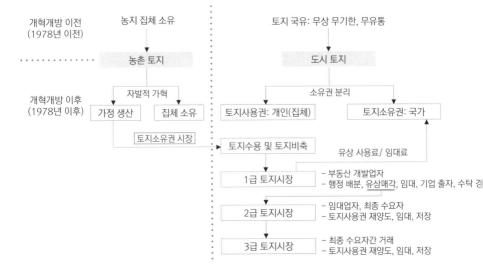

그림9-1 **중국 토지 재산권 시장의 구조**

시불로 납부할 수 있는 제도적 가능성은 열어둘 수 있다.

지대를 일시불이 아니라 매년 환수하는 것이 중요한 이유는 중국의 사례를 통해 더욱 분명하게 드러난다.

중국 공공토지임대제 실시 사례는

헨리 조지 이론을 지지한다* 중국의 도시 토지개혁은, 1982~1987년에 심천, 무순 등의 도시에서 처음으로 토지 사용료를 징수하면서 시작되었으며, 1990년부터 전국 도시에 적용되었다. 중국의 토지시장은 아래 〈그림 9-1〉에서 보듯이 토지 사용권 시장이다.** 토지 사용권 시

---

* 중국이 지금까지 추진해 오고 있는 공공토지임대제에 대한 구체적인 내용은 박인성·조성찬, 『중국의 토지개혁 경험』, 한울, 2011, 395~403쪽을 참고하기 바람.

** 공식적으로 토지 소유권 시장은 정부가 도시건설을 위해 도시 근교의 집체소유 농지를 수용하고자 할 때 생기는 시장을 제외하고 소유권의 거래는 원칙적으로 일어나지 않는다.

표9-3 **배분 방식에 따른 비교**

배분 방식 \ 구분	유/무상	유/무기한	유/무유통	배분 토지 또는 배분 대상	장/단점	비고
행정배정	무상	무기한	무유통 (유통시 허가요)	공공시설 용지	- 부정부패 - 지대 손실 - 토지이용 저효율	-
유상매각 (일시불)	유상	유기한 (장기)	유유통	개발용지 등	- 간접적인 임대제 - 정부 재정수입 확충 - 토지 이용 효율성 증대 - 협상방식은 문제	공공토지 임대제
임대 (매년 납부)	유상	유기한 (단기)	유유통	행정배정 용지 등	- 직접적인 임대제 - 안정적인 재정수입 - 토지 이용 효율성 증대	공공토지 임대제
기업출자	무상	무기한	무유통	주식회사화 국유 기업	- 토지가치 평가의 자의성 큼	현물출자 방식
수탁경영	유상 무상	무기한	무유통	국유 대형기업	- 해당 기업 특혜 및 부패의 소지 큼	이미 행정배정

장은 1급·2급·3급의 시장으로 조직되어 있다. 1급 시장은 국유 토지를 다섯 가지 배분 방식(〈표 9-3〉 참조) 중 유상매각 방식에 의해 민간 건설업자, 개인사용자 등에게 토지 사용권을 이전시킬 때 형성되는 시장이다. 이 방식만이 토지 사용권의 재양도, 임대, 저당 등이 법적으로 가능하기 때문이다.

지대와 관련하여 중국 토지 사용권 시장의 핵심적인 문제는 크게 두 가지로 요약된다. 하나는, 개혁·개방 이전 행정 배정 방식을 통해 무상으로 토지 사용권을 획득한 기업들이 개혁·개방 이후에도 지속적으로 지대를 향유하는 구조이다. 정부도 국유기업 개혁 과정에서 이러한 문제를 해결하고자 지대를 매년 납부하는 방식으로 유상화하려고 하지만 쉽지 않은 과제이다.

다른 한 가지는, 토지 사용권 배분에서 가장 큰 비중을 차지하는 유상 매각 방식이 초래하는 문제들이다. 이 방식은 지대를 일시불로 납부하기 때문에 지방정부의 입장에서 일시에 막대한 재정수입을 확보하여 도시 개발의 재원으로 활용할 수 있다는 장점이 있으나 반면에 다음과 같은 단점이 있다.[11] 첫째, 지속적이며 안정적인 재정수입의 근원을 포기하게 된다. 둘째, 일시불로 지대를 납부해야 하기 때문에 토지 개발업자와 부동산 구입자들은 큰 재정적 부담을 지게 된다. 셋째, 재정적 부담을 해결하기 위해 불가피하게 부동산 담보대출을 받아야 하는데 이는 부동산 거품을 조장하게 된다. 넷째, 현재 시점에서 미래 수십 년 후의 지대를 예측하여 총지대액을 결정하기 때문에 불완전한 지대 추정이 이루어져서 막대한 재정수입의 유실을 초래하게 된다. 마지막으로 이러한 원인이 총체적으로 결합하여 부동산 투기를 부추기게 된다. 현재 급속한 경제성장을 보이고 있는 중국 부동산시장의 이면에는 위에서 언급한 다섯 가지의 문제점이 모두 노출되어 있다.

이러한 이유로 중국은 매년 지대를 납부하는 임대 방식을 강화하고 있는 중이다. 중국은 1998년에 〈토지관리법 실시조례(土地管理法実施条例)〉 제29조를 개정하여 국유토지 유상 사용 방식으로 토지출양제 외에도 토지연조제 방식에 법적 지위를 부여하였다. 이어서 1999년 8월 1일 국토자원부가 〈국유토지임대 규범화에 관한 약간의 의견(规范国有土地租赁若干意见)〉을 발표하고, 신규 건설용지 공급 방식에 있어서 토지출양제 방식을 주된 방식으로 삼으면서도, 토지연조제 방식을 토지출양제 방식의 '보조적인' 방식으로 적용할 수 있도록 위상을 정립하였다.[12] 토지연조제 실험은 션전(深圳)과 상하이의 푸동신구(浦東新区)에서 이미 10년 이상 적극적으로 진행되고 있는 중이다.*

북한 경제특구가 나아갈 공공토지임대제 개혁 모델

북한의 현행 공공토지임대제의

내용과 한계 북한 정부는 해방(1945. 8. 15) 이후 4단계에 걸쳐 토지개혁을 추진해 오고 있으며 최근의 4단계는 공공토지임대제와 깊은 관련을 갖는다. 각 단계를 핵심적으로 살펴보면, 1단계는 일정 규모 이상의 개인 토지 무상수용 무상분배 시기(1946~1953년), 2단계는 협동생산 방식 확립 시기(1954~1971년), 3단계는 사회주의 토지제도 법적 확립 시기(1972~1991년), 4단계는 제한적인 공공토지임대제로의 개혁 시기(1992~현재)이다.[13]

북한은 3단계인 1984년에 〈합영법〉을 공포하고 해외자본 투자를 유도하기 시작하면서 공공토지임대제 개혁의 발걸음을 떼기 시작하였다. 이러한 변화는 4단계에서 본격적으로 전개되기 시작하였다. 변화의 배경에는 대외 개방을 통해 경제적 어려움을 해결하고자 하는 목적이 있었다. 이를 위해 북한은 1992년 〈외국인투자법〉(1999년 개정)을 공포하고, 동법 제15조에서 외국 투자기업 또는 개인 투자

---

* 중국 내에서 토지연조제 확대 실시를 부정적으로 보는 시각이 강하다. 그런 연유에는 행정적, 기술적인 문제가 아니라 바로 '지방정부' 자신 때문이라는 견해가 있다. 왜냐하면 토지연조제를 본격적으로 실시하게 되면 그동안 가려져 있던 토지와 관련한 권력형 부패와 비리들이 그대로 드러날 것이기 때문이라는 것이다.

자에게 토지 사용권 설정의 가능성을 열어 주었다. 1993년 1월 31일에는 〈라선경제무역지대법〉의 법률 제정이 이어졌다. 또한 같은 해에 〈토지임대법〉을 제정(1999년 개정)하고, 제5조에서 합영기업과 합작기업에 토지를 출자하려는 북한의 기관, 기업소, 단체는 기업 소재지의 도(직할시) 인민위원회 또는 라진-선봉시 인민위원회의 승인을 받아 해당 토지 이용권을 가질 수 있다고 규정하였다. 토지 이용권의 최장 기한은 50년이다.

북한 정부는 개혁·개방을 더욱 전면적으로 추진하고자 1998년에 〈헌법〉을 수정하였다. 주요 수정 내용은 첫째, 생산수단의 소유 주체를 국가와 합작기업에서 국가, '사회', 합작기업으로 확대하였다. 둘째, 외국기업 또는 개인이 도로, 해운 등의 건설 및 경영에 투자할 수 있도록 국가 소유의 교통 부문을 철로와 항공운수로 제한하였다. 셋째, 특수경제지대 설치의 법적 기초를 제공하였다.

북한 정부가 그동안 추진한 공공토지임대제 개혁은 경제특구에서 진행되었다. 1998년 수정 〈헌법〉이 토지 이용권의 설정을 인정한 후, 〈신의주특별행정구 기본법〉(2002.9.12.), 〈개성공업지구법〉(2002.11. 20.)을 공포하였다. 2002년 7월에 공포한 〈경제관리개선조치〉(2002. 7. 1.)는 시장경제체제 방식을 도입할 수 있도록 개인 및 합작기업의 토지 이용과, 외국투자자의 토지 임대에 관하여 더욱 구체적인 정책을 담았다. 북한의 〈토지임대법〉은 경제특구 이외의 지방에서도 토지 이용권을 설정할 수 있다고 규정하고 있다. 그러나 토지 이용권 설정은 아직 보편적으로 적용되고 있지 못하고 세 경제특구를 비롯해 금강산관광특구에서만 가능한 것으로 보인다.

북한이 경제특구에서 추진하고 있는 공공토지임대제의 기본 구조는 국가토지 소유권에서 토지 이용권을 분리하여 유상으로 토지 사용자에게 임대하는 방식이다. 이때 토지 사용자는 토지 이용권을 획득하면서 일시불로 납부하며 10년의 유예기간을 거친 후 매년 토지 사용료를 납부한다.

　중국 경제특구에서 실시된 공공토지임대제가 북한의 대외 개방에 미친 영향은 매우 크다. 이러한 사실은 인접 국가인 중국과 북한이 건국 이후 매우 유사한 토지개혁 과정을 진행하여 왔다는 점에서 알 수 있다. 가령, 토지개혁의 결과인 토지 소유제 구조 역시 국가 소유(전민 소유)와 협동단체(집체) 소유의 두 가지로 구분된다는 점에서 매우 유사하였다. 또한 북한은 대외 개방 정책을 추진하기 위해 경제특구를 중심으로 공공토지임대제를 전개하고 있다. 이 역시 50년 기한의 토지 이용권 일시 매각과 매년 토지 사용료 납부라는 점에서, 중국이 1980년 이후 토지 사용권*을 일시 매각하는 토지출양제를 위주로 하고 토지 사용료(토지 사용세)를 보조적인 방식으로 추진하고 있는 것과도 매우 유사하다.[14]

　이러한 유사성은 우연한 것이 아니고, 북한이 중국의 개혁·개방과 토지개혁 모델을 모방하였기 때문이다. 북한 정부는 1차 7개년계획(1961~1970년)과 6개년계획(1971~1976)이 실패한 이후, 상환 책임이 없는 외자를 유치하기 위해 중국의 〈중외합자경영기업법(中外合资经营企业法)〉의 모델에 따라 1984년 9월 8일 구(舊) 〈합영법〉을 제정하였다.[15] 또한 중국 경제특구 모델에 따라, 나진-선봉자유경제무역지대를 설치하였다. 북한 정부가 1993년에 〈토지임대법〉을 제정할 때에도 중국의 관련 법률을 참고하였다.[16] 상술한 사례들을 통해 알 수

---

* 토지를 이용할 수 있는 권리를 북한 법령은 토지 이용권이라고 하고, 중국 법령은 토지 사용권이라고 부르나, 내용은 같다.

있듯이, 북한은 정치, 지리 및 경제 조건으로 인해 과거와 현재는 물론 앞으로도 중국의 토지제도 개혁 방향을 참고할 가능성이 크다.

매년 지대 납부 중심의
공공토지임대제 모델로 나아가야 한다
이상의 논의를 통해 현재 북한이 경제특구에서 적용하고 있는 중국식 지대 일시불 방식의 한계를 극복하기 위한 새로운 공공토지임대제 개혁 방향에 대해 논의할 시점에 이르렀다. 이러한 개혁 방향을 압축해서 말하면 '매년 지대 납부 중심의 북한 공공토지임대제 모델' 또는 토지연조제 모델이라고 부를 수 있겠다. 이 모델은 앞에서 제시한 지대원리에 기초하여, 크게 1) 토지 사용권 분배 및 이용 원칙, 2) 토지연조제 실시 원칙, 3) 경제특구 전기(前期) 개발 방식, 4) 토지연조제와 도시계획의 관계, 5) 토지연조제와 경제특구 경영과의 관계 등 다섯 가지 영역으로 체계적으로 구성할 수 있다. 이 모델은 우선적으로 일시불 방식의 공공토지임대제를 실시하고 있는 경제특구를 대상으로 하였으나, 일반 도시에도 수정 후 적용 가능하다. 이 모델에서 중요한 것은 각각의 원칙이 갖는 내용보다는 여러 원칙이 하나의 '체계'로 구성된다는 사실이다. 즉 이 모델의 목적이 효과적으로 달성되고 운영되기 위해서는 여러 원칙들이 조화를 이루는 하나의 체계로 움직여야 한다는 것이다. 각 영역별로 살펴보면 아래와 같다.

① 모델의 핵심 원칙은 평등한 토지 사용권
이 모델을 구축하는데 지대원리 말고도 가장 기초가 되는 핵심 원칙이 필요하다. 이 핵심 원칙은 바로 모든 개인과 기업(후세대 포함)이 '평등한 토지 사용권'(평등지권)을 갖는다는 것이다. 앞에서 살펴본 이

론과 경험을 통해 알 수 있듯이, 후세대의 토지권까지 만족시키는 평등지권 원칙은 자체 내에 건강한 경제발전 동력을 내포하고 있어서 지속가능한 경제체제를 이루는 중요한 원칙이 된다. 그런데 단순히 경제효율성만을 강조하여 평등지권 원칙을 무시하는 경우 오히려 토지 문제가 경제발전을 가로막는 결과를 가져온다.

어느 토지제도이건 성공하기 위한 가장 기본적인 조건은 토지 이용의 열매를 보호할 수 있도록 토지 사용권을 배타적으로 보호하는 것이다. 이때 토지의 배타적 사용과 평등지권 원칙이 충돌할 수 있다. 이러한 충돌을 해결할 수 있는 유일한 방법은 배타적인 토지 사용자가 시장에서 결정되는 차액지대 전부를 납부하는 것이다. 토지 사용자가 토지를 배타적으로 이용하는 만큼 그에 상응하는 차액지대를 공공에 납부하면, 사용자는 사용의 정당성을 향유할 뿐만 아니라, 사회 구성원 전체가 누려야 할 평등지권은 면적이 아닌 가치를 통해 실현된다.*

이때 지대 전액을 납부하는 토지 사용자가 다른 세금까지 납부하는 경우 심각한 조세 부담을 느끼게 된다. 이를 해결하기 위해 지대 원리 제4원리에서 제시했듯이, 토지 사용자가 지대를 납부하는 만큼 근로소득세와 법인세에서 공제하는 조세대체 정책을 실시한다. 이렇게 하면 납세자의 부담은 동일하지만 토지를 더욱 효율적으로 이용하도록 유도하여 경제가 건강하게 성장할 수 있다.

---

* 매년의 지대 총액을 인구수로 나누어 주면 수학적으로도 평등지권이 달성된다. 이러한 지대 소득은 일부 학자들이 주장하는 기본소득의 재원이 될 수 있다. 그런데 모든 개인과 기업이 조세를 부담하고 있기 때문에 지대 수입으로 공공재정에 사용하는 것이 바람직하다.

② 토지 사용권 분배 및 이용 원칙

토지 사용권 분배 및 이용 원칙 분야에서 하위 원칙으로 다섯 가지 원칙을 제시하고자 한다. 첫째, '시장 경쟁 방식을 통한 토지 사용권 분배 원칙'. 토지를 가장 효율적으로 이용하기 위해 경매, 입찰 등 시장 경쟁 방식을 통해 토지 사용권을 임대한다. 이 때 경매와 입찰 대상은 일시불 토지 사용권 가격이 아닌 매년 납부하게 될 지대이다. 둘째, '용익물권 성질의 토지 사용권 처분 원칙'. 토지 사용권은 용익물권의 일종으로, 토지 사용자는 자신의 토지 사용권과 지상 개량물을 양도, 재임대, 저당, 증여, 상속할 수 있다. 셋째, '재산권 보호 원칙'. 공공이익 또는 도시계획의 필요를 제외하고, 개인 및 기업의 합법적인 토지 사용권을 보호한다. 불가피하게 회수하게 되는 경우, 남은 사용권 기간과 건축물의 가치에 합당한 보상을 실시한다. 넷째, '토지 사용권 기간에 대한 원칙'. 토지 사용권 기간은 해당 지역 또는 경제특구의 도시계획 수립 주기에 맞추어 설정한다. 가령 20년마다 도시계획을 수립하는 경우, 토지 사용권 기간은 20년, 40년, 60년이 될 수 있다. 다섯째, '토지 사용권 연장 원칙'. 기존 토지 사용자가 계속해서 토지를 사용하고자 할 경우, 재평가되거나 재조정된 시장지대를 납부한다는 조건하에서 정부가 토지 사용권을 회수할 필요가 없는 경우, 기존 토지 사용자가 계속 사용할 수 있는 권리를 누린다.

③ 토지연조제 실시 원칙

토지연조제 실시 원칙으로 다섯 가지 원칙을 제시하고자 한다. 첫째, '지대 납부 주체에 관한 원칙'. 개인과 기업 및 공공기관 모두 상응하는 지대를 납부한다. 다만 공공기관의 경우는 회계상 지대를 납부하도록 한다. 이는 경제 전체에서 지대총액의 규모를 파악하고 토지의 효율적인 이용을 도모하기 위한 것이다. 둘째, '매년 지대 납부 원칙'. 도시 경영의 수요를 만족시키고 부동산 투기와 부동산 거품을 예방하기 위해 시장 경쟁 방식으로 결정된 '시장지대'를 매년 납부한다. 셋째, '조세대체 원칙'. 토지 사용자가 매년 납부한 지대를 근로소득세나 법인세 등에서 공제한다. 넷째, '일시불 방식(토지출양제)을 토지연조제로 전환하는 원칙'. 이전에 일시불 방식으로 토지 사용권을 취득한 경우, 토지 사용권 연장시 토지연조제 방식으로 전환한다. 다섯째, '지대의 정기적인 재평가 원칙'. 최초 입찰, 경매 등을 통해 결정된 시장지대는 '토지 위치가 달라지면 지대도 체증 또는 체감'한다는 사실에 근거하여 정기적으로 재평가한다. 재평가가 이루어지지 않는 연도에는 생계비지수, 물가상승률, 경제성장률 중 최적의 지표를 연동시켜 재조정한다.

④ 경제특구 전기(前期) 개발 방식

경제특구 전기 개발 방식은 지대를 매년 납부하게 되면 겪게 되는 초기 개발자금 부족 문제를 해결하기 위한 것이다. 이를 위해 필자는 '정부 주도 + 민간자본 참여 방식' 후 '정부 토지비축기구 책임 시행 방식'으로의 전환 원칙을 제안한다. 즉 정부의 재정능력이 일정 수준에 도달하기 전까지 '정부 주도+민간자본 참여 방식'을 채택하여 개발을 실시하다가, 정부 재정능력이 일정 수준에 도달한 이후에는 점진적으로 '정부 토지비축기구 책임 시행 방식'으로 전환한다.

⑤ 토지연조제와 도시계획의 관계

토지연조제는 도시계획과 합리적인 연계를 해야만 그 잠재력이 발휘된다. 그래서 필자는 토지임대 업무와 도시계획 업무의 전문화 원칙을 제안한다. 토지임대 업무는 경영 능력을 가진 토지비축기구가 책임지나, 토지 용도의 결정 등 도시계획 관리업무는 경제특구 도시계획 부문이 책임진다. 토지임대 업무 부문은 이미 결정된 도시계획에 근거하여 토지 사용권의 분배와 용도관리제도를 실시한다.

⑥ 토지연조제와 경제특구 경영의 관계

토지연조제는 도시 경영을 위한 재정의 자기조달 시스템을 가능하게 한다. 그 핵심 메커니즘은 '매년 지대 수입을 일반 재정에 사용하는 원칙'을 통해서 가능하다. 현재의 경제특구 정부와 향후의 일반 도시 정부는 토지 용도 관리제도와 토지연조제를 핵심 수단으로 하여 도시 경영을 진행한다. 즉 매년 지대 수입 중 중앙정부에 납부하는 일부를 제외하고는 모두 경제특구 등의 일반 공공재정에 사용한다. 이상 다섯 가지 영역에서 제안한 원칙들을 체계적으로 제시하면 아래의 〈그림 9-2〉와 같다.

필요한 법률 개혁

조치들 북한이 중국의 공공토지임대제를 모방하여 경제특구 관련 제도를 만들었기에 나름대로 잘 정비된 법률 체계를 구축하고 있다고 보인다. 그런데 불완전한 중국 공공토지임대제의 영향을 받았다는 점, 그리고 북한 경제특구를 제외한 나머지 도시에서는 개혁·개방 추진이 뒤처지고 있다는 점 등으로 인해 현행 북한의 토지 관련법 체계에서 개혁되어야 할 것들이 존재한다.

대표적으로, 첫째, 북한 경제특구에서 토지임대료 납부 방식의 개혁이 필요하다. 즉 토지 이용 가격을 일시불로 납부하는 것에서 매년 납부할 수 있도록 법적 전환이 필요하다. 둘째, 북한의 〈민법〉과

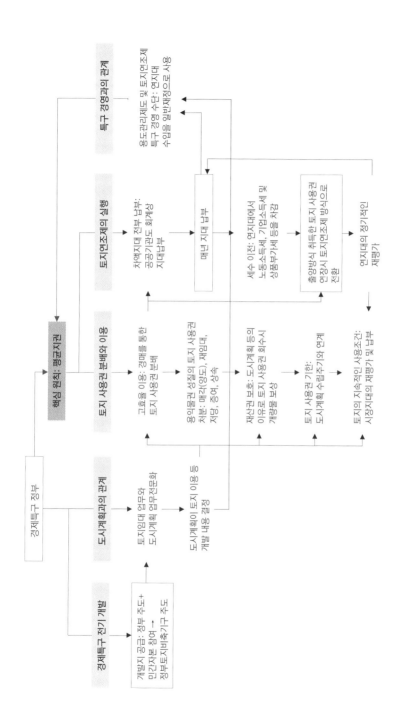

경제특구 정부

경제특구 전기 개발

개발지 공급: 정부 주도 + 민간자본 참여 → 정부토지비축기구 주도

도시계획과의 관계

토지임대 업무와 도시계획 업무전문화

도시계획이 토지 이용 등 개발 내용 결정

핵심 원칙: 평균지권

토지 사용권 분배와 이용

고효율 이용: 경매를 통한 토지 사용권 분배

용익물권 설립의 토지 사용권 저촌: 매각(양도), 저당, 증여, 상속

재산권 보호: 도시계획 등의 이유로 토지 사용권 회수시 개발물 보상

토지 사용권 기한: 도시계획 수립주기와 연계

토지의 지속적인 사용조건: 시장지대의 재평가 및 납부

토지연조제의 실행

자역지대 전부 납부: 공공기관도 회랑상 지대납부

매년 지대 납부

세수 이전: 연지대에서 노동소득세, 기업소득세 및 상품부가세 등을 차감

중앙받시 취득한 토지 사용권 연장시 토지연조제 방식으로 전환

연지대의 정기적인 재평가

특구 경영과의 관계

용도관리제도 및 토지연조제 특구 경영 수단: 연지대 수입을 일반재정으로 사용

그림9-2 매년 지대 납부 중심의 북한 공공토지임대제 모델

〈토지임대법〉에서 개인의 토지 이용권을 더욱 확실하게 보호하기 위해 토지 이용권을 '용익물권'의 하나로 명확하게 규정해야 한다. 현행 토지 이용권은 '용익물권 법정주의' 조건을 만족시키지 못하고 있다. 셋째, 북한 경제특구의 토지 유상 사용 체계는 임차인의 범위를 확대할 필요가 있다. 〈토지임대법〉제5조 규정에서, 북한 기업과 사업체는 토지 이용권을 가질 수 있다고 규정하고 있으나, '단독으로' 토지 이용권은 가질 수 없다. 경제특구의 목적이 외국 기업의 자본과 선진 기술을 받아들여 북한이 자립적으로 경제성장할 수 있도록 하는 것임을 고려할 때, 북한 경제특구가 일정 수준까지 발전한 후에 토지 이용권을 북한 기업과 사업체 및 심지어는 개인에게도 '단독으로' 부여할 필요가 있다.

지금까지 도시에 적용 가능한 지대 매년 납부 방식의 공공토지임대제 모델에 대해 살펴보았다. 이제는 도시가 아닌 농촌에서의 토지개혁 방향을 고찰할 필요가 있다.

북한 농촌의 토지개혁 방향 탐색[*]

중국 농촌 토지 소유제 개혁 과정은
토지원리의 중요성을 지지한다
중국 도시에서 진행된 공공토지임대제 개혁뿐만이 아니라 농촌에서 진행된 농지소유제 개혁 역시 많은 시사점을 준다. 중국 농지소유제 개혁 과정을 간략하게 서술하면 크게

---

[*] 본 내용은 조성찬, "根据土地原理评价中国近现代农村土地使用制度(토지원리에 근거한 중국 근현대 농촌토지사용제도 평가)", 『經濟問題』, 07期, 2008, 87~90쪽을 참고하여 작성하였음.

4단계로 구분할 수 있다. 제1단계는 1949년부터 1953년까지 진행된 '농지 개인소유제' 단계로, 정권을 획득한 중국공산당이 지주의 토지를 무상으로 몰수하여 농민들에게 나누어 준 단계이다.

　　제2단계는 1953년부터 1957년까지 진행된 '노동 군중 집체소유제' 단계로, 제1단계에서 드러난 문제를 해결하고 사회주의로의 개혁을 향한 발걸음을 시작한 단계이다. 이 단계는 다시금 세 단계로 나뉜다. 제2-1단계는 호조조(互助組) 개혁 단계로서, 토지는 여전히 농민의 재산으로 남아 있었고, 농민들은 노동력만을 교환하였다. 제2-2단계는 초급농업합작사(初級農業合作社) 개혁 단계로서, 농민들은 초급농업합작사에 토지를 출자하고, 출자한 토지면적에 따라 이익을 분배받았다. 초급농업합작사는 통일 경영 방식으로 운영되었으며, 토지 소유권과 경영권이 분리되었다. 또한 농업생산성이 가장 높았다. 제2-3단계는 고급농업합작사(高級農業合作社) 개혁 단계로서, 초급농업합작사의 기초 위에서 농민의 토지 소유권을 집체 소유로 귀속시키고 이익 분배를 없애 버렸다. 농민은 단지 고급농업합작사의 직원 신분으로 임금을 받게 되었다.

　　제3단계는 1958년부터 1976년까지 진행된 '인민공사 집체소유제 단계'로, 제2-3단계인 고급농업합작사의 기초 위에서 합작화의 최고 단계를 완성하였다. 인민공사 집체소유제로의 개혁은 개인의 재산권을 모두 박탈하여 노동생산성을 자극하지 못했으며, 오히려 농민의 노동을 감독하는 일이 어려웠다. 게다가 강제적으로 농민의 퇴출권을 박탈하였다. 결과적으로 무임승차 행위를 초래하여, 집체 경제활동의 효율성을 크게 저해하였다.

　　제4단계는 1977년부터 현재까지 진행되고 있는 '가정생산승포 책임제 단계'로서, 토지의 집체 소유라는 전제 하에서 각 가정이 생

표9-4 중국 농촌 토지 재산권 구조 변화 분석

4원칙 4단계		토지 공유 (평균지권)	단독 사용 (적법 사용)	지대 회수 (지대 공유)	사용자 처분
제1단계: 농지 개인소유제		부합	부합	부합	부합
제2단계	호조조	부합	부합	부합	부합
	초급사 (初級社)	부합	부합하지 않음	부합하지 않음	부합
	고급사 (高級社)	부합하지 않음	부합하지 않음	부합하지 않음	부합하지 않음
제3단계: 인민공사 집체소유제		부합하지 않음	부합하지 않음	부합하지 않음	부합하지 않음
제4단계: 가정연산승포		부합	부합	부합했으나 농업세 폐지 이후 부합하지 않음	불완전

산의 기본단위가 되고, 토지 경영권(토지 사용권)을 다시금 농민에게 나누어 주어 경자유전의 원칙으로 되돌아온 단계이다. 가정생산승포 책임제는 1978년 개혁·개방 이전부터 실험적으로 실시되다가 후에 정부가 공식적으로 이를 인정하면서 농민의 재산권을 회복시켜 주었고, 생산의 주체라는 지위 역시 확립시켜 주었다. 다만 농민은 우선적으로 국가와 집체에 약정된 농업 생산물을 납부해야만 계속해서 토지 사용권과 잉여생산물 수취권을 향유할 수 있었다.

중국 농촌의 4단계 개혁 과정이 김윤상[17]이 도출한 토지원리에 얼마나 부합하는지를 분석해 보면 재미있는 결과를 얻을 수 있다. 결론적으로 말하면 제1단계에서는 네 가지 토지원리에 모두 부합하였으나 제2단계로 넘어가면서 점차 부합하지 않게 되었다. 제3단계인 인민공사 집체소유제 단계에서 가장 부합하지 않았다. 그리고 제4단계에서는 불완전하나마 다시금 부합하는 방향으로 개혁되었다.

이러한 분석 결과가 주는 시사점은 크게 세 가지이다. 첫째, 중국 근현대 농촌 토지 재산권 구조의 변천 과정은 토지원리의 자연법칙성을 증명하였다. 왜냐하면 농촌 토지 재산권 구조가 자연법의 성격을 띠고 있는 토지원리에 가깝도록 회귀하고 있기 때문이다. 토지원리의 핵심은 토지 재산권을 평등하게 농가에 분배하는 것이며, 동시에 농가는 상응하는 지대를 납부하는 것이다. 둘째, 제2-2단계의 초급농업합작사가 토지원리 제2원리인 '단독 사용' 원칙에 부합하지는 않았지만, 농업생산성은 가장 높았다. 이러한 사실은 대규모 농업 생산 방식이 필요한 경우 '단독 사용' 원칙을 수정할 수 있음을 시사한다. 셋째, 토지원리에 다시 가까워진 제4단계의 가정연산승포책임제 역시 한계를 노출하였다. 그 이유는 불완전한 사용자 처분권으로 인해 대규모 농업 생산 방식을 적용하기 어렵기 때문이다. 이로 인해 제4단계 개혁 초기의 높은 농업생산성이 1985년부터 현재에 이르기까지 크게 떨어졌다. 제3단계의 장점과 제4단계의 문제점을 모두 경험한 중국은 현재 농민으로 하여금 경작권을 자유로이 농업합작사에 출자하여 대규모 경영을 시도하려는 새로운 차원의 농업합작사 실험을 전개하고 있다.*

북한 농촌 토지개혁의 방향은

가정별 토지 재산권에 기초한 협동농장 북한 농촌의 토지개혁 과정은 중국 농촌의 토지개혁 과정과 크게 유사하다. 큰 틀에서 보면 ① 일정 규모 이상의 개인소유 토지 무상몰수 및 무상분배, ② 매우 짧은 기간

* 중국이 현재 전개하고 있는 새로운 차원의 농업합작사 실험에 대한 소개는 박인성·조성찬, 『중국의 토지개혁 경험』, 한울, 2011, 360~361쪽을 참고하기 바람.

동안 토지 사유권 인정, ③ 농업집단화 사업을 통한 국가토지 소유제 확립으로 요약된다.[18] 현재 북한이 실시하고 있는 협동농장은 1954년도부터 시작하여 1958년에 완성되었으며, 이는 중국의 농지소유제 개혁 3단계인 인민공사 집체소유제와 유사하다. 그리고 협동농장과 인민공사 실험으로 인해 농촌이 피폐해지고 국가 전체가 기아 상태에 빠진 것도 유사하다.

북한 농촌에서는 현재 나름대로 중요한 변화들이 일어나고 있다. 농촌에서 부분적이지만 토지 사용료를 납부하고 사용할 수 있게 된 것이다. 북한의 〈헌법〉과 〈토지법〉은 토지 사용료를 규정하지 않았으나 시장경제요소를 도입하기 위해 2002년 7월에 공포한 〈7·1 경제관리개선조치〉와 〈토지 사용료 납부규정〉(2002. 7. 31.)을 통해 농촌 토지 사용료를 규정하였다. 〈토지 사용료 납부규정〉에 따르면, 농민은 농업 생산물의 일정 부분을 현금의 형식으로 국가에 납부하며, 토지 사용료 표준은 농지의 분류, 목적 및 등급에 따라 결정한다. 그런데 이러한 개혁에도 불구하고 식량사정은 전혀 개선될 조짐이 보이지 않는다. 이는 개혁 내용에 한계가 있었던 것으로 보인다. 현재 북한 정부는 식량 배급을 중단하였고, 주민들이 시장 등을 통해 자체적으로 식량 문제를 해결해야 하는 상황에 처했다.

전 세계 기아문제를 깊이 연구한 장 지글러(Jean Ziegler)는 부르키나파소 대통령 토마스 상카라의 예를 들며, 아무리 가난한 나라도 농지개혁을 통해 스스로 가난에서 벗어날 수 있음을 보여주었다. 그리고 자급자족 경제를 스스로의 힘으로 이룩하는 것만이 진정한 해결책이라고 결론을 맺었다.[19] 중국도 인민공사 집체소유제 방식이 실패하면서 농민들이 자발적으로 토지 사용권을 나누어 갖고 식량 문제를 스스로 해결하려는 실험을 통해 자급자족할 수 있게 되었다. 북한도 예외가 아니다. 토지원리와 지대원리에 부합하는 농지 사용 제도로의 개혁을 통해 스스로의 힘으로 기아 문제를 해결할 수 있다. 따라서 이제는 북한 정부가 개혁의지를 보여 주어야 할 차례다.

중국이 제4단계에서 도입한 가정연산승포책임제는 농지개혁의 큰 방향을 보여 준다. 다만 중국의 현행 가정연산승포책임제는 3가지 방면에서 보완적인 개혁이 필요함을 언급할 필요가 있다. 첫째, 농민의 토지 사용권을 물권화해야 한다. 둘째, 농민들도 토지 사용료인 농업세를 납부해야 한다. 셋째, 사용자 처분권을 보완하여 토지 사용권의 시장 유통을 확대해야 한다. 넷째, 제2-2단계에서 초급농업합작사가 실시한 토지 출자 방식을 통해 농민의 합의에 기초해 대규모 농업 경영을 실시할 수 있도록 해야 한다. 북한 정부가 이러한 한계를 극복할 수 있는 유형의 농지개혁 방안을 도입하여 적극적으로 실시한다면 북한 역시 외국의 식량 원조에서 탈피하여 스스로 가난의 문제를 해결할 수 있게 될 것이다.

새 술은 새 부대에

지금까지 평등한 토지 사용권이라는 대전제에서 출발하여 북한의 도시 및 농촌 토지개혁 방향을 탐색해 보았다. 도시에서는 매년 지대 납부 방식에 기초한 공공토지임대제 모델을 경제특구를 포함한 다른 도시에까지 확대 적용할 필요가 있음을 이야기하였다. 농촌에서는 중국 농촌 토지 소유제 개혁 사례를 살펴보면서 농가에게 토지 사용권을 나누어 주되 대규모 영농이 가능하도록 자발적인 토지 출자에 기초한 협동농장 또는 농업합작사라는 농촌 실정에 부합하는 공공토지임대제를 실시할 필요가 있음을 이야기하였다.

토지 문제로 큰 고통을 경험하고 있는 남한뿐만 아니라 북한 역시 토지 가치를 공유할 수 있는 방향으로 토지개혁이 이루어진다면 우리 사회는 놀라운 변화를 경험하게 될 것이다. 남한에서는 지대조세제를 강화한다면, 왜곡된 경제가 제자리를 찾아가고 경제력은 더욱 튼튼해질 것이다. 북한에서는 매년 지대 납부 방식을 중심으로 하는 공공토지임대제를 도시와 농촌에서 실시한다면, 지대 일시불 방식으로 인해 중국이 경험하고 있는 부동산 거품의 발생과 투기를 사전에 예방하면서도 건강한 경제성장을 경험할 수 있을 것이다. 남한과 북한이 이렇게 변화될 때 우리가 바라는 평화로운 통일도 한 걸음 더 가까워지지 않을까.

성서에 "새 술은 새 부대에 담아야 한다"는 이야기가 있다. 새 술을 헌 부대에 담을 경우 부대가 터지기 때문이라는 것이다. 새로운 제도도 마찬가지고 우리가 바라는 통일도 마찬가지다. 잘못된 사회 구조와 잘못된 개인의 인식틀에 새로운 제도와 통일을 담아 내게 되면 어쩌면 개인은 물론이고 사회 전체가 자기분열적인 고통을 당할지도 모른다. 따라서 새로운 것만을 이야기할 것이 아니라 새로운 것을 담아 낼 새로운 부대를 준비해야 한다. 새로운 부대는 바로 패배주의에 젖어 버린 우리들의 고정관념을 무너뜨리고 새로운 상상력으로 우리 세대와 다음 세대를 준비하는 것이다. 그 출발은 무관심에서 벗어나 개인에 대해 그리고 우리 사회에 대해 분노하는 것이다!

제 1 0 장

토지와 대안모델

구(舊)소련과 동구권 사회주의 국가들의 붕괴는 사회주의에서 대안을 모색해 왔던 진보 세력에겐 엄청난 충격이었다. 물론 "붕괴한 국가들은 사회주의가 아니었다, 아직 진짜 사회주의는 도래하지 않았다!"는 트로츠키주의자들의 반론도 있었지만, 진보 쪽에서 그런 생각에 동의하는 사람들은 극소수에 지나지 않았다. 붕괴 후 지향점을 잃은 진보의 관심은 대안체제라는 거대 담론에서 그동안 간과되어 왔던 지역 공동체, 생태, 여성, 동성애 등의 미시 영역 쪽으로 옮겨 갔다. 그러다가 김대중·노무현으로 이어지는 민주정부 10년 동안의 성적표가 기대에 크게 못 미치고, 그것의 반동으로 과거 회귀적인 이명박 정부가 들어서자 한국의 진보는 실행 가능한 대안모델을 치열하게 고민하고 토론하기 시작했다. 집권보다 더 중요한 것이 지향해야 할 선명한 방향과 이행전략이란 사실을 자각한 것이다.

그런데 현재 제출되고 있는 대안들을 들여다보면 모두 하나같이 인간의 경제 활동에서 가장 큰 영향을 미치고 있는 '토지'를 가볍게 취급한다는 사실을 발견하게 된다. 토지는 '부동산'으로 표현되어 주택 문제로 축소되거나 금융기관의 대출 문제로 접근하는 방식이 광범위하게 퍼져 있다.*

경제학의 과제가 어떤 원리·원칙 하에서 생산하고 분배하고 소비해야 정의롭고 효율적인지를 탐구하는 것이라면, 생산·분배·소비 과정에 가장 큰 영향을 미치는 토지를 간과하는 것은 참으로 희한한 일이라 아니할 수 없다. 더구나 시장주의자의 원조 격인 아담 스미스가 토지를 중요한 생산요소로 취급했다는 것을 생각하면 이는 더 이해하기 어려운 일이다.

혹시 산업화 단계에 따라 토지의 중요도가 변해서 그런 걸까? 스미스, 리카도와 같은 고전학파들이 활동했던 산업화 초기나 중기에는 토지가 중요했을지 모르나, 이미 산업화된 한국과 같은 나라에서 토지는 더 이상 중요하지 않은 것일까?

과연 그러한지 잠시 생각해 보자. 인간의 가장 기본적인 권리인 주거권이 위협받는 원인은 무엇인가? 그것은 땅 문제다. 대표적인 사회갈등의 예라 할 수 있는 용산 참사의 원인은 무엇인가? 역시 토지 문제다. 점점 심화되어 가는 사회경제적 양극화의 핵심 원인에는 뭐가 있는가? 역시 땅 문제다. 도시가 무분별하게 확산되어 보존되어야 할 녹지가 훼손되는 이유는 무엇인가? 땅 문제다. 지금까지 일어난 수많은 경제위기에서 가장 빈번하게 등장한 변수는 무엇인가? 그것은 토지 거품의 생성과 붕괴다. 그런데 현재 논의되는 대안체제에

---

* 진보 쪽에서 주최하는 토론회에 가보면, 주제는 대개 정치개혁 과제, 경제개혁 과제, 사회정책 과제의 순서로 되어 있고, 그중에서 토지는 부동산이라는 이름으로 사회정책 과제 중 하나로 편입되어 있는 것을 보게 된다. 진보에서는 부동산 문제, 정확히 말하면 토지 문제를 경제개혁 과제의 중심주제로 다루지 않는 것이다.

는 토지가 빠져 있다!

　한국 사회가 지향해야 할 대안의 밑그림을 그리기 위해서 토지는 중요하게 다루어져야만 한다. 서구 복지국가 모델이 토지를 중요하게 다루지 않았기 때문에 토지는 주택 문제에서나 다뤄야 한다고 보는 것은,* 어찌 보면 학문적 사대주의라 할 수 있다. 토지가 금융을 불안하게 만들고, 분배구조를 악화시킬 뿐만 아니라 사회갈등을 조장하고 생산을 제약한다는 것을 인식한다면 더욱 그러하다. 이런 문제의식 하에 본 장은 토지를 중요하게 다루어야 제대로 된 대안이 나올 수 있다는 걸 논증하려 한다.

　필자는 대안모델이 지녀야 할 조건을 세 가지로 요약한다. 첫째는, 시장을 더 역동적으로 만들 수 있어야 한다. 그래야 지속적으로 성장할 수 있고, 일자리를 더 많이 만들 수 있기 때문이다. 두 번째는, 사회 안정에 도움이 되어야 한다. 시장에서 실패를 했더라도 패자부활이 가능해야 하며, 적어도 모든 사회 구성원들은 인간의 존엄성을 지킬 수 있는 수준 이상의 삶을 살 수 있어야 한다. 마지막으로 토지를 방만하게 사용하지 않고 녹지나 농지, 산지 등을 잘 보존할 수 있어야 한다.

　그런데 문제는 이 세 가지가 서로 충돌할 가능성이 높다는 것이다. 시장의 역동성을 높이려면 안정된 사회와 환경보존이 어렵고, 환경보존이라는 가치를 중시하면 시장이 위축된다. 그러나 토지를 논의의 중심에 올려놓으면 세 가지가 상호 공존할 수 있는 길이 열린다. 정말 그런지 하나하나 검토해 보자.

---

* 북유럽이든 서유럽이든 복지국가를 다루는 연구물들에는 토지 문제가 빠져 있다고 해도 과언이 아니다. 심지어 '토지'라는 단어가 등장하지 않는 경우도 허다하다.

토지와 역동적 시장

역동적 시장이란, 경쟁력 없는 기업이 시장에서 빨리 퇴출되고 경쟁력 있는 기업이 신속하게 진출할 수 있을 뿐만 아니라 사업도 확장하고 새로운 사업 영역을 쉽게 개척할 수 있는 것을 뜻한다. 이렇게 보면 역동성은 유연성에 다름 아니다. '유연성' 하면 흔히 '노동'을 떠올리지만 사실 유연성이 더 필요한 곳은 기업이다. 그래야 시장의 역동성은 증진되고 국가경쟁력은 더욱 높아질 수 있다.

그런데 기업이든 노동이든 결국 토지 위에서 활동하는 것이므로 토지제도는 기업과 노동의 유연성에 큰 영향을 미칠 수밖에 없다.

토지와 기업의

유연성 앞서 말했듯이 기업의 유연성을 한마디로 정리하면 기업의 시장 진입과 퇴출의 용이함이고, 그것의 기준은 기술 능력과 경영 능력이다. 즉, 시장이 역동적이기 위해서는 이윤추구의 결과가 시원찮은 기업은 시장에서 구조조정이 되어야 하고, 기술력이 있는 기업은 시장에 쉽게 진입하고 사업을 확장할 수 있어야 한다. 그래야 진정한 '자유'시장이라 할 수 있다.

그러나 토지 가격이 비싸면, 그리고 한국처럼 투기로 인해서 지가가 엄청나게 부풀려져 있으면 좋은 아이디어가 있고 기술력이 있는 잠재적 기업들이 시장에 진입하기가 매우 어려울 수밖에 없다. 토지를 사거나 빌리는 데 너무 많은 돈이 들어가기 때문이다. 또한 이런 상황에서는 경영 능력이나 기술 능력이 떨어지는 기업인데도 이윤이 아니라 토지 불로소득을 향유하면서 시장에서 버틸 수 있게 된다. 벌써 구조조정되었어야 할 기업이 토지 불로소득이라는 음식을 먹고

시장에서 활보하면서 때로는 큰소리를 치고 있는 것이다.

어디 그뿐인가? 이미 시장에 진출해 있는 기업 중에 토지를 확보하지 못한 기업이나 토지를 임대해서 쓰는 기업들도 땅값이 비싸면 사업 확장이나 투자 확대가 힘들어진다. 한마디로 말해서 현재의 토지제도는 기술 능력과 경영 능력을 갖춘 기업을 환대하는 것이 아니라, 토지를 과다하게 보유한 기업에겐 우호적이고 토지를 별로 가지고 있지 않거나 빌려 쓰는 기업, 신규로 시장에 진출하려는 기업에겐 대단히 비우호적이다. 기업은 이런 현실을 너무나 잘 이해하고 있기 때문에 상품생산을 통한 이윤추구에도 관심을 갖지만 토지 투기를 통한 토지 불로소득 추구에도 촉각을 곤두세우게 된다. 상품생산으로 돈을 별로 못 벌어도 땅값만 오르면 기업의 전체 소득은 오히려 더 커질 수 있기 때문이다.

또한 토지 불로소득을 사유화하는 시스템은 금융기관이 기업의 유연성을 돕지 못하게 한다. 본래 금융기관이 기업의 유연성에 도움이 되려면 기술 능력이나 경영 능력이 있는 기업에게 더 많은 자금을 배분하고 그렇지 못한 기업에게서는 자금을 회수해야 한다. 그런데 토지 불로소득을 사유화할 수 있는 시스템에서는 기업의 경쟁력과 무관한 토지 담보 능력을 중심으로 자금이 배분되는 경우가 상당히 많다. 그뿐 아니라 금융기관은 토지를 많이 소유한 기업에게 유리한 신용등급을 매겨 낮은 실질이자율로 돈을 빌려주는데, 문제는 금융기관의 이런 대출구조가 기업으로 하여금 생산이 아니라 토지 투기에 더 집착하도록 유도한다는 것이다.[1]

그러면 금융기관은 왜 토지 담보 능력을 자금 배분의 중요한 기준으로 삼는 것일까? 그 까닭은 그렇게 하는 것이 안전하고 이익이 되기 때문이다. 특별한 경우를 제외하고 토지 가격은 항상 오르기 때문에 기업이 대출금을 갚지 못할 때에도 토지를 회수하면 안전하다.

그런데 토지 문제가 근본적으로 해결되면 정반대의 결과가 나타난다. 예를 들어서 토지 불로소득이 환수되어 지가가 하락하면 잠재적 신규 기업의 시장 진입이 매우 용이해지고, 기존 기업 중에 생산성이 높은 기업들은 사업을 확장하기가 더욱 쉬워지며, 더불어서 새로운 산업분야가 개척될 가능성도 높아진다. 반면 기술 능력과 경영 능력이 떨어지는데도 토지 불로소득으로 버티거나 큰소리쳤던 기업들은 퇴출당할 위험에 처해진다. 요컨대 기업의 진입과 퇴출, 확장 여부를 토지 소유가 더 이상 결정하지 못한다는 것이다.

그리고 금융기관의 자금도 토지 담보 능력이 아니라 기업의 경쟁력, 즉 생산성에 따라 배분된다. 이렇게 하면 기업이 소유한 토지를 담보로 잡히고 금융기관에서 돈을 빌려 다시 토지 투기를 하는 관행도 사라지게 된다. 금융기관의 자금 융통이 기업의 유연성을 높이는 데 기여한다는 것이다.

기업의 유연성과 토지와의 관련성을 요약하면 이러하다. 토지 불로소득을 완전히 환수하면 지가가 경향적으로 하락하여 경쟁력 없는 기업은 신속히 퇴출되고 생산성이 있는 기업의 시장 진입은 쉬워지며, 경쟁력 있는 기존 기업의 사업 확장도 용이하게 된다. 또한 금융기관도 이런 경향성에 도움이 되는 방향으로 자금을 배분한다. 이렇게 하면 소기업에서 중기업, 중기업에서 중견기업, 중견기업에서 대기업으로 발전하는 동태적 발전 현상도 눈에 띄게 증가하여 시장은 더욱 역동적이 될 것이다.*

---

* 물론 기업이 더 유연해지려면 엄격한 법집행도 중요하다. 즉, 납품 단가 후려치기 같은 중소기업에 대한 대기업의 착취, 중소기업이 일궈놓은 시장을 대기업이 자신의 자금력과 마케팅 능력을 가지고 빼앗는 반칙은 제도적으로 차단해야 한다. 이런 반칙들은 신규 기업의 시장 진입을 위축시키고 기존 기업들의 기술 개발 의욕을 꺾어놓는다.

토지와 노동의

유연성 노동의 유연성은 진보 쪽에서 매우 꺼리는 단어다. 고래로 진보는 유연성보다는 안정성을 중요하게 생각한다. 그러나 시장을 역동적으로 만들려면 노동도 유연해져야 한다. 모든 생산물은 결국 노동이 만들어 낸다는 것을 생각하면 노동도 돈이 되는 쪽으로, 더 생산적인 곳으로 자연스럽게 이동해야 시장의 효율이 높아지기 때문이다.

한편, 기업의 입장에서도 노동의 유연성은 꼭 필요한 요소이다. 오늘날의 기업은 글로벌 경쟁이 치열해지는 동시에 상품과 기술주기가 점점 짧아지고 있는 환경에 처해 있기 때문에 이윤이 되는 사업으로, 즉 돈이 되는 사업으로 전환하기 위한 상시적 구조조정을 해야 한다. 이런 면에서 보면 노동의 유연성은 '선택'이 아니라 '필수'다.

그리고 노동의 유연성은 더 많은 일자리를 위해서도 필요하다. 예를 들어 평소 100명을 고용하다가 경기가 나빠지면 50명만 고용하려는 어떤 기업을 가정해 보자. 기업은 현재뿐만 아니라 장차 발생할 모든 이익과 비용을 감안하여 고용을 결정한다. 그런데 만약 절차가 복잡하고 요건이 까다로워서 구조조정이 몹시 어렵다면, 다시 말해서 이것에 대한 노동의 태도가 강경하다면 이 기업은 평소에 100명을 고용하지 않고 그보다 적은 인력만 고용하려 할 것이다. 그렇게 하는 편이 언제 찾아올지 모르는 불경기에 효과적으로 대비할 수 있기 때문이다. 경기가 좋아져도 경직성이 개선되지 않으면, 채용을 늘리지 않고 기존 인력으로 초과근무를 시키거나 더 많은 기계를 사용하려 할 것이다. 결국 기업은 노동시장이 경직되면 고용을 꺼릴 수밖에 없다.[2]

그러나 아무리 그렇더라도 지금과 같은 상황에서 노동에게 유연성을 받아들이라는 것은, 다시 말해서 기업에게 인력에 대한 구조조정의 자유를 주는 것은 무리다. 노동이 유연성을 받아들일 조건이 전혀 갖추어져 있지 않기 때문이다. 노동이 유연해지려면 다른 직장으로 옮기는 것이 쉬워야 하고, 그 직장의 처우수준이 전의 직장과 별반 차이가 없어야 한다. 실직을 해도 직장 구하기가 쉽다면 노동이 유연성을 반대할 이유가 없다. 그런데 지금 한국의 상황은 일자리 간 임금의 격차도 너무 크고, 괜찮은 일자리는 매우 부족하다. 월급 많이 주는 좋은 직장 다니다가 나와서 다시 좋은 직장에 들어가는 것은 불가능에 가깝다는 것이다.* 그렇기 때문에 괜찮은 일자리라고 알려진 대기업에서의 해고는 살인으로 인식되어 구조조정에 대한 노동의 저항이 격렬해질 수밖에 없는 것이고, 이로 인해 대기업의 고용 의지는 위축된다. 이렇게 노동 간에 격차가 심할수록 노동은 정년보장, 즉 안정성에 집착할 수밖에 없게 된다.

이렇게 본다면 노동의 유연성은 노동의 수요가 얼마나 증가하느냐, 그리고 일자리 간 임금 격차가 얼마나 줄어드느냐에 달려있다고 할 수 있는데, 여기서는 토지와 직접적인 관계가 있는 노동의 수요와 관계된 것만 다뤄 보기로 하자.**

---

* 필자는 대기업 정규직 노동자가 조직이기주의를 보이는 가장 큰 이유 중 하나가 바로 여기 있다고 생각한다.

** 한국은 일자리(정규직 – 비정규직, 대기업노동 – 중소기업노동) 간 임금의 격차가 극심한 국가 중 하나이다. 정규직과 비정규직의 임금 격차가 2배가 넘는데, 이는 동일노동일 경우 비정규직이 정규직보다 많은 임금을 받는 덴마크·독일과 크게 대비된다. 한국의 임금체계가 상당히 불합리하다는 것이다. 또한 한국은 중소기업과 대기업 노동자의 임금 격차도 너무 크다. 제조업의 경우 2008년 기준으로 중소기업 노동자가 대기업 노동자의 51.3% 밖에 받지 못하고 있는데, 이는 중소기업 임금이 대기업의 80%가 넘는 미국·캐나다와 뚜렷이 큰 차이가 난다(남기업, "복지 확대보다 특권 해체가 먼저다", 『토지+자유 비평』, 10호, 2011. 2. 10.). 이것은 '납품단가후려치기'와 같은 중소기업에 대한 대기업의 반칙 때문이

앞서 다뤘듯이 토지 불로소득을 사유화하는 시스템은 지가가 높기 때문에 신규 기업의 시장 진입이 어렵고, 생산성이 높은 기업도 사업을 확장하기가 힘들다. 즉 일자리가 생기는 데 도움은커녕 방해가 된다는 것이다.

그런데 여기서 한 가지 지적해야 할 것은 토지 매입 자체는 고용을 창출하지도, 산출량을 늘리지도 않는다는 점이다. 토지 매입은 한 사람은 사고 한 사람은 파는 행위에 불과하다. 만약 매매차익이 생겼다면 한 사람은 잃고 한 사람은 딴 것이다. 거래 당사자들은 달리 생각할지 모르지만, 사회 전체적으로 보면 매매차익을 노린 토지 매입은 비생산적 투자의 전형이다.

반면에 자본을 구입하는 것은 고용을 창출하고 산출량을 늘리는 것과 직결된다. 자본은 노동을 필요로 하고, 노동 역시 자본을 필요로 하기 때문이다. 그 성격이 자본재이든 소비재이든 더 많은 물건을 만들기 위해서는 더 많은 자본이 필요하고, 그럴수록 노동 또한 그만큼 더 고용해야 한다. 그러나 토지의 가격이 비쌀수록, 토지에 돈을 많이 쏟아부을수록 고용과 산출량을 늘리는 자본과 노동에 투입할 자금은 줄어든다.

그런데 토지 불로소득의 환수비율을 계속 높이면 토지 투기로 높아진 지가는 하향 안정화되기 때문에 고용을 창출하는 투자가 크게 늘어날 수 있게 된다. 그뿐 아니라 토지 불로소득을 환수하면 저사

기도 한다. 대기업의 이런 착취가 중소기업의 생산성을 낮추고 중소기업 노동자들이 충분한 임금을 받지 못하게 하는 것이다. 요컨대 노동이 유연해지려면 안정성과 임금은 반비례해야 하고 수천 명을 고용하는 기업에 다니는 노동자와 10여 명을 고용하는 기업에 다니는 노동자의 임금 격차는 크지 않아야 한다. 이와 관련된 자세한 사항은 남기업, 『공정국가: 대한민국의 새로운 국가모델』, 개마고원, 2010, 204~209쪽 참조.

용하거나 방치해 두었던 토지도 생산에 개방되는데, 이렇게 되면 노동의 수요는 더 늘어나게 된다.

요약하면, 오늘날 노동의 유연성은 선택이 아니라 필수다. 그러나 노동이 유연하려면 노동의 수요는 지금보다 훨씬 증가해야 한다. 그래야 헨리 조지가 말했듯이 노동자끼리만 일자리를 놓고 경쟁하는 것이 아니라 기업들도 노동자를 고용하기 위해서 경쟁하는 분위기가 조성되고,[3] 이 과정에서 실질임금은 상승한다. 그런데 토지 불로소득을 제대로 환수하기만 하면 노동의 수요는 크게 증가할 수 있다. 이것에 더하여 대기업과 중소기업 간의 착취관계를 시정하고 중소기업 노동자와 대기업 노동자의 임금 격차가 시정되면 노동이 고용의 안정성에 집착할 까닭은 더욱 줄어들게 되고, 노동의 유연성은 큰 무리 없이 정착될 수 있게 된다.

여기에다 사회보장, 즉 사회적 안전망을 더욱 튼튼하게 갖추면 노동은 더욱 유연해질 수 있다. 그것은 다음 절에서 살펴보도록 하자.

안정된 사회와 토지

사회가 안정되려면 먼저 기본적으로 주거 문제가 해결되어야 한다. 주거 불안정은 사회를 근본부터 뒤흔든다. 또한 사회가 안정되려면 노후에 대한 걱정도 없어야 한다. 노후가 불안하면 사회 구성원들은 물질적 욕구에 지배당하기 쉬워진다. 또한 연대(solidarity)의 정신이 충만한 사회가 되려면 교육(보육)비의 고통에서 해방되어야 한다. 자녀 교육이 부모의 소득 수준에 따라 좌우되면 사회통합은 어렵고, 계층 간의 자유로운 이동이 불가능한 나쁜 사회가 된다. 교육의 기회는 출생과 관계없이, 부모의 소득과 관계없이 동등하게 주어져야 한다. 또한 사회가 안정되려면 실직에 대한 공포도 없어야 한다. 실직에 대한 두려움은 타인을 이겨야 할 경쟁자로 만든다. 타인의 고통이 나의 기쁨이 되는 삭막한 사회가 된다. 마지막으로, 아플 때 치료비 걱정에서 벗어나야 한다. 그래야 사회 구성원들이 타인을 배려하게 되고 동정심과 연민이 넘치는 안정된 사회가 될 수 있다.

관건은 언제나 비용이다. 소위 5대 불안이라고 하는 주거·교육(보육)·일자리·노후·의료에 드는 비용을 어디서 마련할 것인가가 핵심인 것이다. 그리고 기왕이면 그 비용 마련이 시장의 역동성을 둔화시키기보다 오히려 역동성에 도움이 될 수 있도록 하는 최선의 방안을 찾아야 한다. 그래야 국가의 복지 부담도 크게 줄일 수 있다.

그런데 지금 진보 쪽에서 제출된, 안정된 사회를 위한 비용 마련 계획은 시장의 역동성을 강화시키기보단 훼손시키는 방안이다. 기본적으로 진보는 이런 데에 쓰는 비용을 누진적 소득세와 법인세에서 충당하려고 한다. 이 세금을 많이 거둬서 대량의 임대주택 공급, 무상교육(보육), 실업 대책, 노후생활 보장, 무상의료에 투입하려고 한다.

하지만 "토지와 세금"에서 다뤘듯이 누진적 소득세와 법인세 강화는 생산 활동을 제약한다. 소득세를 많이 부과하면 근로의욕이 감퇴하는 것은 어쩔 수 없다. 법인에게 법인세와 사회보장 기여금을 더 많이 내라고 하면 투자가 위축될 뿐만 아니라 투자를 하더라도 사람을 덜 뽑는 투자를 한다. 그리고 소득세와 법인세 강화는 한계기업을 더욱 위태롭게 하여 독점을 강화시키는 부작용을 낳기도 한다. 한마디로 시장의 역동성을 둔화시킨다는 것이다.

그러나 토지 불로소득으로 이런 비용을 마련하게 되면, 앞에서 설명했듯이 시장의 역동성을 더욱 강화하면서 사회의 안정성도 높일 수 있다. 역설적으로 들리겠지만, 이렇게 하면 안정된 사회 조성에 들어가는 비용을 줄일 수 있게 된다. 토지 불로소득 환수 자체가 사회보장이 아니라 개인보장의 가능성을 높이기 때문이다. 정말로 그런지 하나하나 따져 보자.

우선 토지 불로소득으로 복지비용을 충당하는 방식은 임대주택 공급의 필요성을 크게 줄인다. 토지 불로소득을 환수하는 것 자체가 주택 가격을 하향 안정화시키고 개인의 주택 마련을 훨씬 쉽게 만들기 때문이다. 장점은 그뿐만 아니다. 임대주택을 짓는 돈도 덜 들어간다. 왜냐하면 임대주택을 지으려면 국가가 토지를 매입해야 하는데, 토지 불로소득을 환수하면 토지 가격이 경향적으로 저하되기 때문이다. 한마디로 말해서 토지 불로소득으로 복지비용을 충당하면 임대주택 건설의 필요도 줄이면서, 임대주택 짓는 비용도 절감할 수 있게 된다.

두 번째로, 노후 문제를 살펴보자. 토지 불로소득을 완전히 환수하면 고용률이 훨씬 높아지고* 노동자의 정년을 더 연장할 수 있게 되는데, 이렇게 되면 개인의 노후 준비 가능성은 더 높아진다. 한국과 달리 지금 독일은 62세에서 67세로 정년을 늦췄고, 스페인과 그리스는 58세에서 62세로, 프랑스도 67세로 정년을 연장했다. 한국도 연금 고갈, 숙련노동인구 부족이라는 문제를 해결하기 위해서는 정년 연장을 해야 하지만, 청년들의 일자리 부족 문제로 추진을 못하고 있다. 그런데 생산적 투자가 증가하여 일자리가 자연스럽게 증가하면 정년 연장의 가능성은 그만큼 높아진다.[4] 다시 말해서 노후에 대한 개

---

* 2011년 3월 한국의 고용률은 63.1%인데 반해, 미국은 66.3%, 일본은 69.7%, 호주는 73.0%이다. 평균적으로 보면 OECD 선진국에 비해서 한국의 고용률이 10% 가량 낮다(통계청, "2011년 4월 고용동향", 보도자료 2011. 5. 11.).

인보장 비율이 증가하고 국가의 부담은 그만큼 줄어든다는 것이다.

세 번째로, 의료에 들어가는 비용도 훨씬 줄일 수 있다. 왜냐하면 앞서 말했듯이 토지 불로소득 환수 자체가 고용률을 크게 증가시키기 때문이다. 이렇게 되면 의료보험료 납부자 수는 크게 증가할 것이다. 이것이 의료보험 재정의 건전성을 확보하는 데 크게 기여할 것이다. 지금 한국의 의료보험은 원천징수가 어려운 영세자영업자(약 500만 명)와 일용근로자가 많고, 해마다 증가하는 기초생활수급자들에 대한 급여액으로 인해 재정 건전성이 나빠지고 있다. 이런 상황을 감안하면 이는 굉장히 중요한 변화이다. 그뿐 아니라 토지 불로소득을 환수하면 기본적으로 하위계층의 소득 수준과 후생은 크게 증가하는데, 이것은 빈곤이 초래한 나쁜 건강상태를 개선하는 데도 기여하고, 국가의 의료보험 재정 지출을 줄이는 데도 크게 도움이 된다.

네 번째로 토지 불로소득으로 복지비용을 충당하면 실업급여를 지급하거나 직업재교육과 일자리 알선에 들어가는 비용도 줄이면서 더 많은 기금을 확보할 수 있다. 왜냐하면 앞에서 다뤘듯이 토지 불로소득 환수 자체가 신규 기업의 시장 진입을 훨씬 쉽게 하고 더 많은 소비를 이끌어 내서 노동 수요 증가에 기여하고, 노동자들의 이직을 훨씬 쉽게 하기 때문이다. 다시 말해서 이직에 걸리는 시간이 매우 짧아진다는 것이다. 이직 기간이 단축되면 실업급여를 지급하는 소극적 노동시장정책과 직업재교육 및 일자리를 알선하는 적극적 노동시장정책에 들어가는 비용은 훨씬 줄어들 것이다.

마지막으로, 토지 불로소득을 환수하면 토지 문제에 짓눌렸던 하위계층의 소득 수준이 향상되기 때문에 국가의 교육(보육)복지 비용 절약에도 도움이 될 것이다. 그리고 징수한 토지 불로소득으로 영유아에 대한 보육복지를 강화하면 여성들의 경제활동 참가율이 더욱 늘어나 경제성장에 도움을 줄 수 있게 된다.

이렇게 토지 불로소득을 환수하여 복지비용으로 삼는 것 '자체가' 안정된 사회에 크게 기여하기 때문에 국가의 입장에서는 복지비용을 더 많이 마련하는 일석이조의 효과를 볼 수 있다. 이것은 다른 말로 하면 사회의 안정성이 더욱 높아진다는 것이다.

환경보존과 토지

일반적으로 경제성장과 일자리 증가는 환경파괴를 수반할 수밖에 없다고 생각한다. 결국 경제성장과 일자리 창출에는 지금보다 더 많은 토지가 사용되어야 하기에 어쩔 수 없이 환경보존에 필요한 녹지나 농지가 개발에 이용되어야 한다고 보는 것이다. 그렇다면 경제성장과 환경보존 간의 양립 가능성은 어떤 방법으로 경제를 성장시키는 것이 주어진 토지를 가장 알뜰하게(economically) 사용할 수 있는가에 달려 있다고 할 수 있다.

그런데 토지 불로소득이 개인의 호주머니로 들어가는 지금과 같은 제도는 토지를 방만하게 사용하도록 유도한다. 왜냐하면 토지 소유자의 관심이 효율적 사용보다 토지 매매를 통한 불로소득 향유에 있기 때문이다. 소유자 입장에서는 토지 불로소득을 더 빨리, 더 쉽게 얻기 위해서는 토지를 놀리거나 저사용하는 것이 유리하기 때문에 도심지가 공동화되고 도시가 무분별하게 확산되는 개구리 널뛰기(frog-leaping)식 개발이 이뤄지는 것이다. 다른 말로 하면 불필요한 개발이 남발된다는 것이다. 이것을 하나하나 검토해 보자.

토지 불로소득을 사유화하는 시스템이 도심지 공동화 현상을 초래하는 이유는 그 제도가 도심지의 효율적 사용을 유도하지 못하기 때문이다. 예를 들어서 도심지에 토지와 건물을 소유한 사람이 있다고 가정해 보자. 시간의 경과에 따라 건물은 노후화되지만 지대는 상승하기 때문에 결과적으로 건물 소유주가 건물로부터 벌어들이는 소득은 커지게 된다. 하지만 여기서 분명한 것은 건물주의 소득 증가가 건물 자체의 임대료가 아니라 토지에서 발생하는 지대 상승 때문이라는 점이다. 건물은 시간이 지나면 감가(減價)되기 때문에 건물만의 소득은 감소하지만, 도심지의 토지 가치 증가로 전체 소득은 증가(增價)하게 되는 것이다. 그러므로 건물주 입장에서는 노후해지는 건물을 리모델링하거나, 건물의 외관을 깨끗하게 관리하거나 증축하지 않아도 별로 손해될 것이 없다. 이렇게 시간의 경과와 함께 노후해진 건물이 도심지에서 차지하는 비율이 계속 높아지게 되면 도심지는 서서히 공동화되는 것이다.

그러면 토지 불로소득을 환수하면 어떻게 될까? 이렇게 되면 건물 소유자는 더 이상 토지에서는 이익을 얻을 수 없고 건물에서만 이익을 얻을 수 있다. 따라서 그는 다른 사람에게 잘 보이기 위해서, 즉 수요자의 눈높이에 맞추기 위해서 건물의 내·외관을 주기적으로 리모델링하고, 필요에 따라서는 증축도 하게 된다. 다시 말해서 일반 기업이 소비자의 기호에 맞는 상품을 개발하기 위해서 끊임없이 노력하는 것처럼, 건물 소유자도 그렇게 하게 된다는 것이다. 이렇게 토지 불로소득 환수는 주어진 토지를 최대한 이용하도록 유도해서 도심지가 계속 유지·발전하게 만든다.

한편 도심공동화 현상은 인구증가와 경제발전에 맞추어 도심지의 기반시설을 확장하는 데 너무 많은 재정이 투입되기 때문에 발생하는 경우도 많다. 도심지가 더욱 발전하려면 더 넓은 도로와 쾌적한 공원 등 휴식 공간이 확충되어야 하는데, 그렇게 하려면 정부가 토지 매입에 어마어마한 돈을 쏟아 부어야 한다. 또한 기반시설을 확충하려는 정부와 토지 소유자 간에 발생하는 이해관계의 상충은 건설 시기를 지연시키기도 한다. 따라서 정부로서는 한때 번화가였던 도심지는 그냥 놔두고 외곽에 또 다른 중심지를 개발하는 것이다. 그리고 도시 외곽의 토지 소유자들도 토지 불로소득을 얻을 수 있기 때문에, 이런 방식의 개발을 선호하는 것도 중요한 원인이 된다. 바로 이런 이유들 때문에 한때 번화가였던 중심지는 퇴화하고 새로운 중심지가 개발되는 것이다.

그런데 토지 불로소득을 환수하면 도심지의 도로를 넓히고 공원 등의 쾌적한 환경을 마련하는 데 들어가는 비용은 크게 줄어든다. 또한 그렇게 쾌적한 환경을 조성하면 토지 가치가 다시 상승하고, 그것은 다시 세금의 형식으로 환수할 수 있기 때문에 정부의 부담은 훨씬 줄어들 수 있다.*

그리고 토지 불로소득을 환수하면 도시 내의 유휴 토지나 저사용 토지가 효율적으로 이용되기 때문에 무분별한 도시 확장, 즉 스프롤(sprawl) 현상**을 방지할 수 있게 된다. 또한 토지가 부족해서가 아니라 개발로 발생하는 토지 불로소득 때문에 환경보존에 필요한 녹지나 농지 등이 훼손되는 경우가 많은데, 토지 불로소득을 환수하면 이것도 차단할 수 있다. 우리가 흔히 보는 그린벨트 지역 주민들의 재

---

* 이것을 재정의 자기조달 시스템(self-financing system)이라고 부른다.
** 스프롤 현상이 초래하는 폐단 중 하나는 이 현상이 정부의 재정과 자원의 낭비를 초래한다는 점이다. 스프롤 현상으로 도심지와 다소 떨어진 거리에 주택이나 공장이 세워지면 정부는 그곳과 도심지를 연결하기 위해 도로, 도시가스, 하수도와 같은 사회간접시설을 설치해야 한다. 이것은 스프롤 현상이 발생하지 않으면 절약할 수 있는 비용이다.

산권 행사 요구, 정확히 말하면 토지 용도변경 요구는 그것으로 발생하는 개발이익을 사유화할 수 있게 해달라는 요구이다. 그런데 용도변경으로 발생하는 불로소득을 환수하게 되면 개발 요구와 압력은 크게 줄어든다. 따라서 토지 불로소득을 환수하면 도시의 확대는 수평과 수직이 조화를 이루는 형식, 다시 말해 중심지부터 밀도 있게 순차적으로 발전하는 모양을 띠게 된다.

이와 관련해서 1980년대 미국 펜실베이니아 주 해리스버그(Harrisburg) 시에서 실시한 차별세율 정책(two-rate tax), 즉 토지 불로소득을 환수하는 토지세를 올리고 건물세를 내리는 정책의 결과가 시사하는 바가 크다. 이 정책은 경제 활성화는 물론이거니와 환경보존에도 큰 도움이 되었다. 이에 대해서 당시 해리스버그의 시장이었던 스테판 리드(Stephen R. Reed)는 다음과 같이 고백한다.

> 많은 주 정부들은 민간으로부터 개발권을 사들임으로써 농지를 보존하려 노력합니다. 그러나 그것은 돈이 많이 드는 방법이죠. 우리는 돈을 한 푼도 들이지 않고도 농지를 보존할 수 있습니다. 그것은 바로 재산세에서 건물과 토지에 차별적 세율을 적용하는 것입니다. 도시 내에 이용되지 않는 토지가 있기 때문에 주변의 농지와 녹지가 개발에 잠식당하는 것입니다. 차별적 세율 정책은 도시 내에서 이용되지 않고 있는 토지의 이용을 촉진함으로써 주변의 농지를 보존합니다.[5]

그런데 여기서 주목해야 할 것은 해리스버그가 토지 불로소득을 완전히 환수한 것이 아니라 단지 토지 불로소득의 환수비율을 높였다는 사실이다. 토지 불로소득을 완전히 환수하면 도시 주변의 농지나 녹지가 더 잘 보존될 수 있게 된다.

요컨대 토지 불로소득을 환수하면 토지는 알뜰하게 사용되도록 유도되기 때문에 도심지 공동화 현상과 스프롤 현상을 막을 수 있게 된다. 또한 토지 불로소득의 일종인 개발이익을 노린 농지나 녹지의 용도변경 요구도 차단할 수 있게 된다.

토지는 대안모델 구상의 중심으로 복귀되어야 한다

인간은 자본이 없으면 불편하지만, 토지가 없으면 생존이 불가능하다. 노동도 기업 활동도 토지 위에서 하는 것이고, 인간의 안식처인 주택도 토지 위에다 짓는 것이다. 따라서 "토지가 없으면 자유도 없다!"는 말은 전혀 지나치지 않다. 그러나 앞서 말했듯이 오늘날의 보수뿐만 아니라 진보도 대안모델을 구상하는 데 있어서 토지의 중요성을 간과하고 있다.

　　현실 세계에서는 토지가 이렇게 중요함에도 왜 학문에서는 토지를 홀대할까? 그 까닭이, 현대 경제이론이 토지의 중요성을 간과하고 토지의 독자성을 무시하기 때문이라고 필자는 본다. 신자유주의의 이론적 토대를 제공하고 있는 신고전주의 경제학은 토지를 자본의 하나로 간주하는 클라크의 길을 따라갔다.* 다른 말로 하면, 신고

---

* 한계생산력설로 유명한 클라크는 "토지는 파괴될 필요가 없는 유일한 자본재"(Clark, John Bates, *The Distribution of Wealth*, Macmillan Co., 1902, p. 118)라고 하면서 토지와 자본의 구별이 불필요하다고 주장했다. 이런 그릇된 시각은 그로 하여금 경제 현상을 노동과 자본이라는 두 가지 생산요소로 분석(Henry, John F., *John Bates Clark: The Making of Neoclassical Economist*, Macmillan Press Ltd., 1995, p. 58)하도록 이끌었고, 나아가 토지가 경제 전체에 어떤 영향을 미치는지 파악하기 불가능하게 만들었다.

전주의는 토지를 일반물자처럼 필요하면 얼마든지 생산할 수 있는, 즉 공급을 조절할 수 있는 것으로 간주한다는 것이다. 그러나 토지는 생산이 불가능하므로 공급을 조절할 수 없다.

신고전주의 경제학이라는 안경이 이렇기 때문에 토지 투기가 초래한 집값 폭등의 원인을 주택 공급 부족에서 찾고, 집을 많이 지어서 공급하면 된다는 방안을 제시하는 것이다. 공장용지 가격이 폭등하면 공장용지가 부족한 것이니 농지나 산지를 공장용지로 변경하여 공급하면 된다고 생각하는 것이다. 농지 가격이 올라가면 다른 땅을 농지로 바꾸면 된다고 생각하는 것이다.[6] 그리고 토지 거품의 생성과 붕괴로 경제가 마비되었는데도 시장에 맡겨야 한다는 잠꼬대 같은 소리밖에 할 수 없는 것이다.

진보가 주로 기대는 케인즈 경제학도 토지를 무시하는 건 신고전주의와 똑같다. 슘페터(Joseph Alois Schumpeter)가 말하듯이 케인즈가 『일반이론』에서 규명하려고 했던 것은 "자유방임적 자본주의는 침체한다."[7]는 것이다. 그 책에서 그가 제시한 침체의 가장 중요한 원인은 바로 투자의 한계효율, 즉 투자로 기대되는 수익률의 하락이다. 그러나 케인즈는 투자의 한계효율이 하락해서 투자 수요가 위축되고 노동의 수요가 줄어드는, 즉 실업률이 높아지는 까닭을 토지와 연관시켜서 생각하지 않았다.*

토지와 관련시켜 생각해 보면 투자 위축의 상당 부분은 토지 투기에 있다는 걸 알게 된다. 헨리 조지[8]가 밝혔듯이 지가의 투기적 상승이 초래한 기업 이윤 감소가 투자 위축을 낳고, 이것은 다시 일자리 부족을 초래해 가계의 소비 위축으로 이어진다. 한편 가계의 소비

---

* 조순(『J. M. 케인즈』, 1982, 209~210쪽)은 케인즈가 투자의 한계효율이 왜 하락하는지에 대한 설명을 거의 하고 있지 않다고 지적한다.

수요 위축은 집값 상승으로 인한 주거비 폭등에서도 비롯된다. 요컨대, 케인즈가 중시하던 유효수요 부족은 토지 투기와 직간접적으로 연관되어 있다. 그러나 케인즈는, 토지는 농경시대에나 중요했다고 말한다.[9] 그걸 입증이라도 하듯 그의 책 『일반이론』에는 토지라는 용어가 겨우 네 번 등장한다![10] 이렇기 때문에 케인즈의 이론에 영향을 받은 진보는 토지 문제를 경제 분서의 핵심 변수로 취급하지 않는 것으로 보인다.

마르크스 경제학도 마찬가지이다. 마르크스는 『자본론』에서 자본의 태동 과정인 '시초축적과정'이 토지 사유화 과정임을 인클로저 운동을 통해 자세히 설명한다. 이 과정으로 인해 수많은 도시빈민과 산업예비군이 생겨났고, 궁핍과 실업의 공포에 떠는, 가진 것이라고는 자기 몸뚱이 하나뿐인 수많은 노동자가 탄생했다는 것이 그의 설명이다. 이렇게 보면 마르크스의 표현대로 자본이 머리에서 발끝까지 모든 털구멍에서 피와 오물을 흘리면서 이 세상에 나오는 주된 이유는 바로 토지 사유화 과정 때문인 것이다.

그런데 마르크스는 이 현상의 원인이 '토지 사유화' 때문이라고 하지 않고 '토지의 자본화과정' 때문이라고 설명한다. 토지를 자본의 하나로 간주하는 것이다. 마르크스의 입장에서는 자본가가 토지를 소유하고 있기 때문에 토지와 자본을 구분할 필요를 굳이 느끼지 못했을 수도 있다. 따라서 그가 하려는 궁극적인 작업이 자본주의의 운동법칙을 설명하는 것이었다면, 자본과 토지는 구별했어야 했다. 왜냐하면 실업, 불황, 독점의 상당한 원인은 자본이 아니라 토지에 있기 때문이다.

물론 마르크스가 토지 문제를 다루지 않은 것은 아니다. 리카도의 영향을 받은 그는 『자본론』 III권에서 자신의 지대론을 상론(詳論)

한다. 그러나 그의 지대이론은 그의 경제학의 핵심이라 할 수 있는 『자본론』 I 권의 내용과 결합되지 않았다. 『자본론』 I 권에서 토지 문제는 오직 시초축적과정에서만 등장할 뿐이다.

이렇듯 현대의 경제이론은 보수의 경제학인 신고전주의는 물론이거니와 진보의 경제학인 케인즈 경제학과 마르크스 경제학에서도 토지가 거의 빠져 있다시피 하니, 진보 진영의 대안 모색에서 토지가 핵심 주제로 등장하지 않는 것은 당연하다 할 수 있다.

그러나 이론이 빠뜨린다고 해서 토지가 국민경제에 미치는 영향력이 줄어드는 것은 아니다. 앞서 살펴보았듯이 토지는 노동시장, 주택시장, 금융시장 등에 엄청난 영향을 미치고 있다. 이것을 보면 "토지 문제에 관한 한 경제학은 퇴보"한 것이라는 이정전[11]의 평가가 지나치지 않다. 따라서 현대 경제학은 토지를 중요하게 다룬 아담 스미스, 데이비드 리카도, 존 스튜어트 밀, 헨리 조지의 지적 전통을 다시 흡수하지 않으면 안 된다. 그래야 5대 불안의 원인을 토지와 연관 지어서 파악하고 해결책을 찾을 수 있을 것이다.

우리가 찾는 대안모델은* 사회 구성원 모두가 각자 가진 재능을 마음껏 발산할 수 있을 정도로 역동적인 시장이어야 한다. 또한 사회 구성원 모두가 주거 불안, 일자리 불안, 의료 불안, 노후 불안, 교육 불안에서 벗어날 수 있는 안정된 사회여야 한다. 그리고 이런 역동적 시장과 안정된 사회는 녹지나 농지 등을 보호하고 자연환경을 훼손하지 않으면서, 바꿔서 말하면 지금 사용 중인 토지를 알뜰하게 사용하면서 구현될 수 있어야 한다. 그런데 검토해 보면 이 모든 것이 토지와 연관되어 있다는 것을 알게 된다. 물론 다른 조건들이 추가되어야

---

* 본 글이 지향하는 모델과 가장 가까운 것은 남기업의 책 『공정국가: 대한민국의 새로운 국가모델』, 개마고원, 2010 참조.

하겠지만, 토지 문제 해결은 시장의 역동성과 사회의 안정성, 그리고 환경 보존에 크게 도움을 준다. 요컨대 '역동적 시장 – 안정된 사회 – 환경보존'의 조화는 토지 문제의 진정한 해결 위에서 가능한 것이다.

주

1장

1. 전강수, "부동산 양극화의 실태와 해소 방안", 『역사비평 71』, 2005, 171~201 중 175쪽.

2장

1. 김수현, 『주택정책의 원칙과 쟁점』, 한울, 2008, 151쪽.

2. 토지정의시민연대, "당·정의 공영개발 방식 비판: 원가연동제와 채권입찰제는 부동산 문제를 해결하는 정공법이 아니다", 보도자료, 2008. 8. 5.

3. 김윤상, 『지공주의: 새로운 토지 패러다임』, 경북대학교출판부, 2009, 478쪽.

4. 이성근·서경규, 『현대 부동산의 이해』, 부연사, 2005, 19~21쪽.

5. 안정근, 『현대부동산학』, 법문사, 2005, 25쪽.

6. EBS 교육방송교재, 『부동산학개론』, 고시동네, 2003, 28~29쪽.

7. 로버트 기요사키, 『부자 아빠 가난한 아빠 2』, 황금가지, 2000, 170~171쪽.

8. 남기업, "공정성과 토지문제", 〈행정언어와 질적연구학회〉 〈토지+자유 연구소〉 〈사회디자인연구소〉 공동 춘계학술대회 발표논문, 2011. 4. 1.

9. Ricardo, D., *Principles of Political Economy and Taxation*, New York: Prometheus Books, 1996, pp. 45~58.

10. 이정전, 『토지경제학』, 박영사, 1999, 83쪽.

11. George, Henry, *Progress and Poverty*, New York: Robert Schalkenbach Foundation, 1981, 김윤상 역, 『진보와 빈곤』, 비봉출판사, 1997.

12. 한겨레, "서울 첫삽 못 뜬 곳 86%…… 착공지역도 갈등·비리 '삐걱'", 2011. 4. 5.

13. 안균오·변창흠, "개발이익 환수규모 추정과 개발부담금제도 개선방안 연구", 『공간과 사회』, 통권 제33호, 2010, 52~53쪽.

14. 정희남 외, 「토지에 대한 개발이익 환수제도의 개편방안」, 국토연구원, 2003.

15. 김수현, 『주택정책의 원칙과 쟁점』, 한울, 2008, 110쪽.

16. 조성찬, "전세는 부동산 투기 '파생시장'", 『이코노미인사이트』, 2010, 8호.

17. 제러미 리프킨(Jeremy Rifkin), 이희재 역, 『소유의 종말』, 민음사, 2001.

18. Jeremy Rifkin, 위의 책, 23쪽.

19. Jeremy Rifkin, 위의 책, 11쪽.

20. Jeremy Rifkin, 위의 책, 194쪽.

21. Robert Andelson and James Dawsey, *From Waste Land to Promised Land*, London, 전강수 역, 『희년의 경제학』, 대한기독교서회, 2009, 131~132쪽.

22. 박헌주(주택도시연구원 원장), "'토지임대부 주택공급 정책'에 관한 수원대학교 특강 자료", 2006. 12., 2쪽.

23. 김수현, 『주택정책의 원칙과 쟁점』, 한울, 2008, 152쪽.

24. 김윤상, 『지공주의: 새로운 토지 패러다임』, 경북대학교출판부, 2009, 478쪽.

25. 연합뉴스, "군포시, 건교부에 '반값아파트' 철회 요구", 2007. 7. 26.

26. 김남근, "주거복지의 현황과 과제", 민주당 주거복지 TF 발표자료, 2011.

27. 김수현, 『주택정책의 원칙과 쟁점』, 한울, 2008, 152쪽.

28. 김윤상, 『지공주의: 새로운 토지 패러다임』, 경북대학교출판부, 2009, 478쪽.

29. 김윤상, 위의 책, 478쪽.

30. 대한국토·도시계획학회, 『토지임대부 주택 및 환매조건부 주택 시범사업 성과분석 및 추진방안 검토 연구』, 2008. 3.

31. 대한국토·도시계획학회, 위의 책, 2008. 3., 132~134쪽.

3장

1. 슬라보예 지젝, 이윤경 역, 『매트릭스로 철학하기』, 한문화, 2010, 229쪽

2. 슬라보예 지젝, 위의 책, 227쪽.

3. 헨리 조지, 김윤상 역, 『정치경제학』, 아름다운땅, 2011, 246~247쪽.

4. 헨리 조지, 위의 책, 259쪽.

5. 폴 그리뇽(Paoul Grignon), "돈은 어떻게 만들어지는가(Money as Dept)", 『녹색평론』, 제113호, 2010년 7-8월호.

6. Schmitt, R., *Monnaie, Salaires et Profits*, Paris: PUF, 1975, p. 106, 제프리 잉햄(Geoffrey Ingham), 홍기빈 역, 『돈의 본성』, 삼천리, 2011, 120쪽에서 재인용.

7. 짐 월리스(Jim Wallis), 박세혁 역, 『가치란 무엇인가』, IVP, 2011, 65쪽.

8. 마이클 로우보섬(Michael Rowbotham), "더글러스의 사회신용론: 억눌려온 대안", 『녹색평론』, 제113호, 2010년 7~8월호.

9. 토드 부크홀츠, 『죽은 경제학자의 살아있는 아이디어』, 김영사, 2007, 333쪽.

10. 정대영, 『한국 경제의 미필적 고의』, 한울, 2011.

11. 정대영, 위의 책, 109~111쪽.

12. 제프리 잉햄(Geoffrey Ingham), 홍기빈 역, 『돈의 본성』, 삼천리, 2011, 340~341쪽.

13. Geoffrey Ingham, 위의 책, 340쪽.

14. Geoffrey Ingham, 위의 책, 345~336쪽.

15. Davies, G., *A History of Money*, Cardiff: University of Wales Press, 1996, p. 260, Geoffrey Ingham, 위의 책, 265~266쪽에서 재인용.

16. 정대영, 『한국 경제의 미필적 고의』, 한울, 2011, 221~222쪽.

17. 헨리 조지, 1990, 『진보와 빈곤』, 39~40쪽.

18. West, K. D., "A Specification Test for Speculative Bubbles", *The Quarterly Journal of Economics*(Aug.), 1987, 이정전, 『토지경제학』, 박영사, 1999, 338쪽에서 재인용.

19. Flood, R. R. & Hodrick, R. J., "On testing for speculative bubbles". *Journal of Economic Perspectives*, Vol. 4, No. 2, 1990, p. 93, 김경환·서승환, 『도시경제학』, 홍문사, 2002, 175쪽에서 재인용.

20. 이정전, 『토지경제학』, 박영사, 1999, 335~339쪽.

21. 龙胜平·方奕, 房地产金融与投资概论, 高等教育出版社, 2006, 6~7쪽.

22. 이정전 외, 『위기의 부동산』, 후마니타스, 2009, 15쪽; 제프리 잉햄(Geoffrey Ingham), 홍기빈 역, 『돈의 본성』, 삼천리, 2011, 343~344쪽.

23. 이정전 외, 『위기의 부동산』, 후마니타스, 2009, 18~34쪽; 정대영, 『한국 경제의 미필적 고의』, 한울, 2011, 159쪽.

24. 김찬호, 『돈의 인문학』, 문학과지성사, 2011, 109쪽.

25. 정대영, 『한국 경제의 미필적 고의』, 한울, 2011, 221~222쪽.

26. 김찬호, 『돈의 인문학』, 문학과지성사, 2011, 51쪽.

27. 세키 히로노, "사회신용론과 기본소득", 『녹색평론』, 제111호, 2010년 3~4월호.

28. 마이클 로우보섬(Michael Rowbotham), "더글러스의 사회신용론: 억눌려온 대안", 『녹색평론』, 제113호, 2010년 7~8월호; 김종철, "돈과 자유—'배당경제학'에 대하여", 『녹색평론』, 제115호, 2010년 11~12월호.

29. 세키 히로노, "사회신용론과 기본소득", 『녹색평론』, 제111호, 2010년 3~4월호.

30. 제프리 잉햄(Geoffrey Ingham), 홍기빈 역, 『돈의 본성』, 삼천리, 2011, 385~386쪽.

31. 라즈 파텔, 『경제학의 배신』, 제현주 역, 북돋음, 2011, 47~48쪽.

32. 베네딕트 16세(Benedict XVI), 「진리 안의 사랑(Caritas in Veritate)」(한국천주교중앙협의회, 2009년 7월 7일,), 짐 월리스(Jim Wallis), 박세혁 역, 『가치란 무엇인가』, IVP, 44쪽에서 재인용.

4장

1. Smith, Adam, 김수행 역, 『국부론』, 동아출판사, 1998, 320쪽.

2. Ricardo, David, 정윤형 역,『정치경제학 및 과세의 원리』, 1991, 비봉출판사, 246쪽.

3. C. Wenzer, Kenneth eds., *Land-Value Taxation: the equitable and efficient source of public finance*, M. D. Sharpe, 1999 표지에서 재인용.

4. 김윤상,『지공주의: 새로운 토지 패러다임』, 경북대학교출판부, 2009, 202~204쪽.

5. 이정전 외,『국가균형발전을 위한 토지정책 방향 연구』, 한국토지공사, 2005, 97쪽에서 재인용.

6. 정대영,『한국 경제의 미필적 고의: 잘사는 나라에서 당신은 왜 가난한가』, 한울, 2011, 78~79쪽.

7. Vickrey, William, "Site Value Taxes and the Optimal Pricing of Public Services" in Giacalone, J. A. et al. eds., *The Path to Justice: Following in the Footsteps of Henry George*, Blackwell Publishing, 2001.

8. 국세청,『국세통계연감』, 2010.

9. 위평량·채이배, "상장기업의 실효법인세율에 관한 분석",『경제개혁리포트 2010-09』, 2010. 7. 20.

5장

1.『연합뉴스』, "세계 1% 백만장자, 전세계 富의 39% 소유", 2011. 6. 1.

2. 이정우·이성림(2001나), "한국 가계자산 불평등의 최근 추이",『노동정책연구』, 1(2): 2001, 39~51쪽.

3. 남상호, "가계자산 분포와 불평등도의 요인별 분해: 노동패널 자료를 중심으로", 한국노동패널학술대회 자료집, 2008.

4. 구찬동, "부를 고려한 포괄소득의 불평등도 분석",『한국행정논집』, 21권 2호, 2009, 627~649쪽.

5. 이정우·이성림(2001나), "한국 가계자산 불평등의 최근 추이",『노동정책연구』, 1(2): 2001, 39~51쪽.

6. Davies, JB, Sandstrom, S, Shorrocks, A, Wolff E., "Estimating the Level and Distribution of Global Household Wealth", UNU-WIDER Research Paper 2007/77.

7. 김윤상,『지공주의: 새로운 토지 패러다임』, 경북대학교출판부, 2009.

8. Nozick, Robert, *Anarchy, State, and Utopia*, New York: Basic Books, 1974, 남경희 옮김,『아나키에서 유토피아로-자유주의 국가의 철학적 기초』, 문학과 지성사, 1997; 강성학 옮김,『자유주의의 정의론』, 이학사, 1991.

9. George, Henry, *Progress and Poverty*, New York: Robert Schalkenbach Foundation, 1981, 김윤상 역,『진보와 빈곤』, 비봉출판사, 1997, 324쪽.

10. George, Henry, 위의 책, 같은 쪽.

11. George, Henry, 위의 책, 391쪽.

6장

1. 손낙구, 『부동산 계급사회』, 후마니타스, 2008.

7장

1. Friedman, Milton, *Capitalism and Freedom*, University of Chicago, 1962, p. 195.

2. Ibid., p. 132.

3. Ibid., p. 195.

4. Ibid., p. 33.

5. Ibid., pp. 33~34.

6. Ibid., pp.190~191.

7. Ibid., p. 191.

8. Ibid., p. 194.

9. Nozick, Robert, *Anarchy, State, and Utopia*, New York: Basic Books, 1974, pp. 333~334.

10. Ibid., ix.

11. Ibid., p. 175.

12. Ibid., p. 175.

13. Ibid., p. 180.

14. Ibid., p. 178.

15. Ibid., p. 235.

16. Ibid., p. 237.

17. Ibid., p. 238.

18. Ibid., p. 169.

19. Smith, Jeffrey J., "Geonomics: The Citizens Dividend Liberates Everyone", 2009, http://www.progress.org/geonomy/geotalk.html.

20. 강남훈·곽노완, 『국민 모두에게 기본소득을!』, 민주노총 정책연구원, 2009; Parijs, Philippe Van, "A Basic Income for All", L. F. M. Groot, ed. *Basic Income, Unemployment and Compensatory Justice*, Boston: Kluwer Academic Publishers, 2004.

21. Friedman, Milton and Rose Friedman, *Free to Choose: A Personal Statement*, New York: Harcourt Brace Javanovich, 1980, p. 132.

22. George, Vic and Wilding, Paul, *Ideology and Social Welfare*, London: Routledge and Kegan Paul, 1976, 김영화 외 역, 『복지와 이데올로기』, 한울아카데미, 1999; 강남훈. 곽노완, 『국민 모두에게 기본소득을!』, 민주노총 정책연구원, 2009; Parijs, Philippe Van, "A Basic Income for All", L. F. M. Groot, ed. *Basic Income, Unemployment and Compensatory Justice*, Boston: Kluwer Academic Publishers, 2004.

23. Nozick, Robert, *Anarchy, State, and Utopia*, New York: Basic Books, 1974, pp. 82~83.

24. Friedman, Milton, "An Interview with Milton Friedman", *Human Events*, 38(46), 1978 November 18. Quoted in Charles Hooper, "Henry George", *The Fortune Encyclopedia of Economics*, New York: Warner Books, 1993.

8장

1. Hall, Peter, *Cities of Tomorrow: An Intellectual History of Urban Planning and Design in the Twentieth Century*, 1996, 임창호 역, 『내일의 도시: 20세기 도시계획지성사』, 한울, 2000, 82쪽.

2. Levy, M John, *Contemporary Urban Planning*, 2003, 서충원·변창흠 역, 『현대도시계획의 이해』, 한울 아카데미, 2004, 21쪽.

3. Levy, M John, 위의 책, 61쪽.

4. Hall, Peter, *Cities of Tomorrow: An Intellectual History of Urban Planning and Design in the Twentieth Century*, 1996, 임창호 역, 『내일의 도시: 20세기 도시계획지성사』, 한울, 2000, 84쪽.

5. Hall, Peter, 위의 책, 84쪽에서 재인용.

6. Levy, M John, *Contemporary Urban Planning*, 2003, 서충원·변창흠 역, 『현대도시계획의 이해』, 한울 아카데미, 2004, 162쪽.

7. 김민경·박병규, "저소득 거주자를 고려한 싱가포르 공공임대주택(HUD Flats)의 주택 정책", 『대한건축학회논문집 계획계』, 제25권 제7호, 2009.

8. 반영운, "토지임대-건물분양 방식의 주택정책 활성화 방안", 〈한국부동산학회〉, 2009-3(38).

9. 반영운, "토지임대-건물분양 방식의 주택정책 활성화 방안", 〈한국부동산학회〉, 2009-3(38).

10. 『한겨레21』, "세종시 수정안 '분란의 판도라 상자'", 2010. 01. 25.

11. 조성찬, "션전경제특구 공공토지임대제 개혁과정에서 지대납부 방식의 중요성 연구", 『현대중국연구』, 제13집 1호, 2011, 8월호.

12. Howard, Ebenezer, *Garden Cities of To-Morrow*, Swan Sonnenschein & Co. Ltd., 1902, pp. 22~23.

13. Hall, Peter, *Cities of Tomorrow: An Intellectual History of Urban Planning and Design in the Twentieth Century*, 1996, 임창호 역,『내일의 도시: 20세기 도시계획지성사』, 한울, 2000, 119쪽.

14. Lucey, Norman. "The Effect of Sir Ebenezer Howard and the Garden City Movement on Twentieth Century Town Planning". http://www.rickmansworthherts.freeserve.co.uk/howard1.htm#sna.

15. Hall, Peter, *Cities of Tomorrow: An Intellectual History of Urban Planning and Design in the Twentieth Century*, 1996, 임창호 역,『내일의 도시: 20세기 도시계획지성사』, 한울, 2000, 123쪽.

16. Benchetrit, G. and Czamanski, D., "The Gradual Abolition of the Public Leasehold System in Israel and Canberra: What Lessons can be Learned?", *Land Use Policy*, 21, 2004.

17. Bourassa, Steven, C. and Hong, Yu-Hung, *Leasing Public Land*, Lincoln Institute of Land Policy, 2003, p. 18.

18. Benchetrit, G. and Czamanski, D., "The Gradual Abolition of the Public Leasehold System in Israel and Canberra: What Lessons can be Learned?", *Land Use Policy*, 21, 2004.

9장

1. 박인성·조성찬,『중국의 토지개혁 경험』, 한울, 2011, 308~411쪽.

2. 김윤상,『지공주의: 새로운 토지 패러다임』, 경북대학교출판부, 2009.

3. George, Henry, *Progress and Poverty*, New York: Robert Schalkenbach Foundation,1981, 김윤상 역,『진보와 빈곤』, 비봉출판사, 1997, 313~314쪽.

4. George, Henry, 위의 책, 384쪽.

5. George, Henry, 위의 책, 330쪽.

6. 김윤상,『토지정책론』, 한국학술정보, 2002.

7. 김윤상, 위의 책, 172쪽.

8. 전강수, "북한 지역 토지제도 개혁 구상",『통일문제연구』, 2007, 하반기호(통권 제 48호), 199~203쪽.

9. Bourassa, Steven, C. and Hong, Yu-Hung, *Leasing Public Land*, Lincoln Institute of Land Policy, 2003.

10. 전강수·한동근,『토지를 중심으로 본 성경적 경제학』, CUP, 1999, 231~232쪽.

11. 박인성·조성찬,『중국의 토지개혁 경험』, 한울, 2011, 395~397쪽.

12. 조성찬, "션전경제특구 공공토지임대제 개혁과정에서 지대납부 방식의 중요성 연구",『현대중국연구』, 제13집 1호, 2011, 8월호, 334~334쪽

13. 박인성 외,『중국 토지사용정책 개혁경험 연구』, 한국토지공사, 2007, 171~173쪽.

14. 조성찬, "션전경제특구 공공토지임대제 개혁과정에서 지대납부 방식의 중요성 연구",『현대중국연구』, 제13집 1호, 2011, 8월호, 326~328쪽.

15. 한국법원행정처 사법정책연구실,『북한의 부동산 제도』, 한양당, 1997, 71쪽,

16. 박인성 외,『중국 토지사용정책 개혁경험 연구』, 한국토지공사, 2007, 171~172쪽.

17. 김윤상,『토지정책론』, 한국학술정보, 2002.

18. 박인성·조성찬,『중국의 토지개혁 경험』, 한울, 2011, 301쪽.

19. 장 지글러(Jean Ziegler), 유영미 역,『왜 세계의 절반은 굶주리는가?』, 갈라파고스, 2007, 152~154쪽.

10장

1. 이정전,『토지경제학』, 박영사, 2006, 101~102쪽.

2. 남기업,『공정국가: 대한민국의 새로운 국가모델』, 개마고원, 2010, 162~163쪽.

3. 김윤상,『지공주의: 새로운 토지 패러다임』, 경북대학교출판부, 2009, 83쪽.

4. 정대영,『한국 경제의 미필적 고의』, 한울, 2011, 65~ 66쪽.

5. 전강수·한동근,『토지를 중심으로 본 경제이야기』, CUP, 2000, 132쪽에서 재인용.

6. 김정호,『왜 우리는 비싼 땅에서 비좁게 살까: 시장경제로 풀어보는 토지문제』, 삼성경제연구소, 2005.

7. 조순,『J. M. 케인즈』, 유풍출판사, 1982, 288쪽.

8. George, Henry, *Progress and Poverty*, New York: Robert Schalkenbach Foundation, 1981, 김윤상 역,『진보와 빈곤』, 비봉출판사, 1997.

9. Keynes, J. M., *The General Theory of Employment, Interest and Money*, 조순 역,『고용, 이자 및 화폐의 일반이론』, 비봉출판사, 1997, 242쪽.

10. Hodgkinson, Brian, *A New Model of the Economy*, Shepheard-Walwyn, 2008, p. 15.

11. 이정전,『경제학을 리콜하라: 왜 경제학자는 위기를 예측하지 못하는가』, 김영사, 2011, 166쪽.

참고한 문헌들

1장
· 김윤상,『지공주의: 새로운 토지 패러다임』, 경북대학교출판부, 2009.
  남기업,『공정국가: 대한민국의 새로운 국가모델』, 개마고원, 2010.
  손낙구,『부동산 계급사회』, 후마니타스, 2008.
·· 전강수, "부동산 양극화의 실태와 해소 방안",『역사비평』, 71호, 2005.
  Dwyer, Terence Michael, "A history of the theory of land-value taxation", Ph. D. dissertation, Harvard University, 1980.

2장
· EBS 교육방송교재,『부동산학개론』, 고시동네, 2003.
  김수현,『주택정책의 원칙과 쟁점』, 한울, 2008.
  김윤상,『지공주의: 새로운 토지 패러다임』, 경북대학교출판부, 2009.
  안정근,『현대부동산학』, 법문사, 2005.
  이성근·서경규,『현대 부동산의 이해』, 부연사, 2005.
  李英俠,『韓國典當金融史研究』, 建國大學敎出版部, 1976.
  이정전,『토지경제학』, 박영사, 1999.
  로버트 기요사키,『부자 아빠 가난한 아빠 2』, 황금가지, 2000.
  제러미 리프킨(Jeremy, Rifkin), 이희재 역,『소유의 종말』, 민음사, 2001.
  헨리 조지(Henry George), 김윤상 역,『진보와 빈곤』, 비봉출판사, 1997.
  Andelson, Robert and Dawsey, James, *From Waste land to Promised Land*, London, 2009, 전강수 역,『희년의 경제학』, 대한기독교서회, 2009.
  K. Marx, 許南方編輯,『资本论』, 北京: 人民日报出版社, 2007.
  Ricardo, D., *Principles of Political Economy and Taxation*, New York: Prometheus Books, 1996.
·· 김남근, "주거복지의 현황과 과제", 민주당 주거복지 TF 발표자료, 2011.
  남기업, "공정성과 토지문제", 〈행정언어와 질적연구학회〉〈토지+자유 연구소〉〈사회디자인연구소〉 공동 춘계학술대회 발표논문, 2011. 4. 1.

대한국토 도시계획학회, 『토지임대부 주택 및 환매조건부 주택 시범사업 성과분석 및
추진방안 검토 연구』, 2008. 3.

박경호, "대기업 보유부동산 '대방출'", 『위클리경향』, 890호, 2010. 8. 31.

안균오·변창흠, "개발이익 환수규모 추정과 개발부담금제도 개선방안 연구", 『공간과
사회』, 통권 제33호, 2010.

조성찬, "전세는 부동산 투기 '파생시장'", 『이코노미 인사이트』, 8호, 2010.

강팔문(건설교통부 주거복지본부장), "반값 아파트 용어 적절하지 않다", 국정브리핑
자료, 2006. 12. 18.

박헌주(주택도시연구원 원장), "'토지임대부 주택공급 정책'에 관한 수원대학교 특강
자료", 2006. 12.

토지정의시민연대, "당·정의 공영개발 방식 비판: 원가연동제와 채권입찰제는 부동산
문제를 해결하는 정공법이 아니다", 보도자료, 2005. 8. 5.

… 연합뉴스, "군포시, 건교부에 '반값아파트' 철회 요구", 2007. 7. 26.

『한겨레신문』, "서울 첫 삽 못 뜬 곳 86%…… 착공지역도 갈등·비리 '삐걱'", 2011. 4. 5.

『한겨레신문』, "'반쪽 반값 보금자리' 인기비결 실거주 수요? 강남지역 선호?", 2011.
11. 14.

3장

· 김경환·서승환, 『도시경제학』, 홍문사, 2002.

김찬호, 『돈의 인문학』, 문학과지성사, 2011.

이정전 외, 『위기의 부동산』, 후마니타스, 2009.

이정전, 『토지경제학』, 박영사, 1999.

정대영, 『한국 경제의 미필적 고의』, 한울, 2011.

라즈 파텔, 제현주 역, 『경제학의 배신』, 북돋음, 2011.

슬라보예 지젝, 이윤경 역, 『매트릭스로 철학하기』, 한문화, 2010.

쑹훙빙, 『화폐전쟁』, 랜덤하우스, 2008.

제프리 잉햄(Geoffrey Ingham), 홍기빈 역, 『돈의 본성』, 삼천리, 2011.

짐 월리스(Jim Wallis), 박세혁 역, 『가치란 무엇인가』, IVP, 2011.

토드 부크홀츠, 『죽은 경제학자의 살아있는 아이디어』, 김영사, 2007.

헨리 조지(Henry George), 김윤상 역, 『진보와 빈곤』, 비봉출판사, 1997.

헨리 조지(Henry George), 김윤상 역, 『정치경제학』, 아름다운땅, 2011.

龙胜平·方弈, 房地产金融与投资概论, 高等教育出版社, 2006.

·· 김종철, "돈과 자유—'배당경제학'에 대하여", 『녹색평론』, 제115호, 2010년 11~12월호

조성찬, "거품 의존형 오너십 소사이어티 전략과 전세대란의 인과관계 연구", 『공간과 사회』, 통권 제34호, 2010.

마이클 로우보섬(Michael Rowbotham), "더글러스의 사회신용론: 억눌려온 대안", 『녹색평론』, 제113호, 2010년 7~8월호.

미하엘 엔데, "돈을 근원적으로 묻는다", 『녹색평론』, 제114호, 2010년 9~10월호.

세키 히로노, "사회신용론과 기본소득", 『녹색평론』, 세111호, 2010년 3~4월호.

폴 그리뇽(Paoul Grignon), "돈은 어떻게 만들어지는가(Money as Dept)", 『녹색평론』, 제113호, 2010년 7~8월호.

4장

김윤상, 『지공주의: 새로운 토지 패러다임』, 경북대학교출판부, 2009.

남기업, 『공정국가: 대한민국의 새로운 국가모델』, 개마고원, 2010.

이정전, 『경제학을 리콜하라: 왜 경제학자는 위기를 예측하지 못하는가』, 김영사, 2011.

이정전 외, 『국가균형발전을 위한 토지정책 방향 연구』, 한국토지공사, 2005.

정대영, 『한국 경제의 미필적 고의: 잘사는 나라에서 당신은 왜 가난한가』, 한울, 2011.

국세청, 『국세통계연감』, 2010.

Ricardo, David, 정윤형 역, 『정치경제학 및 과세의 원리』, 비봉출판사, 1991.

Smith, Adam, 김수행 역, 『국부론』, 동아출판사, 1998.

C. Wenzer, Kenneth eds., *Land-Value Taxation: The Equitable and Efficient Source of Public Finance*, M. D. Sharpe, 1999.

박성욱(2007a), "부동산에 대한 과세의 거시경제적 효과", 한국은행, 『금융경제연구』, 제285호, 2007.

박성욱(2007b), "조세종류별 후생효과 분석", 한국은행, 『금융경제연구』, 제301호, 2007.

위평량·채이배, "상장기업의 실효법인세율에 관한 분석", 『경제개혁 리포트 2010-09』, 2010. 7. 20.

홍헌호, "진보진영 증세안 평가 및 대안적 증세방안 모색", 〈복지비용, 누가 내야 하나〉, 민주노동당 복지토론회 발표문, 2011. 3. 24.

경실련, "15대 재벌의 총자산, 토지 자산, 사내유보금, 설비투자 추이 분석결과 발표." 보도자료, 2011. 5. 12.

Vickrey, William, "Site Value Taxes and the Optimal Pricing of Public Services" in Giacalone, J. A. et al. eds., *The Path to Justice: Following in the Footsteps of Henry George*, Blackwell Publishing, 2001.

5장

· 구찬동,『지공주의 분배정의와 공평한 분배』, 박사학위논문, 경북대학교 대학원, 2010.

김윤상,『지공주의: 새로운 토지 패러다임』, 경북대학교출판부, 2009.

김윤상,『알기 쉬운 토지공개념: 지공주의 해설』, 경북대학교출판부, 2006.

산은경제연구소,『국내 주택가격 적정성 분석』, 산은경제연구소, 2010.

손낙구,『부동산 계급사회』, 후마니타스, 2008.

이정우,『불평등의 경제학』, 후마니타스, 2010.

이준구,『소득 분배의 이론과 현실』, 다산출판사, 1992.

Atkinson, A. B., 1975, *The Economics of Inequality*, Oxford: Clarendon Press, 배무기 옮김,『소득분배론: 불평등의 경제학』, 전국자동차노동조합 경기도협의회, 1979.

Bowles, Samuel & Edwards, Richard & Roosevelt, Frank, *Understanding Capitalism: Competition, Command, and Change*, 2005, 최정규, 최민식, 이강국 옮김,『자본주의 이해하기』, 후마니타스, 2009.

Friedman, Milton. and Friedman, Rose, *Free to Choose: A Personal Statement*, NewYork: Avon, 1980, 민병균 외 옮김,『선택할 자유』, 자유기업원, 2003.

George, Henry, *Progress and Poverty*, 1981, 김윤상 역,『진보와 빈곤』, 비봉출판사, 1997.

Nozick, Robert, *Anarchy, State, and Utopia*, New York: Basic Books, 1974, 남경희 옮김, 『아나키에서 유토피아로-자유주의 국가의 철학적 기초』, 문학과 지성사, 1997; 강성학 옮김,『자유주의의 정의론』, 이학사, 1991.

·· 구찬동, "부를 고려한 포괄소득의 불평등도 분석",『한국행정논집』, 21권 2호, 2009.

윤용만·한동근, "종합토지세 부과자료를 이용한 토지소유권 편중도 분석",『한국경제연구』, 1: 157~172, 1998.

이정우·이성림(2001가), "경제위기와 빈부격차: 1997년 위기 전후의 소득분배와 빈곤",『국제경제연구』, 7(2): 79~109, 2001.

이정우·이성림(2001나), 한국 가계자산 불평등의 최근 추이,『노동정책연구』, 1(2): 39~51, 2001.

이정우·황성현, "한국의 분배문제: 현황, 문제점과 정책방향",『KDI 정책연구』, 20(12): 224~267, 1998.

이정희 국회의원실, "계층별 자산현황 분석 관련 보도자료", 2011. 1. 10.

전강수, 부동산 양극화의 실태와 해소 방안,『역사비평』, 71: 171~201, 2005.

Berg, Andre G. and D. Ostry, Jonathan, "Inequality and Unsustainable Growth: Two Sides of the Same Coin?", IMF Staff Discussion Note, 2011.

Davies, JB., Sandstrom, S., Shorrocks, A., Wolff, E., "The Global Pattern of Household Wealth", *Journal of International Development*, 21: 1111~1124, 2009.

Davies, JB, Sandstrom, S, Shorrocks, A, Wolff E., "Estimating the Level and Distribution of Global Household Wealth", UNU-WIDER Research Paper 2007/77.

Jantti, M., Sierminska, Eva and Smeeding, Tim, "The Joint Distribution of Household Income and Wealth: Evidence from the Luxembourg Wealth Study", OECD Social, Employment and Migration Working Paper No. 65, 2008.

OECD, "Growing Income Inequality in OECD Countries: What Drives it and How Can Policy Tackle it?", OECD Forum on Tackling Inequality, 2011.

OECD, "Society at a Glance: OECD Social Indicatiors", 2011.

OECD, "Growing Unequal?: Income Distribution and Poverty in OECD Countries", 2008.

···『연합뉴스』, "세계 1% 백만장자, 전세계 富의 39% 소유", 2011. 6. 1.

『한겨레신문』, "강남파-강북파 집값 따라 한 직장 두 계층", 2006. 11. 24.

6장

· 존 파월슨, 정회남 역, 『세계토지사』, 한국경제신문사, 1998.

·· 이태경, "우리나라 주거정책의 현황과 과제", 〈토론문〉, 2011. 1. 18.

이태경, "'장하준 열풍', 이제 그가 말하지 않은 것들을 말할 때", 프레시안(pres-sian.com), 2010. 12. 14. http://www.pressian.com/article/article.asp?article_num=30101214160350

이태경, "용산, 내 마음 속 불로소득", 참세상, 2009. 2. 20.http://www.newscham.net/news/view.php?board=news&nid=51740

···『경향신문』, "4대강 주변 '친수구역' 후보지 벌써부터 땅값 '들썩'", 2011. 4. 13.

『이코노미 세계』, "'4대강'으로 경제 살아날까… 기대심리만 '무성'", 2009. 3. 25.

『한겨레신문』, "'행복도시'의 불로소득 파티", 2005. 12. 2.

『한겨레신문』, "반대론자 속내는…… 행정비효율 내세워 '수도권 지키기'", 2009. 9. 28.

7장

· 강남훈·곽노완, 『국민 모두에게 기본소득을!』, 민주노총 정책연구원, 2009.

김윤상(2009나), 『지공주의: 새로운 토지 패러다임』, 경북대학교출판부, 2009.

김윤상, 『알기 쉬운 토지공개념: 지공주의 해설』, 개정판, 경북대학교출판부, 2006.

김윤상, 『토지정책론: 토지 사유제에서 지대조세제로』, 한국학술정보, 2002.

김효신, 『보험법의 법리』, 경북대학교출판부, 2005.

유광호·이혜경·최성재, 『한국의 사회보장』, 유풍출판사, 2005.

Campbell, Tom, *Justice*, 2nd ed., London: MacMillan Press, 2001.

Dworkin, Ronald, *Sovereign Virtue: The Theory and Practice of Equality*, Cambridge: Harvard University Press, 2000.

Feser, Edward, *On Nozick*, Wadsworth, 2004.

Friedman, Milton, *Capitalism and Freedom*, Chicago: University of Chicago, 1962.

Friedman, Milton and Friedman, Rose, *Free to Choose: A Personal Statement*, New York: Harcourt Brace Javanovich, 1980.

George, Henry, *Progress and Poverty*, 1879, 김윤상 역, 『진보와 빈곤』, 비봉출판사, 1997.

George, Vic and Wilding, Paul, 1976, *Ideology and Social Welfare*, London: Routledge and Kegan Paul, 김영화 외 역, 『복지와 이데올로기』, 한울아카데미, 1999.

Groot, L. F. M, ed. 2004. *Basic Income, Unemployment and Compensatory Justice*, Boston: Kluwer Academic Publishers.

Locke, John, *Two Treatises of Government, Second Treatise*, 1689, 강정인·문지영 역, 『통치론』, 까치, 1996.

Nozick, Robert, *Anarchy, State, and Utopia*, New York: Basic Books, 1974.

Sterba, James, *Justice: Alternative Political Perspectives*, 4th ed. Wasdworth, 2003.

김윤상(2009가), "자유주의 사회보장 설계: 지대를 재원으로 하는 생존권보험", 『한국행정논집』, 21(3): 775~794, 2009.

김윤상, "토지소유제도와 사회정의 철학", 『한국행정과 정책연구』, 1: 1~18, 2003.

장경은·구찬동·김윤상, "평등한 자유에 따른 분배: 시장부문과 복지부문의 통합", 『한국행정논집』, 19(2): 319~344, 2007.

Friedman, Milton, "An Interview with Milton Friedman", *Human Events*, 38(46), 1978 November 18. Quoted in Charles Hooper, "Henry George", *The Fortune Encyclopedia of Economics*, New York: Warner Books, 1993.

Lund, Brian, "Robert Nozick and the Politics of Social Welfare", *Political Studies*, 44: 115~122, 1996.

Parijs, Philippe Van, "A Basic Income for All", L. F. M. Groot, ed. *Basic Income, Unemployment and Compensatory Justice*, Boston: Kluwer Academic Publishers, 2004.

Smith, Jeffrey J., "Geonomics: The Citizens Dividend Liberates Everyone", 2009, http://

www.progress.org/geonomy/geotalk.html.

8장

· 김윤상, 『토지정책론』, 한국학술정보(주), 2002..

Bourassa, Steven, C. and Hong, Yu-Hung, *Leasing Public Land*, Lincoln Institute of Land Policy, 2003.

Howard, Ebenezer, *Garden Cities of To-Morrow*, Swan Sonnenschein & Co., Ltd, 1902.

Hall, Peter, *Cities of Tomorrow: An Intellectual History of Urban Planning and Design in the Twentieth Century*, 1996, 임창호 역, 『내일의 도시: 20세기 도시계획지성사』, 한울, 2000.

Levy, M John, *Contemporary Urban Planning*, 2003, 서충원·변창흠 역, 『현대도시계획의 이해』, 한울 아카데미, 2004.

·· 김민경·박병규, "저소득 거주자를 고려한 싱가포르 공공임대주택(HUD Flats)의 주택정책", 『대한건축학회논문집 계획계』, 제25권 제7호, 2009.

반영운, "토지임대-건물분양 방식의 주택정책 활성화 방안", 『한국부동산학회』, 2009-3(38).

조성찬, "뉴타운 사업 문제의 원인과 대책", 『토지+자유비평』, 2011-5(13호).

Benchetrit, G. and Czamanski, D., "The Gradual Abolition of the Public Leasehold System in Israel and Canberra: What Lessons can be Learned?", *Land Use Policy*, 21, 2004.

Hui, Eddie Chi-man, "Planning and Development Control through Lease Conditions", *Habitat International*, 25, 2001.

Lucey, Norman, "The Effect of Sir Ebenezer Howard and the Garden City Movement on Twentieth Century Town Planning". http://www.rickmansworthherts.freeserve.co.uk/howard1.htm#sna

··· 『프레시안』, 조성찬, "정운찬, 독일 드레스덴 말고 호주 캔버라를 보라", 2010. 02. 08. https://member.pressian.com/article/article.asp?article_num=60100208095744&section=02.

『한겨레21』, "세종시 수정안 '분란의 판도라 상자'", 2010. 01. 25.

9장

· 박인성·조성찬, 『중국의 토지개혁 경험』, 한울, 2011.

김윤상, 『지공주의』, 경북대학교출판부, 2009.

박인성 외,『중국 토지사용정책 개혁경험 연구』, 한국토지공사, 2007.

김윤상,『토지정책론』, 한국학술정보, 2002.

전강수·한동근,『토지를 중심으로 본 성경적 경제학』, CUP, 1999.

한국법원행정처 사법정책연구실,『북한의 부동산제도』, 한양당, 1997.

장 지글러(Jean Ziegler), 유영미 역,『왜 세계의 절반은 굶주리는가?』, 갈라파고스, 2007.

에버니저 하워드(Ehenezer Howard), 이현주 역,『내일의 전원도시』, 형제사, 1980.

··조성찬, "션전경제특구 공공토지임대제 개혁과정에서 지대납부 방식의 중요성 연구",『현대중국연구』, 제13집 1호, 2011, 8월호.

조성찬,『中國城市土地年租制及其對朝鮮經濟特區的适用模型硏究』, 중국 런민대학교 토지정책학 박사학위논문, 2010.

조성찬, "根据土地原理 价中 近 代 村土地使用制度"(토지원리에 근거한 중국 근현대 농촌토지사용제도 평가),『經濟問題』, 07期, 2008.

전강수, "북한 지역 토지제도 개혁 구상",『통일문제연구』, 하반기호(통권 제48호), 2007.

강정인, "로크 사상의 현대적 재조명: 로크의 재산권 이론에 대한 유럽중심주의적 해석을 중심으로",『한국정치학회』, 32권 3호, 1998.

···『국민일보』, "'北 급변사태 발생 시 통일비용 2,525조 원'…… 당정, 3대 통일 시나리오 수립·비용 마련 착수", 2011. 2. 27.

10장

· 김윤상,『지공주의: 새로운 토지 패러다임』, 경북대학교출판부, 2009.

김정호,『왜 우리는 비싼 땅에서 비좁게 살까: 시장경제로 풀어보는 토지문제』, 삼성경제연구소, 2005.

남기업,『공정국가: 대한민국의 새로운 국가모델』, 개마고원, 2010.

이정전,『토지경제학』, 박영사, 2006.

전강수·한동근,『토지를 중심으로 본 경제이야기』, CUP, 2000.

조순,『J. M. 케인즈』, 유풍출판사, 1982.

Clark, John Bates, *The Distribution of Wealth*. Macmillan Co., 1902.

Henry, John F., *John Bates Clark: The Making of a Neoclassical Economist*, Macmillan Press Ltd., 1995.

Hodgkinson, Brian, *A New Model of the Economy*, Shepheard-Walwyn, 2008.

George, Henry, *Progress and Poverty*, 김윤상 역,『진보와 빈곤』, 비봉출판사, 1997.

4

Keynes, J. M., *The General Theory of Employment, Interest and Money*, 조순 역,『고용, 이자 및 화폐의 일반이론』, 비봉출판사, 1997.

Schumpeter, J. A., *History of Economic Analysis*, Oxford University Press, 1954.

·· 남기업, "복지 확대보다 특권 해체가 먼저다",『토지+자유 비평』10호, 2011. 2. 10.

통계청, "2011년 4월 고용동향", 보도자료, 2011. 5. 11.

찾아보기